NO DIGA SÍ CUANDO QUIERA DECIR NO

autoayuda y superación

HERBERT FENSTERHEIM
JEAN BAER

NO DIGA SÍ CUANDO QUIERA DECIR NO

Traducción de Amparo García Burgos

VIGÉSIMA SEXTA EDICIÓN

grijalbo

grupo grijalbo - mondadori

Título original
DON'T SAY YES WHEN YO WANT TO SAY NO
Traducido de la 1ª edición
de David McKay Company, Inc., Nueva York, 1975
Cubierta: Blanca Marqués

Aragó, 385, Barcelona
Vigésima sexta edición
ISBN: 84-253-0740-6
Depósito legal: B. 7.833-1994
Impreso en Hurope, S.A., Recared, 2, Barcelona

Para

Harry y Rose

ÍNDICE

Nota del autor

El material que se presenta en este libro es el resultado de treinta años de trabajo científico y clínico, los primeros veinte dedicados al enfoque psicoanalítico tradicional, y el resto a la terapia de la conducta. En ambos campos hay tantos catedráticos, colegas, estudiantes y pacientes a los que dar las gracias, que me es imposible nombrarles a todos.

Me gustaría expresar mi gratitud al doctor Richard N. Kohl, catedrático de Psiquiatría en el Colegio Médico de la Universidad Cornell y director médico de la Clínica Psiquiátrica Payne Whitney, en el Hospital de Nueva York, por haberme animado y facilitado la formación de mi Programa de Aprendizaje de Terapia de la Conducta en Payne Whitney.

También estoy en deuda con la doctora Helen S. Kaplan, catedrático clínico adjunto de Psiquiatría en el Colegio Médico de la Universidad Cornell y directora del Programa de Terapia y Educación Sexual en la Clínica Payne Whitney, no sólo por sus ideas tan creativas en el campo de la conducta sexual y el estímulo profesional que me ha dado al reevaluar mi modo de llevar el tratamiento de los pacientes, sino por muchos años de amistad. El difunto doctor Gregory Razran, antiguo presidente del Departamento de Psicología en Queens College, me fue de gran utilidad al llevarme a una mejor comprensión de los principios de Pavlov y su adaptación al tratamiento psicoterapéutico. Él y su esposa nos facilitaron también el lugar de retiro en Florida donde Jean y yo comenzamos a escribir esta obra.

Según señalo en este libro, el Aprendizaje Asertivo (AA) —al que también podríamos llamar Adiestramiento en la Aserción— es un concepto simplista basado en tretas y supercherías. Llevado adecuadamente a cabo, el AA supone el conocimiento de la neuropsicología, la relación del individuo con los demás dentro del contexto social, y la organización psicológica general del individuo. Mis propias ideas en este campo se han visto influidas por Andrew Salter, un psicólogo de Nueva York, generalmente considerado como el padre de la moderna terapia de la conducta y cuya obra tan original en este campo le ha ganado el reconocimiento nacional e internacional.

Quisiera expresar también mi gratitud al doctor Arnold Lazarus, catedrático de Psicología y director del Programa de Psicología Clínica en la Escuela Graduada de Psicología Aplicada y Profesional de la Universidad Rutgers; al doctor Richard B. Stuart, catedrático en el Departamento de Psiquiatría de la Universidad de la Columbia Británica y presidente de la Asociación para el Desarrollo de la Terapia de la Conducta; y al doctor Joseph Wolpe, director de la Unidad de Terapia de la Conducta en el Departamento de Psiquiatría de la Escuela de Medicina en la Universidad Temple. Gracias a sus publicaciones, así como a la correspondencia y las conversaciones sostenidas con ellos, todos han contribuido a mi propio desarrollo en la profesión y en lo referente al Aprendizaje Asertivo.

Gracias de corazón a Eleanor Rawson, nuestra editora en David McKay Co., por su interés y su preocupación realmente afectuosa por todas las palabras de este manuscrito.

Sobre todo, me gustaría expresar todo el aprecio que siento por mi esposa y coautora del libro, cuyas preguntas constantes y cuya insistencia en repetir: «No me des teorías. Dime cómo puede utilizarlas la gente», me forzaron a aclarar muchas de mis propias ideas. En realidad, ella ha colaborado plenamente en la redacción de este libro.

HERBERT FENSTERHEIM

Sobre la colaboración que produjo este libro

El doctor Herbert Fensterheim, autor principal de *No diga sí cuando quiera decir no* recibió el grado de doctor en Psicología en la Universidad de Columbia, y el de Filosofía en la Universidad de Nueva York. Trabajó durante veinte años como terapeuta orientado hacia el análisis antes de convertirse en uno de los primeros médicos consagrados a la terapia de la conducta. En la actualidad tiene su práctica privada en Manhattan, es catedrático clínico y adjunto de Psiquiatría en el Colegio Médico de la Universidad Cornell y director de Tratamiento y Estudio de la Conducta en la Clínica Payne Whitney, en el Hospital de Nueva York. Ha enseñado psicología a niveles de estudiante, graduado y doctorado, en las principales universidades y colegios médicos. Además ha escrito casi cien artículos profesionales y coeditado dos libros profesionales sobre terapia de la conducta, y es el autor de *Ayuda sin psicoanálisis*. Líder reconocido en el Aprendizaje Asertivo, el doctor Fensterheim ha dado numerosas conferencias para la comunidad profesional en reuniones de grupos, tales como la Asociación Psicológica Norteamericana y la Asociación de Psicoterapia de Grupo Norteamericana, permitiendo con ello que otros terapeutas aprendieran la técnica y se la enseñaran a los pacientes.

Jean Baer, colaboradora del doctor Fensterheim —y su esposa en la vida privada— ha escrito varias obras sobre los problemas contemporáneos. Entre libros anteriores destacan *¡Sígueme!*, *La soltera va a la ciudad* y *La segunda esposa*. Con frecuencia escribe artículos para *The Christian Science Monitor* y las principales revistas femeninas. Ha trabajado para una Compañía de Radiodifusión y para la Agencia de Información norteamericana, y figurado durante muchos años como editora y directora de proyectos especiales de la revista *Seventeen*.

La esencia y la mayor parte de los detalles de los historiales presentados en estas páginas son auténticas. Sólo se ha condensado el material con el fin de ahorrarle tiempo al lector. Y los nombres e incidentes se han disimulado con todo cuidado, con objeto de proteger la identidad de los pacientes.

1

PARTE PRIMERA

A mí me dio resultado... y a usted puede dárselo también

Cuando me casé, a la avanzada edad de cuarenta años, todo el mundo dijo: «¡Qué afortunada eres!»

Y realmente lo era. Me casé con un hombre que es guapo, sexualmente atractivo, sincero, considerado, y que se parece un poco a Yul Brynner. Eso fue lo que juzgué importante en aquel momento. Pero no sabía aún toda la suerte que había tenido. Mi marido, el doctor Herbert Fensterheim, psicólogo clínico, está especializado en la terapia de la conducta, una de cuyas formas más importantes es el Aprendizaje Asertivo.

Seguro que todos piensan que yo soy la persona menos necesitada de cualquier forma del AA en este mundo. Siempre salgo adelante. En mi vida de trabajo he de enfrentarme con problemas y dificultades a cada minuto. Sin embargo, nadie sabe que estuve dieciocho años en el mismo puesto de trabajo y esperando a diario el despido. Y lo que es más: ni se me ocurría la idea de cambiar de empleo. ¿Dónde encontraría otro?, pensaba. ¿Quién me aceptaría? Y ¿qué sería yo sin aquel empleo tan deslumbrante? «Nada», me respondía a mí misma en una pura reacción negativa, a pesar del hecho de que, a lo largo de esos años, había ganado cierto número de premios por mi actuación.

En mi vida privada era igualmente tímida. Me encantaba, porque todos los amigos acudían a mí en un apuro. «Tú eres la chica que viene con el caldito de pollo», me decían, incluso en los días anteriores a la madre de Portnoy. Y eso hacía yo. Cuando estaban en cama con gripe, allí me tenían con el caldito casero.

Cuando yo estaba enferma, nadie venía a visitarme. A mí jamás se me ocurría pedírselo. Y lo que es más: cualquier petición, ya fuera ir de compras, o dar una cena para una amiga soltera a fin de que ésta pudiera acudir acompañada del «chico nuevo» que acababa de conocer, obtenía de mí una respuesta afirmativa. Siempre estaba diciendo mentiras piadosas de último momento porque nunca podía llevar a cabo todas mis promesas.

Y de pronto, dos años después de mi matrimonio, todo aquello cambió. Un día, en una playa de Córcega estallé en lágrimas como una heroína de Chejov. Herb me preguntó si podía ayudarme y la caja de Pandora de mis problemas dejó escapar su contenido. Expresé en voz alta mis temores: «Ahora hay un régimen nuevo en la oficina... seré la primera que despidan... Me he pasado dos años investigando para escribir un libro sobre el París de 1900, pero, a menos que te deje y me vaya a París un año, no podré escribirlo. De todas formas, el tema es demasiado difícil para mí... Mis amigos siempre me vienen con peticiones... Mi familia la tiene tomada conmigo... A veces también tú la tomas conmigo...».

Herb escuchó aquel torrente de palabras y luego, con los mismos modales serenos con los que —estoy segura de ello— trata a sus pacientes turbados, dijo: «Pareces muy segura de ti misma, pero en realidad has perdido el control. Has dejado de pensar a dónde quieres llegar y has confundido todas tus metas. Has confundido el objetivo de gustar a todos con el de ser respetada por todos. Has perdido de vista los objetivos secundarios. O aclaras esto, o de nada te sirve cuanto has hecho. Vamos a establecer algunas metas. ¿Qué quieres hacer con tu vida?».

Yo repuse: «Deseo cambiar de empleo, escribir otro libro y tener algo de paz. Estoy cansada de que todos me molesten».

En lo referente al trabajo Herb me aconsejó: «Llevas sentada allí dieciocho años sin haberte afirmado jamás, y todo lo que has conseguido con eso es más trabajo. ¿Qué tal si aprovechas la oportunidad? Con ese nuevo régimen tal vez te despidan, a menos que pienses en algo nuevo que hacer. ¿Qué podrías hacer tú?». Sabía muy bien lo que podía hacer. Inmediatamente después de nuestro regreso a los Estados Unidos, envié un memorándum a mi jefe en el que le exponía cómo podría utilizar mis talentos en un puesto distinto. Obtuve el ascenso, y un aumento de sueldo. Y lo que es más: fui una de los cinco supervivientes del antiguo régimen.

En cuanto a mi libro sobre París, Herb hizo una declaración a la que me aferro siempre que me encuentro deprimida. Dijo: «Tal vez no seas capaz de escribirlo ahora, pero podría ser un objetivo a largo plazo. Empieza a trabajar en él. Quizá lo escribas algún día. Pero hay otras muchas cosas que hacer antes de lanzarte a esa tarea. No se trata de elegir entre ese libro sobre París o nada». Inmediatamente empecé a trabajar en una obra no histórica y que podía llevar a cabo en Nueva York, lo que dio como resultado *La segunda esposa.*

En lo que respecta a los amigos y la familia, esto fue lo que me dijo: «Te has dejado prender de tal modo por esa necesidad de gustar a todos, que les sacrificas el respeto que te debes a ti misma. Al menos podrías aprender a enfrentarte con los desaires de un modo que te obligara a respetarte. Cuando los amigos y la familia te critican, te limitas a sentirte dolida y a guardar silencio, y ese silencio aquiescente hace que te odies a ti misma. Una declaración sencilla como: "No me gustó lo que dijiste" cambiaría todo el cuadro. Tal vez aprendieras al fin a devolverles las críticas, con lo que ellos dejarían de formularlas». De pronto comprendí que hasta entonces había sido una versión femenina de Gaspar Milquetoast,* y que no tenía por qué seguir siéndolo.

Como resultado de estos consejos, y en sólo dos años, cambié mi empleo por otro mucho más encantador y apasionante en la misma firma y con un aumento de paga de un 25 por ciento.

Hace poco cambió de nuevo la dirección, desapareció mi departamento por razones de economía y en realidad sí me despidieron. ¿Me sentí «una nulidad»? En absoluto. Acogí con gusto la oportunidad de escribir por mi cuenta. Al cabo de seis semanas tenía ya tantos encargos que excedían a mi sueldo de un año. Le comenté a mi marido:

—Todo el mundo me hace ofertas. Yo pensé que, sin un empleo, carecería de identidad.

—Tú eras la única que lo pensaba —fue su respuesta.

He aprendido a contestar a los amigos falsos que me rebajaban con observaciones como: «Cualquiera podría escribir los libros que tú escribes... no hay más que sentarse y hacerlo; eso es todo» y ya he pasado del: «¿Cómo pue-

* En Estados Unidos, persona miedosa, poco segura de sí misma. *(N. de la T.)*

des decirme eso?» a un asertivo: «¿Es que estás celoso?»

He aprendido a decir no a las peticiones irrazonables. Cuando mi madrastra me pide —y soy la única de sus hijas y sobrinas que trabaja la jornada completa— que cuide de su perro, no contesto afirmativamente para luego pasarme tres meses rabiando mientras ella está de vacaciones en California. Le respondo: «Ojalá pudiera, pero no es así», y entonces oigo su respuesta: «Realmente, es mejor que Brownie se quede en la perrera».

Ahora soy capaz de contestarle a mi marido esta sencilla frase: «Simplemente, no deseo hacer eso».

Y sé que es mejor replicar que no hablar en absoluto.

Tengo una serie de metas, y de metas secundarias. ¡Dentro de cinco años a partir de ahora, *sí* escribiré ese libro sobre París!

Como resultado de la conferencia que me dio mi marido aquel día en la playa de Córcega, y del Aprendizaje Asertivo que me ha dado desde entonces, toda mi vida ha cambiado: de los temores obsesivos a la acción efectiva. Ahora sé a dónde quiero llegar. Y todo porque aprendí que la clave de una vida feliz y sin nervios es una simple palabra: la aserción, la afirmación de uno mismo.

A mí me dio resultado.

Y a usted también puede dárselo.

En este libro le diremos cómo.

JEAN BAER

1

PARTE SEGUNDA

Usted puede aprender a ser normal, no neurótico

Los seres humanos desean una vida de dignidad y autorrealización. Sin embargo la vida nos asesta golpes crueles que nos distraen de esas metas. La sociedad nos enseña a actuar de un modo incompatible con esos objetivos.

Como resultado, el mundo está lleno de gentes que no reconocen su propia fuerza, o que han aprendido a actuar con un estilo inferior porque se creen inferiores. Juzgan imposible la expresión de algunas emociones, como la cólera o la ternura, y a veces ni siquiera las sienten. Se inclinan humildemente ante los deseos de los demás y encierran los suyos en su interior. Como no poseen el control de su propia vida, cada vez se sienten más inseguros. Y aceptan ese estado de *inseguridad.*

En términos psicológicos decimos que tienen una *personalidad inhibida.* Creen tener mil razones para no actuar, y diez mil razones para rechazar la intimidad. Carentes de autosuficiencia, viven la vida según las reglas y caprichos de otros. No saben quiénes son, qué sienten, ni qué quieren.

En contraste con ellos, los que tienen una *personalidad excitativa* (o activa) no temen a sus sentimientos. Ni les asusta la intimidad ni el combate; actúan por fuerza. El hombre excitativo sabe quién es, qué quiere. Es *asertivo,* afirma constantemente su personalidad.

Con frecuencia, la víctima de la inseguridad no la reconoce como un problema emocional. Justifica su pasividad y temor con excusas: «Si le replico, mi marido se enfurecerá conmigo», «Si me niego a hacer esto, ella no me querrá», «Mi jefe me despedirá si le pido un aumento, ¿por qué molestarme en intentarlo? Seguro que fracaso». Indudablemente, esas personas sufren las tristes y graves consecuencias de su inseguridad: falta de desarrollo personal y de éxito, relaciones rudimentarias, angustia mental y síntomas psicosomáticos que van de la fatiga y la migraña a las úlceras y la impotencia.

Esta conducta, con sus consecuencias infortunadas, se aprende. Y, aun cuando represente un esquema de vida neurótica, es posible olvidarla.

Usted puede hallar respuesta a sus problemas en una nueva técnica científica conocida como Aprendizaje Asertivo, mediante la cual, al *cambiar sus actos, cambia sus actitudes y sentimientos hacia usted mismo.* El Aprendizaje Asertivo (al que a partir de ahora llamaremos AA) parte de esta premisa: usted ha *aprendido* formas de conducta insatisfactorias que han hecho de usted una persona infeliz e inhibida, temerosa del rechazo y de la intimidad con otros, e incapaz de defender sus derechos. El AA se propone enseñarle directamente el arte de una comunicación más profunda con los demás, un enfoque activo de la vida y el dominio propio. *Lo mismo que se ha entrenado a sí mismo (o ha sido entrenado) para ser un neurótico, ahora puede adiestrarse para ser normal.*

TERAPIA DE LA CONDUCTA Y APRENDIZAJE ASERTIVO

Durante más de un siglo, los científicos han llevado a cabo miles y miles de experimentos al estudiar muchas formas de conducta, aprendiendo en el proceso que la conducta *obedece a la ley,* que sigue ciertas reglas. Así adquirieron el conocimiento de que, bajo ciertas condiciones, la conducta puede cambiarse, y que esas leyes de cambio de la conducta tienen aplicación práctica en los problemas de los seres humanos.

Hace unos veinticinco años, este conocimiento de la conducta se aplicó por primera vez en el tratamiento clínico con la introducción de la terapia de la conducta, una nueva técnica radial —del latín *radix,* que significa raíz— con la premisa de que *lo que usted hace influye en quién es y en cómo se siente acerca de sí mismo.* Cambiando los *síntomas* de la conducta neurótica, usted se cambia a sí mismo.

Hasta el nacimiento de la terapia de la conducta —a la que a partir de ahora llamaremos TC— la conducta *per se* tenía muy poca importancia en el tratamiento terapéutico. Hasta hace veinticinco años, todos los métodos de tratamiento partían de Freud y aceptaban la idea de que las personas son fundamentalmente impotentes hasta que tienen conocimiento de los conflictos, fuerzas y fantasías que residen en el inconsciente, y los traumas infantiles que dieron lugar a ellas. Los terapeutas orientados hacia el psicoanálisis dicen que lo que usted es en el inconsciente influye en lo que usted hace. Su conducta refleja simplemente su inconsciente.

La TC cambió esta norma tradicional. Mientras que el psicoanálisis pregunta: «¿Por qué es usted así?», la TC pregunta: «¿Qué podemos hacer para cambiarle *ahora*?». La TC toma el problema del individuo tal como existe en la actualidad, identifica la conducta específica que se debe cambiar con el fin de resolver sus dificultades, e intenta sistemáticamente transformar esa conducta basándose sobre todo, aunque no exclusivamente, en métodos derivados de la psicología del aprendizaje, el condicionamiento y el análisis de las conductas observables, que pueden contarse y medirse, antes que en procesos, impulsos o conflictos del inconsciente. Si no tiene lugar el cambio deseado, el terapeuta de la conducta da por sentado que *él* está haciendo algo mal, y evalúa de nuevo y revisa su enfoque hasta obtener el resultado deseado.

La TC no está en conflicto directo con Freud, Jung u Horney. Pero afirma que el pasado es irrelevante en el proceso de cambiar a una persona, y que la gente no necesita mostrarse pasiva e impotente frente al inconsciente.

La TC cree que, si usted ha aprendido una serie de fobias en ciertas situaciones —ya sean impersonales, como ir en avión, o interpersonales, como el temor al rechazo— puede ahora cambiar su conducta de modo que responda sin temor. La TC afirma que puede librarse de hábitos que no desea, como el de comer con exceso, o el de entregarse obsesivamente a la idea de que todos le rechazan, y reemplazarlos con los hábitos que desea. La TC dice que usted puede liberarse de la tensión, suplantándola por la serenidad.

En este libro trataremos todas estas conductas, pero daremos sobre todo importancia *al arte de relacionarse con las personas y el mundo que le rodea.* A esta área de TC la llamamos Aprendizaje Asertivo.

LA PERSONALIDAD ASERTIVA

Si miramos un diccionario, veremos que el verbo «aseverar» significa: declarar o afirmar positivamente, con seguridad, con sencillez, o con fuerza.

En términos terapéuticos esto sólo supone una explicación limitada. La persona realmente asertiva posee cuatro características.

Se siente libre para *manifestarse*. Mediante palabras y actos hace esta declaración: «Éste soy yo. Esto es lo que yo siento, pienso y quiero».

Puede *comunicarse* con personas de todos los niveles —amigos, extraños y familiares— y esta comunicación es siempre abierta, directa, franca y adecuada.

Tiene una *orientación activa* en la vida. Va tras lo que quiere. En contraste con la persona pasiva, que aguarda a que las cosas sucedan, intenta *hacer* que sucedan las cosas.

Actúa de un modo que *juzga respetable*. Al comprender que no siempre puede ganar, acepta sus limitaciones. Sin embargo, siempre lo intenta con todas sus fuerzas, de modo que, ya gane, pierda o empate, conserve su respeto propio.

En la actualidad la conducta asertiva es la meta de todos los terapeutas. Cuando se consigue, produce una impresión de movimiento y lleva a una existencia más apasionante a causa de las relaciones personales más íntimas y más profundas.

Debido a una serie de factores ambientales y condicionales confusos, la aserción se ha convertido en un problema nacional.

Padres, maestros, clérigos y hombres de negocios han conspirado inconscientemente para producir una nación de tímidos. Durante la infancia, muchos padres censuran al niño que osa defender sus derechos, y así truncan de raíz la seguridad del niño en sí mismo. Los maestros premian al estudiante que no discute el sistema educativo, y tratan con dureza a los que se resisten a él. En la mayoría de los casos, la Iglesia fomenta más la idea de humildad y sacrificio que la de defensa de los propios derechos. Casi todo empleado aprende, al principio de su carrera, que si protesta no es probable que reciba un aumento o un ascenso, y que incluso puede perder el empleo. Adoptada en la oficina, esta actitud se extiende a la vida familiar y social.

Por otra parte, la gente aprende que, para avanzar, es aceptable y con frecuencia incluso necesario, pasar sobre los demás. Como dijo Leo Durocher: «Los chicos listos llegan antes». Si consideramos seriamente esta herencia cultural tan confusa, casi todas las acciones e interacciones están cargadas de inseguridad.

El aprendizaje inadecuado se interfiere en ocasiones con la aserción o la afirmación adecuada. *Usted se siente condicionado por ciertos temores.* Pueden ser temores sociales, como el de verse desairado o rechazado; o temores internos, como el temor a la ansiedad, a una manifestación de cólera o a sentir ternura. Cuando uno teme ciertas situaciones tiende a evitar las circunstancias que las producen, inhibiendo así la conducta asertiva y situando la vida más allá del control activo. Por ejemplo, una muchacha de dieciséis años, con un caso temporal de acné, se queda sin pareja en el baile de la escuela superior. A los diecisiete, y con el cutis perfectamente sano, se va a la universidad, pero el dolor de aquel plantón le afecta toda la vida. Rehúye toda ocasión de intimidad por temor a que se repita el incidente.

Muchas personas tienen un concepto erróneo de la aserción, confundiéndola con la agresión y diciéndose a sí mismos que «la agresión siempre es mala». No consiguen distinguir entre ser apreciado y ser respetado. *Confunden la diferencia esencial de ser egoísta en el mal sentido y egoísta en el buen sentido* (la clase de egoísmo que hizo decir a Walt Whitman: «Canto a mi propio yo, una personalidad independiente»).

A algunos les falta aserción porque no han adquirido ese arte mediante la experiencia y la práctica. Pasados por alto en favor de otros que no tienen más talento que ellos, continúan años y años en el mismo empleo porque no conocen el método de conseguir ascensos. Algunos son incapaces de resistir abusos y desaires porque desconocen las respuestas con las que contraatacar a tal conducta (éstas las presentaremos en el Capítulo IV). Otros responden sí a una petición cuando no quieren dar una respuesta afirmativa, y lo hacen porque nunca han aprendido el arte de decir no.

En el AA, el terapeuta actúa como un maestro, con el propósito de ayudar al paciente a comprender qué hay de malo en su estilo de vida y cómo cambiarlo. Dando poca importancia al inconsciente, el AA recalca dos factores: (1) la identificación de las conductas esenciales que necesitan transformación, ya sea el temor a la intimidad o la carencia de la habilidad necesaria en el empleo; y (2) el planeamiento, junto con el paciente, de un programa sistemático para conseguir los resultados vitales que desea.

EL FUNDAMENTO TEÓRICO DEL APRENDIZAJE ASERTIVO

Para comprender el fundamento teórico del AA, usted debe estar enterado de las teorías eruditas de Ivan Pavlov.

En los Estados Undios, el fisiólogo ruso es conocido sobre todo por su experimento de principios del siglo xx con el perro, la carne y la campana. Demostró que la conducta (en este caso la salivación) originada por la presencia de un estímulo (la comida) podía ser originada por otro estímulo (la campana) si éste se emparejaba con la comida (poder de la carne). Finalmente, bastaba con la campana para obligar al perro a salivar. A este nuevo reflejo *aprendido* se le llama un *reflejo condicionado*. Este famoso experimento ha dado a muchos una falsa impresión de la psicología pavloviana, de tal modo que la consideran una aplicación mecánica y limitada a los conceptos de la conducta humana.

En realidad, Pavlov se proponía determinar las características del sistema nervioso que permitían que tanto los animales como las personas se comportaran adaptándose a las condiciones cambiantes en el ambiente.

En sus formulaciones biológicas descubrió que el sistema nervioso tenía dos aspectos:

(1) Hay una parte *heredada* en el sistema nervioso. El proceso evolutivo ha determinado que el sistema nervioso está estructurado de tal modo que ciertos estímulos generan ciertas respuestas. Así, al estímulo de la comida el perro responde con la salivación porque eones de evolución han hecho que esto forme parte integral de su sistema nervioso. Lo mismo ocurre cuando la pupila del ojo se modifica en respuesta a la luz.

El sistema nervioso humano contiene también ciertas características que influyen en la personalidad. Los psicólogos la denominan «temperamento». Son fuerzas biológicas que afectan a la sensibilidad a los estímulos, al nivel general de energía y a la tendencia a ciertos estados de ánimo, como la depresión y la agresividad. Este temperamento heredado hace que algunas personas reaccionen con mayor rapidez e intensidad que otras. Pero el hecho de que las características temperamentales estén cimentadas en el sistema nervioso no significa que no puedan verse afectadas, modificadas y cambiadas por las experiencias vitales.

(2) Una persona debe vivir en relación activa con su ambiente, y responder a los cambios del mundo exterior con cambios en su sistema nervioso. Al cambiar la situación, usted aprende a cambiar. Esto es lo que quería decir Pavlov al hablar del *reflejo condicionado*.

Lo más importante de los descubrimientos de Pavlov fueron sus conceptos de las fuerzas excitativas e inhibitorias, y su acción recíproca.

Excitación es el proceso cerebral que exalta la actividad y facilita la formación de nuevas respuestas condicionadas.

Inhibición es un proceso desalentador que disminuye la actividad y el aprendizaje de algo nuevo.

Desde la época de Pavlov, tres teóricos —Andrew Salter, el doctor Joseph Wolpe y el doctor Arnold Lazarus— han desarrollado diversos conceptos del AA que surgen, directa o indirectamente, de la perspectiva pavloviana.

Andrew Salter, importante psicólogo de Nueva York y fundador de la moderna terapia de la conducta, utiliza los conceptos pavlovianos de excitación e inhibición como base para el tratamiento de desórdenes nerviosos. Cuando dominan las fuerzas excitativas, la gente se siente orientada hacia la acción y emocionalmente libre. Se enfrentan a la vida según sus propios términos. El dominio de las fuerzas inhibitorias produce personas desconcertadas y acobardadas que sufren de lo que podríamos llamar «estreñimiento de las emociones». Prácticamente carentes de autosuficiencia, siempre están haciendo lo que no quieren hacer. Para la buena salud psicológica ha de existir un equilibrio adecuado de procesos excitativos e inhibitorios en el cerebro.

Según Andrew Salter, el neurótico siempre sufre un exceso de inhibición.

La terapia sirve para crear y reforzar los procesos excitativos, determinando así un equilibrio nuevo en el que éstos puedan dominar el funcionamiento del cerebro. Esto se consigue haciendo que el paciente actúe deliberadamente de modo excitativo. Sus actos aumentan el nivel de excitación en la corteza cerebral, hasta que se establece un nuevo equilibrio espontáneo entre la excitación y la inhibición, y la nueva conducta se convierte en parte «natural» de la persona. De modo que al principio hay un cambio en la conducta, lo que a su vez cambia la biología del cerebro, lo que por su parte influye en toda la psicología y personalidad del paciente. Salter describe a la persona excitativa como «...directa». Responde sinceramente a su ambiente... Toma decisiones rápidas, y le gusta la responsabilidad. Sobre todo, la persona excitativa se halla libre de ansiedad. Es realmente feliz.

El doctor Joseph Wolpe, catedrático de psiquiatría y director de la Unidad de Terapia de la Conducta en la Escuela de Medicina de la Universidad Temple, define la conducta asertiva como «...la expresión adecuada de cualquier emoción, que no sea la ansiedad, hacia otra persona». Debido a sus temores interpersonales tal vez usted sea incapaz de quejarse por el mal servicio en un restaurante, de contradecir a los amigos con los que no está de acuerdo, de levantarse y abandonar un acto social que le resulta aburrido, de reñir a un subordinado o expresar afecto, aprecio o alabanza. El propósito del doctor Wolpe consiste en reducir las ansiedades y temores interpersonales que le impiden hacer tales cosas y lo lleva a cabo mediante la aplicación clínica de su «principio de inhibición recíproca», que ha llegado a ser una de las piedras angulares de la terapia de conducta. El principio declara: «Si se puede provocar una respuesta inhibitoria de ansiedad en presencia de estímulos que evocan la ansiedad, eso debilitará el lazo entre dichos estímulos y la ansiedad».

Así, en el tratamiento terapéutico del AA, el doctor Wolpe enseña a sus pacientes a responder a situaciones sociales con cólera, afecto o cualquier otra emoción que inhibe o contrarresta la ansiedad. En las sesiones del AA, Wolpe hace que el paciente estimule las situaciones que provocan la ansiedad mediante la interpretación de diversos papeles. Luego entrena al paciente para que exprese sentimientos que *no sean de ansiedad* durante la actuación. Cada vez que el paciente interpreta una escena con éxito, debilita el lazo entre los estímulos sociales y la respuesta cargada de ansiedad, hasta que la ansiedad desaparece por completo. A medida que el paciente aprende a hacerlo consigue aplicar ese adiestramiento a una situación real, y su conducta se hace más asertiva.

Desde el punto de vista sociopsicológico, el doctor Arnold Lazarus, catedrático de Psicología y director del programa de Psicología Clínica en la Escuela Graduada de Psicología Profesional y Aplicada de la Universidad Rutgers, destaca la «libertad emocional» como «...el reconocimiento y expresión adecuada de todos y cada uno de los estados afectivos». Saber lo que usted siente no es suficiente; debe expresarlo, y expresarlo adecuadamente. La conducta asertiva emerge como ese aspecto de la «libertad emocional» que se refiere a la defensa de los propios derechos. Esto supone: (1) conocer sus derechos; (2) hacer algo al respecto; (3) hacerlo dentro del marco de la lucha por la libertad emocional.

El que no sabe defender sus derechos tiene poca libertad, se siente incómodo y temeroso y, en su hambre de libertad, puede mostrarse a veces «rencoroso y desagradable», con estallidos fuera de tono. Para tales personajes, el AA consiste en enseñarles a distinguir sus derechos legítimos, así como a defenderlos e impedir que les sean usurpados. El doctor Lazarus cree también que parte del reconocimiento de sus derechos supone el reconocimiento de los derechos de los demás y el respeto a los mismos.

Sea cual sea la teoría y el método individual de terapia, el AA ofrece dos supuestos:

1. *Lo que usted hace sirve como base para su concepto de sí mismo.* Cuanto más defienda sus derechos y actúe de modo que se respete a sí mismo, mayor será su autoestimación.

De aquí mi ecuación básica:

$$\text{Aserción} = \text{Autoestimación}$$

En realidad, esta fórmula se deriva de la presentada por William James, que ofrecía esta ecuación:

$$\text{Autoestimación} = \frac{\text{Éxito}}{\text{Pretensiones}}$$

La fórmula de James contiene dos partes. La primera se refiere a lo que usted ha de hacer con objeto de conseguir *éxito,* y supone la adquisición del trabajo y artes sociales necesarias para este propósito. La parte de *pretensiones* se refiere a sus propias metas (es decir, hasta qué punto se propone triunfar) y supone elección y decisión, ya que James comprendía que las personas pueden tener muchas metas irreales y en conflicto, y que la consecución de una meta habrá de ser a costa de la supresión de otra. Él aconsejaba: «El que busca su yo más auténtico, más fuerte y más profundo, debe repasar la lista (de metas posibles) y elegir cuidadosamente aquella en la que arriesga su salvación».

En esencia, James quería decir que usted sólo puede realizarse si acepta ciertas limitaciones, y que su autoestimación será igual al grado en que usted triunfe en esa realización. Cierto número de teóricos han elaborado desde entonces a partir de ese punto, que sirve como piedra angular de la teoría psicoanalítica avanzada por Karen Horney.

Sin embargo, desde la época de James, el mundo se ha hecho más complejo y más cínico. Debido a factores que escapan a nuestro control, usted puede hacerlo todo bien y sin embargo no conseguir el éxito En la AA, la meta se ha trasladado del producto final (el éxito) al *proceso* (es decir: cómo actúa usted en su intento por lograr el éxito) y las conductas involucradas en esos intentos constituyen las que llamamos «asertivas». El mismo acto de seleccionar una meta dice: «Éste soy yo. Esto es lo que quiero». El acto de marchar hacia una meta exige una orientación activa, el dominio de las situaciones reales y del propio yo. Las metas más personales exigen la comunicación franca con los demás. El nivel al que usted haya logrado afirmarse decidirá el nivel de su autoestimación.

La diferencia entre la fórmula de James y mi ecuación del AA está en el énfasis que se da al éxito real. La fórmula del AA afirma que, mientras usted actúe asertivamente, conserva su autoestimación. Puede fracasar, sentirse desilusionado y frustrado, pero no pierde la esencia de su respeto por sí mismo. Este concepto puede utilizarse como criterio para la conducta asertiva. *Si tiene dudas sobre si fue asertivo un acto específico pregúntese si aumentó su respeto propio, por poco que fuera. Si lo hizo, fue asertivo. En caso contrario, no lo fue.*

2. *Las conductas no existen aisladas, sino que interactúan mutuamente formando esquemas que llamamos la organización psicológica.* En distintos momentos de nuestra vida, la conducta tiene propósitos distintos.

LA ORGANIZACIÓN PSICOLÓGICA

Infancia. El niño cuenta con sus padres como base para su seguridad. Cuando la dependencia infantil resulta afortunada, el niño tiene la fuerza y seguridad necesarias para reestructurar su organización psicológica y pasar así a la adolescencia. Algunas personas no consiguen hacerlo. Pasan por la vida conservando las metas y hábitos de la infancia, buscando padres en todas las personas y, en algunos casos —a veces de modo muy obvio, y otras veces más sutil— representando el papel del niño exigente. Estas pobres almas buscan a un «buen padre» en el cónyuge o en un amigo que les consuele en sus penas y les dé el amor generoso que toda madre concede a su hijo. Quieren ser amados por lo que son —aun sin saber qué son— más bien que por lo que hacen. Esta exigencia no puede ser satisfecha, y tales personas siempre van por la vida heridas y desilusionadas.

Adolescencia. El adolescente se crea una nueva organización de conducta en la que su meta se transforma en la de ganar seguridad entre sus pares, más que junto a sus padres. Esta seguridad proviene del hecho de formar parte de un grupo y contar con la aceptación y aprobación del mismo. Algunas personas ya no saben pasar de esta etapa. Pertenecer al grupo sigue siendo para ellos el fundamento de la seguridad. El que así obra nunca sale de la adolescencia. Será siempre un ser inhibitorio, porque nunca alcanza su propia identidad fuera del grupo, se preocupa por lo que los otros puedan pensar, y decide su propia conducta por las ideas de los demás, porque los pensamientos negativos de los demás pueden hacer que el grupo le rechace.

Edad adulta. Al terminar la adolescencia tiene lugar un cambio. El adulto no necesita al grupo para la seguridad. En cambio, su vida suele centrarse en torno a un pequeño número de personas: algunos amigos íntimos, un amigo del sexo opuesto. Eventualmente, este núcleo se reduce y la base de su seguridad se centra en una persona específica. En ese punto se desarrollan relaciones más profundas y permanentes, una de las cuales puede llevar al matrimonio. La relación íntima con otra persona sirve como base para hallar y expresar la auténtica individualidad de uno, tanto dentro de esa relación como en la vida en general. Algunos terapeutas consideran esto como el pináculo.

El individuo completo. Otros terapeutas creen que todavía es necesario dar otro paso más en la organización psicológica, es decir, el paso de la seguridad que se basa en otro ser humano a la seguridad basada en el respeto propio. Esto tiene sus raíces en este modo de sentir: Conozco mis deseos y valores, pero siempre estoy dispuesto a reevaluarlos y a cambiarlos. Quiero sentir profundamente, actuar con firmeza, relacionarme íntimamente con los demás, y, sin embargo, tener conciencia del dominio de mí mismo.

Para lograr ese estado del individuo completo, usted debe comprender que *si cambia una conducta, cambia también toda una serie de conductas relacionadas.* Así como aprende nuevas habilidades, y cambia sus actos, pueden cambiar sus sentimientos y todo el esquema de su organización psicológica. De este modo, el Aprendizaje Asertivo es capaz de producir todo un nuevo estilo de vida.

CASO

Cuando Seth Elwyn, ingeniero civil de treinta y siete años, y dos veces divorciado, acudió a mí por primera vez, me dijo: «¡Ayúdeme! Estoy saliendo con una chica con la que me gustaría casarme, pero me temo que fracasaré otra vez», Seth representaba el ejemplo perfecto del hombre inseguro. Al crecer en un ambiente casi exclusivamente femenino formado por una madre dominante, cinco hermanas y un padre «tranquilo e introvertido» que «no representaba ningún papel en mi vida», había aprendido un esquema de conducta sumisa. Ya adulto, apenas pedía nada para sí mismo. En su trabajo accedía a todas las demandas de su jefe por irrazonables que fueran, y había muchas. A los veintidós años se casó «con una fiera». «Siempre estaba atacándome y yo lo aguantaba todo. Al cabo de dos años me dejó», recordaba Seth. Cuando se casó con la esposa número dos, también ésta se lanzó a explotarle sin misericordia. Después de trabajar con un horario de cincuenta horas a la semana en el despacho, más el tiempo extra en casa, Seth pasaba la aspiradora por toda la casa y hacía la compra, aunque su esposa no trabajaba. También ella se largó diciendo:

«He intentado provocarte para ver si dabas señales de

vida, pero no lo he conseguido. Te traten como te traten, jamás te enfureces ni devuelves los golpes.»

Ese último sarcasmo era cierto. Seth jamás había aprendido a expresar cólera. Como resultado, se había desarrollado en él el temor a la cólera que, como todo temor, le llevó a una conducta de evitación. Su necesidad de evitar la cólera era tan grande que ni siquiera se permitía una experiencia subjetiva de ella. Esto tenía como consecuencia el que jamás reconociera las situaciones en las que los demás le explotaban o rebajaban. Como no se daba cuenta de las situaciones, no podía afirmar su propia identidad. De modo que todos le trataban mal y le perdían el respeto.

Después de estudiar a Seth en unas sesiones individuales de AA, me decidí por la terapia de grupo con dos metas de tratamiento: (1) enseñarle a expresar cólera; (2) enseñarle a reconocer las situaciones en que le explotaban y rebajaban, y cómo defender sus derechos en esos casos. Durante las sesiones semanales de grupo, Seth representaba el papel del hombre furioso en circunstancias imaginarias, así como en situaciones pasadas y presentes de su propia vida. Cuando aprendió este arte, disminuyó su temor a la cólera y ya no tuvo necesidad de inhibir sus sentimientos de furia. En cada sesión de grupo, un miembro le hacía a Seth una petición irrazonable o bien un desprecio. Así tenía Seth la oportunidad de aprender a manejar estas situaciones y, una vez lo aprendió, utilizó esta capacidad asertiva en su vida real. Se defendió ante su amiga, sus hermanas, su jefe.

Durante el tratamiento Seth volvió a casarse y más tarde me informó con orgullo: «Tuvimos una pelea terrible y yo *me enojé muchísimo*». Algunas sesiones después, dijo en tono triunfante: «Este matrimonio es distinto. En éste sí participo».

En la última sesión, Seth nos presentó dos problemas específicos de aserción, uno relacionado con su esposa y otro con su jefe. El grupo quería trabajar sobre el primero pero, con voz firme, Seth anunció: «Me preocupa más el problema del empleo. Ataquemos éste». Tan natural y firme fue su declaración que el grupo accedió inmediatamente. Cuando yo indiqué cómo había defendido Seth su opinión, hubo un momento de silencio antes de que los miembros del grupo estallaran en aplausos.

En la terapia analítica, esta clase de persona suele hacer progresos muy lentos. El análisis recalca sobre todo el sentimiento, y, si no hay sentimientos con los que trabajar, el progreso es lento. Con Seth hubiera resultado muy fácil formular sus problemas en términos de estímulos sexuales reprimidos por haber crecido en un ambiente tan femenino, y quizás en términos de conflictos inconscientes referentes a su identidad sexual. Sin embargo, yo estaba convencido de que el problema se resolvería poniendo remedio al déficit en conducta y enseñándole a sentir, no mediante la discusión oral, sino a través del adiestramiento y la acción deliberada. Al defender sus derechos en situaciones sin importancia, se sintió una persona fuerte. Esto hizo que se diera cuenta de que cuando no se defendía, se sentía deprimido y vacío. *El cambio en los sentimientos siguió al cambio en la conducta.*

En el curso de ocho meses cambiaron las relaciones de Seth con los demás, su comprensión emocional y su concepto de sí mismo. Desde entonces ha conseguido aumentos de sueldo y un ascenso, y ha sido capaz de supervisar a otros. Su tercer matrimonio está siendo un éxito. Seth aún tiene un largo camino que recorrer, pero está aprendiendo ya en las situaciones de su propia vida, no en situaciones terapéuticas.

LA ESPIRAL NEURÓTICA

La conducta inadecuada en un área tiene repercusiones en otras de su organización psicológica, lo que hace surgir ansiedades, tensiones o depresiones adicionales e influye en su sensación de confianza en otras situaciones. A este efecto de remolino le llamo yo la *espiral neurótica.* Por ejemplo, por temor a perder su empleo usted pone en marcha toda una nueva serie de dudas: —¿Qué me ocurre de malo?... No sirvo para nada... Nunca tuve éxito—. Estos pensamientos, a su vez, condicionan una serie de conductas equivocadas, que, a su vez, refuerzan los temores y dudas, que producen otra conducta todavía más equivocada... y así resulta imposible salir de esa espiral:

La espiral neurótica

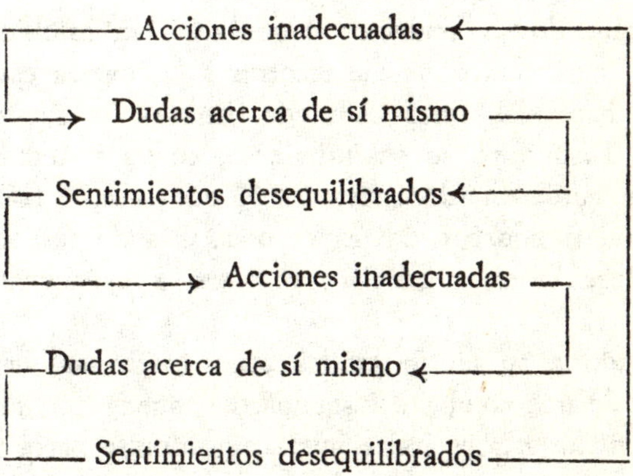

Ciertas señales de que tal vez usted se halle descendiendo por esta espiral neurótica en relación con la aserción son:

Usted se muestra constantemente conciliador con los demás, porque teme ofenderles.

Permite que los otros le impliquen en situaciones que no son de su agrado.

No puede expresar sus deseos legítimos.

Cree que los derechos de los demás son más importantes que los suyos propios.

Se siente tímido ante los superiores y representantes de la autoridad.

Se ofende con tanta facilidad por lo que los demás dicen y hacen, que se inhibe a sí mismo de continuo.

A menudo se siente muy triste y no sabe por qué.

Se deja siempre dominar por los demás, porque nunca ha aprendido a defenderse.

Se siente solo porque no tiene relaciones íntimas en su vida.

Se siente inferior porque es inferior. Limita sus experiencias y no utiliza todo su potencial.

Cambiando su conducta, lo que a su vez cambiará sus ideas y sentimientos, puede recorrer a la inversa esa espiral. Al hacer las cosas de modo distinto, se siente más idóneo. Disminuye su resentimiento, cólera y temores, y crece su autoestimación. Esto es lo que sucedió con Seth Elwyn, el tímido con dos ex esposas. Cuando se convirtió en un ser humano asertivo, *comenzó a apreciarse a sí mismo.*

Debido a su efecto en las otras conductas, hasta el cambio de una conducta insignifiactne, puede dar, al parecer, la vuelta a la espiral e iniciar un impulso hacia arriba.

CASO

Un analista de valores, hombre de éxito y que viajaba mucho en el curso de su trabajo, solía permanecer despierto horas y horas durante la noche, pensando obsesivamente qué sucedería si, después de una reunión matutina en alguna ciudad desconocida, tuviera que irse a almorzar con los hombres de negocios con los que se hallara trabajando y charlar con ellos. Esta preocupación afectaba a su trabajo. La terapia demostró que apenas conocía el significado de las palabras «conversación intrascendente», y mucho menos el arte de contar un cuento. Mediante el AA le enseñé el arte de relatar historias. Del mismo modo que estudiaba estadística e informes a fin de prepararse para una reunión, aprendió a disponer de un repertorio de anécdotas para esas sesiones a la hora del almuerzo. Una vez dispuso de ellas, su carácter se transformó de ansioso en espontáneo, y pocas veces tuvo que utilizarlas. Dejó de sentirse deprimido y pudo dormir tranquilamente por la noche. «Mi esposa dice que soy como el hombre con el que se casó hace veinte años», me confió, muy satisfecho.

CASO

Sally Jones vivía en un estado de preocupación crónica, creyéndose siempre el chivo expiatorio. Un día regresó a la oficina después de un almuerzo solitario («La gente siempre me echa la culpa de todo, así que me resulta más fácil estar sola») y el director del negocio la recibió a gritos: «¡Ha dejado toda revuelta la sala de copias!», la acusó injustamente, engañado por una mala información.

Sally empezaba ya a defenderse con un «Yo no estuve hoy en la sala de copias...», cuando, justo a tiempo, recordó su AA y le dijo a su jefe: «Ahora tendrá que disculparse conmigo».

Atónito ante su cambio de modales, el jefe se echó atrás: «¿Disculparme por qué?». A lo que Sally repuso con firmeza: «Por haberme gritado por algo que yo no hice».

Recibió sus disculpas y comprendió que, si se había defendido asertivamente ante una injusticia, también podía hacerlo en otras ocasiones... y lo hizo. Como resultado, no sólo cambiaron sus relaciones en el trabajo, sino que empezó a ir a almorzar con los demás y a hacer amigos. Una simple contestación, conseguida al cabo de seis meses del AA, le permitió ganar su autoestimación.

Aunque pueda parecérselo a los no iniciados, el AA no es sencillo ni simplista. Repito: la alteración de una conducta aparentemente trivial puede tener un enorme impacto en las relaciones con los demás y en la imagen que uno tiene de sí mismo. El AA estudia conductas de diversa complejidad.

El *primer nivel* se refiere a conductas elementales, como establecer contacto visual, permanecer erguido, hablar con una voz lo bastante alta para que la oigan los otros. Un déficit en estas áreas puede tener consecuencias trascendentales. Por ejemplo, si usted no mira al otro al hablar, descubrirá que pierde contacto rápidamente. La voz se hace más monótona, la comunicación es vaga e indirecta. Al otro le cuesta seguirle, se aburre, se enoja. Aunque los pacientes que experimentan esta dificultad tienen por lo general otros muchos problemas de aserción, el simple hecho de entrenarse para establecer el contacto visual determinará por sí mismo cambios importantes.

El *segundo nivel* se refiere a las artes básicas de la aserción: la capacidad de decir no cuando se quiere decir no, y sí cuando se quiere decir sí, de pedir favores o hacer cualquier petición, de comunicar sentimientos y pensamientos de un modo abierto y directo, de rechazar los desaires, de controlar situaciones tales como la dieta y los buenos hábitos de trabajo.

El *tercer nivel* se refiere a su conducta en interacciones más complejas con otras personas: conducta de adaptación en situaciones de trabajo, capacidad para formar y mantener un círculo social, el logro de amistades personales íntimas.

Cambiar estas conductas específicas puede cambiar el modo en que los demás reaccionen ante usted, el modo en que usted se mira a sí mismo e incluso su estilo de vida.

Antes de pasarme a la terapia de conducta, me dediqué durante veinte años a la psicoterapia tradicional. Puedo comprender, por tanto, que muchas personas juzguen a menudo difícil ajustarse al enfoque empírico de la TC y sus programas del AA. Hacen preguntas pertinentes, que merecen respuestas pertinentes.

P. *¿Qué le parecería llegar hasta la raíz del problema que determina esa dificultad psicológica? ¿Puede curarse el paciente sin repasar todas las experiencias, traumas y la lucha del «ello» contra el «yo»* * *de su primera infancia?*

R. ¿Acaso cambia a la gente el llegar «hasta la raíz» del problema? Los datos científicos demuestran que, con

* Como es sabido, estos dos conceptos se deben a Freud, el fundador del psicoanálisis. Para los lectores no iniciados en esta doctrina, diremos que Freud los consideraba como dos «provincias o instancias psíquicas». El contenido del «ello» (llamado también *id*) es «todo lo heredado, lo congénitamente dado, lo constitucionalmente establecido; es decir, ante todo, los instintos surgidos de la organización somática». Por otro lado, «parte del "ello" ha experimentado una peculiar transformación...: se ha establecido paulatinamente como una organización especial que desde entonces oficia de mediadora entre el "ello" y el mundo exterior»: es el «yo» (o *ego*). Cfr. Sigmund Freud: *Esquema del psicoanálisis,* Editorial Paidós, Buenos Aires, 1966. *(N. de la R.)*

el método del psicoanálisis, algunas personas mejoran, algunas siguen igual y otras empeoran en realidad, y poco más o menos en igual proporción. Desde un punto de vista experimental, hay poca evidencia (cuanto más una evidencia dudosa) de que llegar a los conflictos psíquicos internos cambie a la gente. En cambio, hay pruebas experimentales acumulativas del hecho de que cambiar directamente la conducta sí cambia a la gente y a su vida.

Esto no significa la invalidación del psicoanálisis. En primer lugar, el psicoanálisis es una teoría sobre el modo en que se desarrollan las neurosis. La TC apenas toca este campo, al comprender que muchos de los conceptos psicoanalíticos tienen poca importancia en cuanto a la consecución de los cambios deseados en la conducta.

P. *Si usted se libra de un síntoma, ¿no se desarrollará otro?*

R. El psicoanálisis dice que sí. Sin embargo, los datos experimentales reunidos por los terapeutas de conducta demuestran que, si usted se libra de un síntoma perturbador, hay muchas posibilidades de que termine por ser una persona más feliz y más sana. Esto no significa que ya no tendrá problemas. Eliminar un problema puede producir una serie de dificultades *porque usted tiene ahora la capacidad de aceptar más desafíos, distintos desafíos.* Tomemos a la persona que siente tal temor al sexo opuesto que ni siquiera puede pedirle una cita a una chica. Se le libra de ese temor hasta el punto de que empieza a salir con chicas, se pone en relaciones con una y se casa con ella. Ahora se enfrentará a una nueva serie de problemas con los que jamás se habría tropezado de haber seguido aislado. Traté a un muchacho cuyo tartamudeo era tan grave que evitaba las reuniones sociales. Si se veía forzado a acudir a ellas, se metía en un rincón y allí se quedaba todo el tiempo. Cuando le curé la tartamudez, descubrí que no tenía nada que decir, por lo que se hizo preciso un curso del AA. Ahora bien, esto no es una sustitución de síntomas, sino un nuevo problema que surge del hecho de tener una vida más amplia.

P. *¿Cómo puede ser bueno el AA si es a corto plazo?*

R. El AA no es a corto plazo. Es un proceso para toda la vida. Lo único a corto plazo es la parte relativa al aprendizaje, que se propone ayudarle a vencer el problema inicial y enseñarle la habilidad mediante la cual puede seguir adiestrándose a sí mismo.

Los resultados iniciales pueden seguirse con bastante rapidez, pero sólo sirven como principio del programa de aserción. Así como usted empieza a relacionarse de modo distinto con la gente, ellos empiezan a relacionarse de modo distinto con usted. Así como usted empieza a actuar de un modo más franco, los otros se le acercan más. Así como usted aprende a defender sus opiniones, los demás reaccionan ante usted de modo distinto. Esto le lleva a una serie de nuevas experiencias vitales, y usted cambia y se desarrolla. Como resultado, tiene ideas más claras acerca de lo que quiere y necesita. Estos cambios no tienen lugar de la noche a la mañana. Nunca llegará usted a un punto en el que pueda decir: «Ya estoy donde quería». Siempre hay lugar para desarrollarse. Surgirán y volverán a surgir obstáculos y dificultades, pero, una vez domine usted la capacidad de aserción, podrá resolverlos por lo general o, al menos, enfrentarse con ellos.

P. *¿No hará el AA que una persona sea manipulativa?*

R. El AA se propone enseñarle a controlarse, y a no dejar que los otros le controlen.

P. *Si el AA cambia su estilo de vida, ¿no puede acaso originar un rompimiento? ¿O arruinar un matrimonio? ¿O hacer que uno pierda el empleo? ¿O apartar de él a amigos y parientes?*

R. La respuesta es sí. Si tiene un estilo de vida insatisfactorio y lo transforma, usted alterna el *statu quo.* Por ejemplo, un hombre puede haberse acostumbrado a vivir con una esposa destructiva. Una mujer puede haberse acostumbrado a importunar constantemente a su marido. Si se altera cualquiera de esas situaciones, tiene lugar un trastorno en las relaciones, con tres consecuencias posibles:

(1) Ambos cónyuges acogen bien el cambio.

(2) El que no experimentó el AA cambia también y se desarrolla. Ambos viven entonces según un mejor estilo de vida.

(3) El otro cónyuge puede no estar dispuesto, o no ser capaz, de hacer los cambios necesarios. En este último caso, es posible que haya problemas. Yo he visto situaciones en las que el AA ha llevado a la separación y al divorcio. Pero la cuestión es ésta: la situación ya era insatisfactoria. Su nueva actitud asertiva podrá ganarle muchas ventajas, pero tal vez tenga que pagar un precio.

P. *¿Pueden llevarse a cabo conjuntamente el AA y el análisis tradicional?*

R. El AA y el análisis tradicional comparten metas similares en el sentido de que ambos desean que el paciente sea un ser humano realizado. Sin embargo los dos métodos difieren grandemente en el método terapéutico de conseguir esa meta.

Que el AA y el análisis puedan ser llevados a cabo simultáneamente sobre el mismo paciente por dos terapeutas distintos depende tanto de estos mismos como del individuo involucrado en el tratamiento. En algunas ocasiones ha tenido mucho éxito. Con un paciente, yo pude utilizar la visión profunda que había obtenido él con el tratamiento tradicional para establecer las metas y conductas que debía cambiar. El AA le permitió comunicar los sentimientos con mayor libertad, lo que dio como resultado que también pudiera comprender mejor su terapia tradicional. En otras ocasiones los métodos tradicionales y del AA están involuntariamente en pugna. Por ejemplo, con las personas obsesivas, yo creo que ya son demasiado introspectivos y prestan demasiada atención a lo que pasa «dentro de ellos», así que trato de poner fin a esa conducta. Sin embargo, ésta es precisamente la conducta necesaria para llevar a cabo la psicoterapia tradicional, y el otro terapeuta desea animarla. Con frecuencia, esto da lugar a una situación imposible, y el paciente debe abandonar una forma u otra de tratamiento.

P. *¿Puede uno llegar a ser demasiado asertivo?*

R. A esta pregunta, que tantas veces se ha hecho, la respuesta es no. Parte de la definición de aserción es que *la conducta sea adecuada.* Siendo así, no se deduce que pueda ser «demasiado asertiva». Lo que ocurre con frecuencia, durante el AA, es que el que era excesivamente tímido se va de pronto al otro extremo y se convierte en un ser inadecuado. Sin embargo, pronto reajusta su conducta.

El AA no le dirá *por qué* es usted como es.

Pero le enseñará *cómo* vivir de modo creativo en una sociedad compleja, adiestrándose en las artes necesarias para ser el hombre o mujer que se enfrenta alegremente con cualquier desafío.

Repito: lo mismo que ha aprendido usted a ser *neurótico,* puede aprender a ser *normal.*

2

Aclaración de sus propias dificultades de aserción

¿Cuáles son los diversos tipos de dificultades de aserción?

¿Cómo reconocer la diferencia entre aserción y agresión?

¿Cuándo es correcto el defender las propias opiniones... y cuándo no?

¿Cómo aplicar los principios del Aprendizaje Asertivo a su propia conducta?

Como casi todo lo demás en la vida, esta cualidad de la aserción no es sólo cuestión de «o blanco o negro». Posee tantos matices como los que se hallan en la paleta de un pintor. Sin embargo, las personas con dificultades de aserción pueden agruparse fundamentalmente en siete tipos básicos.

TIPOS DE PROBLEMAS DE ASERCIÓN

(1) *El tímido.* Usted se deja atropellar por todos, no sabe defenderse y se muestra pasivo en cualquier situación

posible. Si alguien le da un pisotón es usted el que dice: «Perdone». Tal vez sea un Caspar Milquetoast, pero no es un cero en cuanto a aserción. Por grandes que sean su timidez y su irresolución, siempre hay un punto desde el que se puede iniciar el cambio.

(2) *La persona con dificultades de comunicación.* Repito que la aserción posee cuatro características de conducta: franqueza y rectitud, honestidad y aptitud. Tal vez ande usted deficiente en cualquiera o en todas esas áreas, pero con frecuencia sólo le falta aserción en una.

Comunicación tortuosa. Usted tiende a hablar demasiado, una característica que suele ir acompañada de sentimientos superficiales, falta de deseos definidos y dificultad en el trato con los parientes más próximos. En vez de pedirle a su marido: «¿Te importaría traerme dos chuletas de cordero para la cena, ya que vas a pasar muy cerca del ¿supermercado?», usted dice: «Sé que te vas ahora a que te corten el pelo. ¿Has de pasar por casualidad por la Calle Treinta y Ocho?». Ni usted hace la petición directa, ni su marido sabe lo que usted pretende, ni consigue usted lo que deseaba. La práctica de hacer declaraciones sencillas y directas, sin complicaciones, cambia a menudo todo su esquema de conducta.

Comunicación deshonesta o pseudoasertiva. Usted parece sincero y honesto, por lo general muy apto, a menudo extrovertido, pero esta aserción aparente oculta una carencia básica de honestidad. Usted dice: «¡Cuánto me alegro de verte!... Llevaba unos días pensando en ti» cuando no le importa nada, y el otro lo sabe. En esta clasificación entran esas versiones estereotipadas del vendedor que saluda con afecto a todo el mundo y los políticos que andan besando a los niños. También figuran en este grupo los que tienen problemas con su familia y sienten una insatisfacción general ante la vida («Nunca me sale nada bien»).

Comunicación inadecuada. Por falta de dominio de las realidades de las relaciones sociales, usted dice lo que juzga más correcto en el momento más inadecuado. Por ejemplo, su marido le comenta que ha tenido un «día terrible en la oficina» y en respuesta usted le echa en cara todas las cosas que él hizo mal. Tal vez sea abierta y sincera, pero ese modo tan inmaduro de hablar la lleva con frecuencia a graves dificultades interpersonales, con lo que, más que intimar, usted se distancia de los demás. En el trabajo, su ineptitud produce disensión y trastornos. Como dice lo menos adecuado, y en el momento más inoportuno, usted misma se expone a la explotación o al insulto. Esta insensibilidad con los demás suele llevar a la introversión y al desprecio de las necesidades de los compañeros de trabajo, los amigos y la familia.

(3) *El asertivo de doble personalidad.* Hay quien falla en un área de la aserción y triunfa en otra. Quizás usted sea capaz de expresar abiertamente un sentimiento de ternura y en cambio sea totalmente incapaz de demostrar sus sentimientos de cólera... y viceversa.

Un hombre puede ser el epítome de la pasividad en la oficina y comportarse como un tirano en casa. O actuar asertivamente en el trabajo, en sus relaciones sociales, con los hijos y, sin embargo, mostrarse inseguro ante su esposa. Por ejemplo, en su papel de ejecutivo, Tom Johnson tomaba decisiones importantes a lo largo de todo el día. Por la noche él era el que preparaba la cena para sus dos hijos, su esposa... y el amante ocasional de ésta. Después de la cena lo fregaba todo y cuidaba a los niños, mientras la señora Johnson y su Romeo del momento se iban de fiesta. Aunque Tom buscó explicación a su conducta y vino a mí para unas cuantas sesiones, descubrió sin embargo que le daba miedo la idea de cambiar. Cuando supe de él por última vez, todavía seguía preparando la cena para todos y esperando que su esposa resolviera el problema largándose con el otro de una vez.

El área de alcance de esos asertivos de doble personalidad suele ser muy limitado. Tal vez sí son asertivos en el trabajo... excepto con un superior, un subordinado o alguna persona específica. Quizá sean asertivos en una relación de tipo individual, pero no en grupos. Una mujer puede ser asertiva con todo el mundo... menos con la asistenta que viene un día a la semana. Y hay quien puede ser asertivo con todos... menos con la suegra.

En general, cuanto más limitada el área, más sencillo resulta cambiar con el Aprendizaje Asertivo.

(4) *La persona con déficits de conducta.* La que no logra establecer el contacto visual, ni domina la conversación intrascendente ni se atreve a una confrontación o a iniciar una conversación. Estas habilidades asertivas pueden aprenderse.

(5) *La persona con obstáculos específicos.* Usted sabe lo que debería hacer, y tiene capacidad para llevarlo a cabo, pero su temor al rechazo, la cólera, la curiosidad, la crítica o la ternura le impide realizar lo que desea.

Tiene ideas equivocadas. Usted no comprende la diferencia entre agresión y aserción. Usted sabe el qué y el cómo de lo que ha de hacerse, pero discute su derecho a hacerlo.

Tiene un concepto equivocado de la realidad social. Usted no comprende que existen diferentes clases de relaciones con personas distintas. Cree que es obligado el tratar a un extraño como a un amigo. Ni se le ocurre siquiera tratar al extraño como extraño, y al amigo como amigo. Por ejemplo, un paciente nuevo anunció: «Yo no me fío de nadie». La exploración demostró que confiaba su dinero a unas personas, sus secretos personales a otras y aún acudía a otras para pedirles consejo en los negocios. ¿Su error? El pensar que, porque no podía confiar en todos para todo, no se fiaba de nadie.

Tiene una idea equivocada de la realidad psicológica. Se preocupa por saberse preocupado, sufre angustia porque se nota angustiado, sin comprender que la vida nos presenta problemas en los que la ansiedad es la reacción más adecuada. Un hombre vino a mí con un acervo de problemas. Su padre acababa de morir de repente, su esposa había sufrido una operación a causa de un cáncer. Acababa de perder el empleo, y su hijo estaba arrestado por tomar drogas. Pero, porque se sentía deprimido a causa de todo eso, el hombre se creía un neurótico. Es natural que nos sintamos angustiados cuando la vida nos da un golpe. Sin embargo, en vez de decir: «De acuerdo, estoy atravesando una situación muy difícil que hace que me sienta tenso», usted analiza: «Me preocupo de tal modo que estoy hecho un neurótico, y será mejor que empiece a preocuparme por eso». Debido a su preocupación por una posible neurosis, usted inhibe su espontaneidad. En un caso como el que acabo de citar suele ser mucho mejor hablar con amigos y parientes que consultar a un terapeuta.

No admite la independencia en los demás. Usted piensa que, en tanto tenga razón, el otro ha de seguir la dirección que usted le marque. Y el otro se niega con mucha frecuencia, movido por sus propias necesidades, sentimientos e impulsos.

Cree que, mientras haga lo más correcto, ha de conseguirlo todo. Y si no lo consigue, es que hay algo raro en usted. La realidad no suele ser así. Tal vez usted pida, y merezca, un aumento de sueldo, pero la situación económica de su firma lo haga imposible.

(6) *La persona cuyos hábitos interfieren en sus deseos.* Si usted ha aprendido a hacer mal algunas cosas, tal vez tenga problemas para llegar a hacer lo que desea. A esos hábitos que interfieren les llamo yo el «síndrome del bocadillo de mantequilla de cacahuete». Se lo explico a los pacientes, contándoles la historia de los dos obreros que almorzaban juntos. Uno abrió su caja del almuerzo, sacó el bocadillo, lo mordió y dijo: «¡Vaya! ¡Otra vez un bocadillo de mantequilla de cacahuete! Odio los bocadillos de mantequilla de cacahuete».

«¿Y por qué no le dices a tu esposa que deje de ponértelos para el almuerzo?», preguntó su amigo.

El primero contestó: «¿Qué esposa? ¡Yo mismo me preparo el almuerzo!».

Si sabe cuál es la conducta que le está estorbando, quizás esté en su poder el cambiarla sin dificultad. O tal vez sepa lo que es, pero no haya pensado en cambiarla. *Entonces sigue comiendo bocadillos de mantequilla de cacahuete.*

CASO

Rick Shulman, recién graduado en filosofía, acudió a mí con un problema en su carrera. Solía disfrutar enseñando en la universidad, pero últimamente el trabajo se había convertido en una carga y en un motivo de depresión para él. Nuestra conversación reveló que el cambio había surgido al iniciar su trabajo para la tesis doctoral. Como estaba tan ocupado, ya no preparaba sus clases y siempre iba algo despistado. Después de haber terminado la tesis, continuó con el hábito —ya adquirido— de dar las clases sin preparar. Rick comprendía que eran desorganizadas y superficiales, y este conocimiento era lo que le producía depresión e insatisfacción. Jamás se le había ocurrido la idea de hacer algo al respecto.

Le conté la historia del bocadillo de mantequilla de cacahuete y se mostró de acuerdo en que sí estaba en su mano el comenzar a preparar de nuevo sus clases. Y así fue. A mediados del semestre siguiente, telefoneó para decirme que «había recuperado la afición a la enseñanza».

(7) *La persona que tiene problemas de aserción con sus propios hijos.* Los padres quieren que sus hijos lleguen a ser personas asertivas, que se respeten a sí mismos. Sin embargo no comprenden las distintas artes necesarias para producir, de una parte, unas buenas relaciones íntimas y, de otra, un ser humano independiente; ni entienden hasta qué punto influyen en los hijos sus propias dificultades de aserción.

El padre ha de ser el modelo adecuado. Si su hijo le ve actuar con respeto hacia sí mismo, defender sus opiniones y comunicarse con franqueza, aprenderá también a hacerlo. Si usted es la reencarnación de Caspar Milquetoast, por mucho que le hable a su hijo y por muchas directrices que le dé, éste será inseguro. Recuerde bien estos dos puntos: (1) Puede que usted sea muy asertivo por lo general y tenga sin embargo dificultades con sus hijos porque quiere evitar la misma clase de discusiones y roces que surgieron entre usted y sus padres. (2) Si usted tiene una vida muy llena, es menos probable que influya en sus hijos, dándoles así más oportunidades de hallar su propio estilo.

ASERCIÓN CONTRA AGRESIÓN

Las dificultades de aserción llevan a una conducta equivocada. Si usted es fundamentalmente inseguro, sin duda será un hombre débil en exceso. Y, al no saber defenderse, se sentirá herido y angustiado, y se despreciará a sí mismo. Sus acciones y reacciones deficientes despertarán sentimientos de desprecio en los demás.

Y a la inversa, si usted se conduce agresivamente y resulta duro en exceso. Debido a diversas experiencias a lo largo de su vida, se siente tan dominado por la cólera que gran parte de su organización psicológica se centra en el objetivo de herir a los demás, a veces por venganza, a veces por la necesidad que percibe de defenderse. Aunque esa conducta agresiva puede alcanzar sus fines durante algún tiempo, en la mayoría de los casos lleva a una comunicación defectuosa con los amigos, provoca la agresión defensiva de los otros, y tiende a aumentar su propia agresividad.

En cambio, la conducta adecuadamente asertiva no siempre le lleva al logro de sus metas deseadas, pero sí aumenta su autoestimación. Cuando las cosas no le salgan bien tal vez se sienta decepcionado, pero nunca irrazonablemente hostil.

Tomemos algunos ejemplos, y veamos cuál sería la respuesta asertiva más adecuada.

CASO A: La maestra llama a la señora Block al colegio y, en una conversación privada, le dice que su hijo de seis años no presta atención en clase y se porta terriblemente mal... y todo porque la señora Block no ha sabido educar a Ted con la debida disciplina.

CASO B: Jane espera su turno en la cola de una rebaja de medias en una tienda. El empleado está a punto de terminar con la cliente que va delante de ella cuando otra mujer llega y se cuela. El empleado pregunta: «¿A quién le toca ahora?», y la recién llegada contesta: «A mí».

CASO C: Madge y Rose trabajan como secretarias en una oficina de seguros y están solas en el despacho. Tres veces a la semana, Madge sale más temprano para ir a ver a su psiquiatra. Rose tiene que contestar al teléfono y terminar el trabajo del día. En realidad, no le importa este trabajo extra, pero sí tiene la impresión creciente de que la situación es injusta.

CASO D: Hace un año, John pidió prestados doscientos dólares a Ken. En aquel tiempo John tenía deudas, su madre estaba enferma y él se hallaba sin trabajo. Ahora su madre ha recuperado la salud y John gana un buen sueldo en un empleo del gobierno. Ken desea que le devuelva su dinero porque quiere irse de excursión a la nieve, pero no ha hecho nada al respecto. Cada día se siente más disgustado ante la situación.

CASO E: Phyllis, de diecinueve años, estudia en una gran universidad del Medio Oeste, pero estas Navidades va a pasarlas en su casa, en Filadelfia. Su madre sabe que Phyllis ha estado viviendo con un chico en el colegio. A primeros de diciembre, Phyllis deja caer por teléfono que ella y su amigo dormirán juntos en su dormitorio. Con dos hermanitos pequeños en casa, la madre se opone resueltamente.

Estos ejemplos representan situaciones que exigen una respuesta asertiva. Ahora decida usted cómo las resolvería.

He aquí las respuestas:

CASO A: La señora Block y las quejas de la maestra.

Respuesta carente de aserción: La señora Block dice: «Sí, tiene razón. El niño necesita más disciplina en casa. Envíenos una nota cada vez que se porte mal. Mientras tanto, le prohibiremos que vea la televisión por la noche». Esa misma noche apaga el televisor, le da una buena regañina a Ted, rechaza sus intentos de explicarse y le envía a la cama sin cenar. Y, claro, también ella se queda despierta toda la noche. En este caso lo único que Ted ha aprendido es que sus necesidades y sentimientos no importan. Se convence de que, o bien él es «malo», o el mundo es injusto. En cualquier caso, le están enseñando a sentirse impotente.

Respuesta agresiva: La señora Block responde: «Es que usted no comprende a mi hijo. Por cuanto he oído, creo que usted es una maestra horrible. Voy a hablar con el director al respecto, y haré que cambien a Ted a la clase de la señorita Jones. Ella sí que es una buena maestra». La señora Block habla con el director pero no le dice nada a Ted, que se ve trasladado de clase. Con eso sólo aprende que no tiene opinión sobre lo que le sucede, que sus necesidades y sentimientos no cuentan en absoluto. Empieza a creer que vive en un mundo irrazonable.

Respuesta asertiva: La señora Block dice: «Permítame que hable de esto con Ted. Y la próxima semana volveré con alguna idea». Esa noche sostiene una larga conversación con Ted —y con su marido— y descubre que un chico de la clase le tiene dominado. Como resultado, el niño se siente trastornado. Luego vuelve al colegio, se lo cuenta a la maestra y entre las dos discurren las posibles soluciones. Debido a su actuación asertiva, Ted comprende que lo que él siente y piensa es importante para los demás y puede influir en cuanto suceda. También disfruta de la experiencia de una comunicación constructiva con sus padres y de cómo su madre ha sabido resolver un problema de modo constructivo.

CASO B: Jane, en la cola de las medias.

Respuesta carente de aserción: Jane no dice nada, espera su turno y decide que nunca más volverá a «esa tienda».

Agresiva: Jane organiza una pelotera, tanto con la que se colaba como con el empleado.

Asertiva: Jane dice sencillamente: «Lo siento, era yo la que estaba primero». Y le pide al empleado unas medias negras, tamaño pequeño.

CASO C: Rose, resentida de que Madge se vaya más temprano.

Respuesta carente de aserción: Como no desea interferir con las sesiones psiquiátricas de Madge, Rose guarda silencio. Crece la tensión. Al fin decide si no será mejor buscar otro trabajo.

Agresiva: Rose se pelea con Madge y le dice cosas como: «Estoy cansada de hacer tu trabajo... Esta oficina ya no resulta agradable porque tú te estás aprovechando de mí... Será mejor que dejes de ver al doctor, o se lo iré a contar al jefe...».

Asertiva: Rose habla francamente del asunto diciendo: «Tenemos un problema. ¿Qué podemos hacer al respecto?». Estudian las soluciones posibles, como la de que Madge venga más temprano y haga su trabajo por adelantado, o intente cambiar la cita con el médico a una hora más tarde.

CASO D: Ken, que prestó doscientos dólares a John.

Respuesta carente de aserción: Cada vez que los dos se encuentran, Ken menciona con vaguedad que todo cuesta dinero. Espera que John capte la indirecta.

Agresiva: Se enfurece con John y estalla en un: «¿Cómo te atreves a llevar ese traje nuevo, cuando me debes doscientos dólares desde hace un año?».

Asertiva: Ken dice: «Me gustaría que me devolvieras el dinero que me debes». Entre los dos discurren el modo de realizarlo y Ken sugiere: «Si no puedes hacerlo de golpe, ¿por qué no me das diez dólares cada semana?».

CASO E: La universitaria que quiere que su novio comparta su dormitorio en casa.

Respuesta carente de aserción: Mamá deja que Phyllis y el novio duerman en la misma habitación, pero se muestra hostil con el chico durante toda la visita. Así estropea las Navidades de toda la familia.

Agresiva: Mamá telefonea varias veces a Phyllis a la universidad, llamándole «zorra». Y amenaza: «¡No te atrevas a traer aquí a ese chico!».

Asertiva: Mamá dice a Phyllis: «Lo que hagas fuera de casa es cosa tuya. Sin embargo, yo tengo ciertos derechos en mi hogar. Si quieres invitarle, ese chico puede dormir con tu hermano pequeño».

Las situaciones anteriores le habrán dado una idea de la respuesta adecuada y asertiva. Ahora permítame que le presente dos «encuentros» interpersonales en los que usted debe dar la respuesta. Ambos figuraban entre los utilizados por Michel Herson, Richard M. Eisler y Peter M. Miller en una prueba de aserción de conducta en el Centro de Administración de Veteranos, Jackson, Mississippi.

(1) Lleva usted su coche a una gasolinera para que se lo engrasen y le cambien el aceite. El mecánico le dice que el coche estará listo en una hora. A su regreso descubre usted que, además del trabajo de engrase, le han hecho un repaso total y a fondo al coche. El cajero le anuncia: «Nos debe doscientos cincuenta dólares. ¿Paga en efectivo o se lo cargamos en cuenta?». ¿Qué dice usted?

(2) Está almorzando con una amiga cuando de pronto ella le pregunta si puede prestarle treinta dólares hasta que cobre la semana próxima. Usted tiene el dinero, pero se

proponía gastárselo en otra cosa. Su amiga le ruega: «Por favor, préstame el dinero. Te lo pagaré la semana próxima». ¿Qué dice usted?

Al comparar las respuestas posibles en estas situaciones con lo que usted ha hecho en situaciones similares a lo largo de su vida, debe comprender el principio fundamental: *no se puede ser demasiado asertivo. El exceso de aserción suele ser agresión y esto siempre es inadecuado.*

SUS DERECHOS

Según señalé en el Capítulo I, el doctor Arnold Lazarus, de la Universidad Rutgers, cree que algunas personas están tan preocupadas con una gama arbitraria de «lo que está bien» y «lo que está mal» y se conceden tan poca libertad de movimientos, que viven como en una prisión emocional o cápsula de confinamiento.

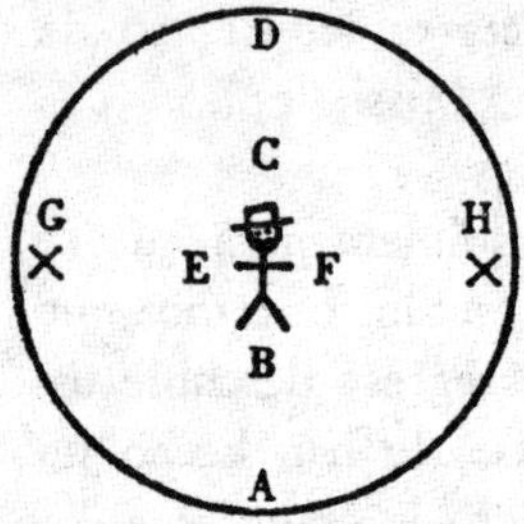

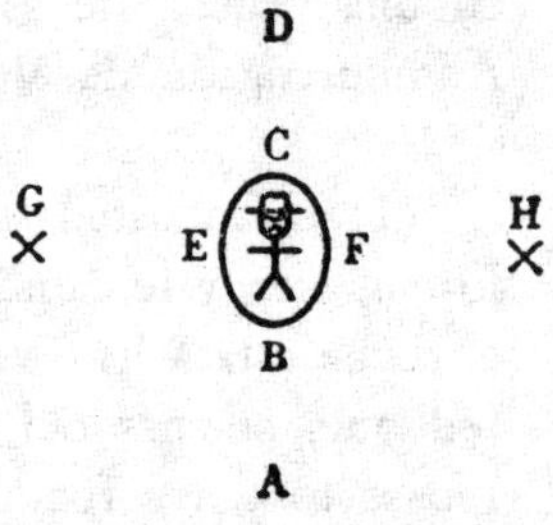

En las figuras anteriores, el individuo emocionalmente libre considera que el territorio limitado por los polos AD y GH es su propio terreno psicológico, o su propio espacio vital. Puede moverse a cualquier parte, dentro de esas fronteras, sin creer que ha traspasado sus límites o que se ha introducido en la propiedad emocional de otro. Si alguien entra en su territorio sin ser invitado, él defenderá tranquilamente sus derechos y le pedirá que se marche.

La persona encapsulada se siente incómoda o temerosa, y muy insegura cuando se aventura más allá de los puntos B, C, E o F. Por lo general, no cree tener derecho a ningún territorio más allá de sus límites estrechos dentro de la cápsula.*

Usted debe reconocer sus derechos y defenderlos. Si no lo hace, otras personas definen su papel por usted, con lo que deja de ser usted mismo. Su espacio vital disminuye. Pierde libertad de movimientos. Se convierte en el «ser encapsulado» y el precio que paga por ello es una conducta neurótica.

Muchas personas experimentan esta dificultad porque no tienen una idea bien definida de cuáles son sus derechos... o tienen una idea equivocada. Otros tienen problemas porque no saben defender sus derechos. Creo que servirá de ayuda a ambos tipos el ofrecerles una lista de algunas preguntas acerca de los derechos con los que he tropezado en mi práctica.

«¿Tengo derecho a contestar sinceramente cuando me preguntan si algo me gusta y no es así?»

«¿Tengo derecho a negarle el coche a mi hijo el sábado por la noche?»

«¿Tengo derecho a decirle a mi esposa que ha aumentado demasiado de peso y que ello me repele?»

«¿Tengo derecho a decirle al jefe que no quiero trabajar horas extra?»

* De *Behavior Therapy and Beyond* (Terapia de la conducta y el más allá), de Arnold A. Lazarus, 1971. Citado con autorización de McGraw-Hill Book Co.

«¿Tengo derecho a salir y trabajar parte del tiempo, dejando a mis hijos en una guardería?»

«¿Tengo derecho a negarme a prestar mis nuevos palos de golf a un amigo?»

«¿Tengo derecho a negarme a atender a un amigo del cónyuge, que no me gusta?»

«¿Tengo derecho a mimarme a mí mismo?»

«¿Tengo derecho a defender mis derechos?»

Los dos casos siguientes incluyen el principio de derechos asertivos.

CASO

Ralph, que había sufrido una amputación y estaba hospitalizado para rehabilitación física, se sintió extraordinariamente agitado hasta el punto de que no podía dormir y requería tranquilizantes. Dos semanas antes le habían hecho unas pruebas para un diagnóstico especial a propósito de unos dolores en la espalda, y todavía no le habían dicho nada acerca de los resultados. Durante catorce días había estado preocupado en exceso.

En nuestra conversación, Ralph reveló que no creía tener derecho a preguntar a ninguno de los doctores sobre los resultados de las pruebas: «Están muy ocupados con tantos pacientes. ¿Cómo habrían de preocuparse por mí?», dijo tristemente. A lo largo de nuestra entrevista, Ralph llegó a admitir que se trataba de su cuerpo y *por tanto sí tenía derecho a saber lo que ocurría con él.* Practicamos distintos modos de enfocarle la cuestión al médico, y luego Ralph fue y habló con él exactamente según el modo ensayado. El doctor le aseguró que sólo se trataba de un dolor muscular temporal y expresó su disgusto por el hecho de que nadie le hubiera informado antes de los resultados de las pruebas. De este modo, al afirmar sus derechos, Ralph se aseguró la información que necesitaba para calmar su ansiedad.

CASO

Margaret Jones, de treinta años, una ocupadísima esposa y madre de tres hijos pequeños, vino a mí con este problema: «Mi vida es un infierno». Como se ocupaba de todo lo de la casa y del cuidado de los niños desde las seis de la mañana hasta medianoche, estaba constantemente fatigada y en tensión, y cada vez más deprimida, por lo que se habían desarrollado en ella una serie de temores hipocondríacos. Estas consecuencias nacían del hecho de que no reconocía en absoluto sus propios derechos en el hogar: leer el periódico, tocar el piano o descansar cuando se sentía agotada.

Fuimos repasando una por una las situaciones triviales diarias. «¿Tengo derecho a sentarme y leer el periódico durante diez minutos por la mañana?... ¿Tengo derecho a practicar el piano sólo porque me gusta?... ¿Tengo derecho a preguntarle a mi marido a qué hora estará en casa para la cena?» Discutamos sobre lo que ella juzgaba sus derechos, lo que podía decir y hacer (por ejemplo, un sereno pero firme: «Mamá está leyendo ahora; te atenderé dentro de cinco minutos») y practicamos cómo había de decirlo en mi despacho. Luego le dije que tratara de repetirlo en casa. De este modo, paso a paso, Margaret aprendió a defender sus derechos. Pronto dejó de preocuparse por unas enfermedades imaginarias, disminuyó su sensación de fatiga y comenzó a disfrutar más de la vida.

La respuesta a las preguntas sobre derechos asertivos siempre deben basarse en la situación personal, las personas involucradas en la situación, y las consecuencias posibles; pero usted siempre tiene *cinco derechos básicos:*

(1) Tiene derecho a hacer cualquier cosa mientras ello no suponga un daño para nadie.

(2) Tiene derecho a conservar su dignidad mostrándose adecuadamente asertivo *—incluso si eso hiere a otro—* mientras su motivo sea asertivo, no agresivo.

(3) Siempre tiene derecho a pedirle algo a otra persona, mientras acepte que esa persona tiene derecho a decir que no.

(4) Debe comprender que hay ciertos casos límite en algunas situaciones interpersonales en los que los derechos no están del todo claros. Pero siempre tiene derecho a hablar sobre el problema con la persona involucrada y a aclararlo de ese modo.

(5) ¡Y tiene derecho a obtener sus derechos!

EVALUACIÓN DE SUS PROPIAS DIFICULTADES

Al estudiar sus propios problemas de aserción, usted debe evaluar sus problemas específicos en la aserción y los temores que le impiden conseguir una personalidad asertiva.

INVENTARIO DE ASERCIÓN

Propósito: Darle conciencia de las áreas de su problema particular, de modo que este libro sea más significativo para usted.

Primer paso: Compre un cuaderno del AA que utilizará para este ejercicio y los que siguen.

Segundo paso: En éste (o en una hoja de papel) escriba las preguntas siguientes. (Algunas son mías y otras han sido adaptadas de las obras de los doctores Lazarus; Spencer A. Rathus, psicólogo del Hospital Samaritano; Troy, de Nueva York; y Joseph Wolpe, de la Escuela de Medicina de la Universidad Temple).

Tercer paso: Responda a cada pregunta escribiendo *sí* o *no* a continuación de la misma. Para una respuesta algo más precisa, puede utilizar los términos: siempre, a menudo, a veces, nunca.

Cuarto paso: Rodee con un círculo las preguntas que indican que ahí tiene usted cierta dificultad en la aserción. Y veamos si puede escribir una frase, o una serie de frases, a continuación de esas respuestas con un círculo, explicando sus problemas de aserción con sus propias palabras.

Por ejemplo: Si su respuesta a la Pregunta 7 demuestra que se siente insatisfecho con su vida social, podría escribir: «No tengo vida social porque no me gusta establecer nuevos contactos y nadie lo hace conmigo», o si su respuesta a la pregunta 22 demuestra que tiene problemas de aserción con los subordinados, podría declarar: «Tengo problemas al dar órdenes a mi ayudante, porque me temo que dejará de apreciarme si lo hago».

(1) ¿Compra cosas que no desea realmente, sólo porque le resulta difícil decirle no al vendedor?

(2) ¿Vacila cuando ha de devolver algo a una tienda, incluso cuando hay buenas razones para hacerlo?

(3) Si alguien habla en voz alta durante una película, obra de teatro o concierto, ¿es capaz de pedirle que se calle?

(4) ¿Es capaz de iniciar una conversación con un extraño?

(5) ¿Tiene problemas para mantener la conversación en los actos sociales?

(6) ¿Actúan los demás como si le juzgaran aburrido?

(7) ¿Está usted satisfecho de su vida social?

(8) Cuando un amigo le hace una petición irrazonable, ¿es usted capaz de negarse?

(9) ¿Es capaz de pedir favores, de hacer peticiones a sus amigos?

(10) ¿Puede usted criticar a un amigo?

(11) ¿Puede usted alabar a un amigo?

(12) Cuando alguien le hace un cumplido, ¿sabe usted qué decir?

(13) ¿Existe alguien con quien usted comparta sus sentimientos íntimos?

(14) ¿Preferiría reprimir sus sentimientos que hacer una escena?

(15) ¿Está usted satisfecho con sus hábitos de trabajo?

(16) ¿Tienden los demás a explotarle o a aprovecharse de usted?

(17) ¿Puede hablar con franqueza, tanto al expresar sentimientos de ternura como de cólera hacia los hombres?

(18) ¿Puede usted hablar francamente, tanto al expresar sentimientos de ternura como de cólera hacia las mujeres?

(19) ¿Está satisfecho con los progresos realizados en su carrera?

(20) ¿Es usted espontáneo durante el acto sexual?

(21) ¿Está satisfecho con los progresos realizados en su carrera?

(22) ¿Encuentra dificultad para reñir a un subordinado?

(23) ¿Es usted (o lo sería) un buen modelo de aserción para su propio hijo?

INVENTARIO DE TENSIÓN

Propósito: Identificar todo aquello que le hace sentirse tenso, temeroso o turbado por cualquier razón.

Primer paso: En su cuaderno del AA escriba una lista de los siguientes estímulos, que son en realidad cosas o experiencias.

1. Voces muy altas.
2. Hablar en público.
3. Alguien con aspecto de loco.
4. Que le tomen el pelo.
5. Fracasos.
6. Desconocidos.
7. Sentimientos de cólera.
8. Personas con autoridad.
9. Sentimientos de ternura.
10. Alguien con aspecto rudo.
11. Ser observado en el trabajo.
12. Recibir un cumplido.
13. Ser criticado.
14. Personas encolerizadas.
15. Ser ignorado.
16. Hacer el ridículo.
17. Ser menospreciado.
18. Cometer errores.
19. Un silencio repentino en la conversación.

Segundo paso: Añada a la lista cualquier otro estímulo adicional que le perturbe a usted.

Tercer paso: Indique hasta qué punto le produce tensión cada uno de esos estímulos. Utilice esta escala:

En absoluto
Un poco
Mucho
Muchísimo

Escriba su respuesta junto a cada apartado y, al hacerlo, manifieste lo que siente *en este momento,* no su reacción en algún momento del pasado, ni lo que usted imagina que sentiría.

Después que haya terminado de leer este libro y (como es de esperar) haya aplicado algunas técnicas del AA a las situaciones de su vida, vuelta atrás y haga de nuevo el Inventario de Aserción y el Inventario de Tensión.

FIJE SUS PROPIAS METAS DE ASERCIÓN

Aparte de utilizar los inventarios, y aplicar a las situaciones de su propia vida lo que ha leído hasta ahora, estos pasos le ayudarán a comenzar su propio AA.

(1) Asegúrese de que comprende el concepto de aserción. Los ejemplos presentados anteriormente en este capítulo le serán de utilidad. Creo que también servirá de ayuda la lectura de *Terapia de reflejos condicionados,* de Andrew Salter, y mi propio libro *Ayuda sin psicoanálisis.**

(2) Reconozca sus raciocinios para no ser asertivo *como* tales raciocinios. Pueden dividirse, en tres categorías:

A. Algunas personas se aferran a un suceso muy poco probable como excusa para no ser asertivas. Por ejemplo, deja usted que alguien le quite el lugar de aparcamiento con el raciocinio de que «Si insisto en que es mío, ese tipo

* Dado que al lector de lengua castellana le será seguramente difícil hallar estas obras, le recomendamos que consulte *Cuando digo no, me siento culpable,* de M. J. Smith (Ediciones Grijalbo, Barcelona, 1977). *(N. de la R.)*

me acuchillará los neumáticos». No puede garantizar que no suceda, pero es improbable. Y usted no debe basar sus actos en sucesos «poco probables».

B. Algunas personas se aferran a un suceso muy probable, pero le dan más significado del que tiene, añadiendo: «...y sería terrible que ocurriera esto». Por ejemplo, usted cree que si se muestra firme y defiende sus derechos ante un amigo, éste se enfurecerá con usted. Entonces usted añade la suposición de que eso le resultaría terrible y demoledor.

C. Las personas, a base de imaginación, inventan raciocinios para su falta de aserción que no tienen validez en absoluto. Los campeones de este tipo son capaces de examinar su vida a los setenta años y descubrir que sólo han tenido razones imaginativas para que su vida no haya sido mejor.

(3) Descubra las áreas en las que tiene problemas de aserción. ¿Son situaciones impersonales, sociales o personales? ¿Surgen en el trabajo, en la escuela, en casa? ¿Se presentan más, por lo general, con ciertos tipos de personas (dominantes, superiores, del sexo opuesto) que con otras? ¿O sólo cuando se trata de una persona específica: esposa, amigo, colega?

(4) Admita francamente lo que teme: rechazo, cólera o ternura. Formúlese a sí mismo lo peor que puede suceder, y luego examine esa eventualidad y sus consecuencias tan objetivamente como le sea posible.

(5) Busque las áreas de conducta en general en las

que surgen las dificultades y luego trate de formularlas en términos de conductas muy específicas y concretas. El área general tal vez sea que usted se siente constantemente explotado, y la conducta específica consistirá en decir no cuando quiere decir no. El área general puede ser una falta de intimidad con los demás, y la conducta específica consistirá en expresar de modo más franco sus sentimientos.

Al formular estas conductas específicas empiece *en el punto en que está ahora*. Como primera conducta aprenda o practique algo que, razonablemente, crea que puede dominar en un período relativamente corto de tiempo. Luego dé el paso siguiente. Si tiene problemas en el primer paso, es que ha seleccionado algo demasiado difícil. Busque una tarea más sencilla en la misma área, o en otra relacionada con ella. Luego pase a la más difícil.

Sea cual sea su problema, hay ciertos principios básicos para el que aspira a ser asertivo:

Revele su propio yo todo lo posible, siempre teniendo en cuenta la situación y la relación.

Trate de expresar todos sus sentimientos, ya sean de cólera o de ternura.

Actúe de tal modo que aumenten su autoestimación y el respeto por sí mismo.

Examine su propia conducta y defina las áreas en que le gustaría ser más asertivo. Preste atención a lo que usted puede hacer de modo distinto, sin confiar en que el mundo también podría ser distinto.

No confunda la agresión con la aserción. La agresión es un acto contra los demás. La aserción es la defensa adecuada de usted mismo.

Comprenda que puede ser muy inseguro en un área como los negocios y muy asertivo en otra, como el matrimonio.

Practique la aserción en asuntos triviales. Si es capaz de decir: «Váyase al final de la cola», a una mujer en el supermercado, al fin podrá decirle: «No, no quiero hacer eso», a su esposo.

No confunda la conducta manipuladora con la verdadera aserción. El propósito del AA consiste en profundizar la experiencia y la expresión de su humanidad, no en convertirle en un artista del engaño.

Actúe. Siempre es posible encontrar cincuenta razones para no hacer las cosas, de modo que con el tiempo uno llega a dominar el arte de crearse una vida vacía. A medida que cambien sus *actos,* a menudo cambiarán también sus sentimientos.

Comprenda que la aserción no es un estado permanente. Usted cambia, cambian las situaciones de la vida, y así se ve constantemente enfrentado a nuevos desafíos y necesita nueva habilidad para vencerlos.

3

El laboratorio de la aserción

El proceso de la educación asertiva puede compararse con el aprendizaje de una lengua extranjera. Al principio usted domina palabras, frases, reglas básicas. De pronto ya puede comunicarse con un vocabulario infantil. Pero sigue aprendiendo hasta que adquiere plena fluidez. Con el dominio de esta capacidad siente la libertad de ser más creativo en lo que ahora se ha convertido en su segunda lengua.

El lenguaje de la aserción requiere el conocimiento del tema, la práctica de los principios y la aplicación diaria a su vida.

Muchas personas tienen problemas con la aserción, no a causa de traumas ocultos y hace tiempo olvidados, sino porque (1) siempre han *evitado* las situaciones asertivas, o (2) nunca han *aprendido* a ser asertivos.

Para estos novatos, los terapeutas de conducta especializados en el AA han preparado un programa de ejercicios específicos. Éstos incluyen: cómo preparar su propio programa de metas (principales y secundarias); ejercicios de conducta (a un hombre incapaz de pedirle una cita a una chica se le impone la tarea de ir a un bar y entablar conversación con dos personas); un diálogo de «conversación emocional» para los que tienen dificultades de comunicación; una guía sobre el modo de decir no ante peticiones irrazonables, y los ensayos de conducta (interpretación de situaciones problemáticas).

UN PROGRAMA DE METAS

Por ignorancia o temor, muchas personas no hacen planes de acción para su propia vida. Como escribió el difunto Abraham H. Maslow, presidente del Departamento de Psicología en la Universidad Brandeis: «Pensemos en la vida como un proceso de elecciones. Una tras otra. En cada punto hay una alternativa de progresión y una alternativa de regresión. Puede haber un movimiento hacia la defensa, hacia la seguridad, hacia el temor, pero al otro lado está la alternativa del desarrollo. Aceptar esa alternativa del desarrollo, en vez de la alternativa del temor, una docena de veces al día, es avanzar una docena de veces al día hacia la realización de uno mismo».

Si usted no planea su dirección en la vida, usted ha hecho ya su elección... la de *no elegir*. Esto tiene consecuencias en ocasiones muy tristes.

Para ser asertivo, usted ha de desarrollar metas.

Las metas dirigen. Sin ellas, usted carece del sentido de un propósito en la vida.

Las metas motivan. Cuando se obliga a correr a los animales por un laberinto, cuanto más se acercan a la meta, más se apresuran hacia ella. Cuando usted hace un viaje, se siente más impaciente al hallarse más cerca de su destino. Si se fija una meta, a medida que se aproxime a ella se sentirá más motivado para triunfar.

Las metas refuerzan la autoestimación. La consecución de una meta refuerza sus deseos de conseguir otras. Como resultado, usted experimenta la sensación de avanzar por la vida y aumenta la impresión de su propia valía.

CÓMO FIJARSE METAS

(1) *Fíjese unas metas a largo plazo.* Pregúntese: «¿Qué clase de vida quiero llevar yo?». ¿Cómo le gustaría que fuera su vida dentro de diez años? Piense en la familia, en la vida social, en sus intereses profesionales, en sus intereses vocacionales. No ignore sus fantasías. Con frecuencia, éstas pueden revelarle lo que realmente desea.

(2) *Fíjese una serie de metas secundarias.* Si se decide por una meta muy distante, sin haber preparado otras secundarias, no verá el progreso y se sentirá descorazonado. Mediante estas últimas no sólo verá progresos, sino que la consecución de cada meta secundaria le dará la sensación de un logro personal.

CASO

Arthur M. había trabajado como ingeniero, y en la dirección a nivel medio, durante unos veinticinco años. Todos consideraban magnífico su trabajo... cuando lo hacía, y últimamente cada vez hacía menos. Arthur presentó su problema diciendo que sufría un estado crónico de depresión, pero la depresión obedecía, en realidad, a su dificultad en la fijación de metas secundarias y la aceptación de sus limitaciones.

En cada proyecto que comenzaba se fijaba una meta fantástica e irrealista que exigiría veinte años de trabajo para su consecución y con la cual ganaría entonces el Premio Nobel. Naturalmente, no podía cumplirla en los tres o cuatro meses que se le concedían para cada proyecto. Como resultado se sentía tan deprimido que era incapaz de llevar a cabo el trabajo, o, si lo hacía, éste se hallaba tan lejos de su meta distante que le dejaba insatisfecho.

Lo que realmente deseaba era dar con una fórmula teórica de gran importancia en su área de trabajo. Yo le demostré que ésta era una meta legítima a largo plazo, y que cada proyecto en el que trabajara podía ser un paso en esa dirección. Entonces sólo estaba realizando el imprescindible trabajo preliminar. Cuando diera los pasos suficientes hacia su meta —tal vez dentro de diez años— estaría en disposición de dar un paso científico de auténtica importancia.

Supe que el tratamiento había terminado cuando un día apareció Arthur y me dijo que acababa de terminar un proyecto sin la menor dificultad. Con gran excitación describió sus hallazgos y exclamó:

—¡Ésa era una meta de dos años... y conseguí realizarla en cuatro meses!

(3) *Ponga ante sus ojos una imagen idealizada de usted mismo.* Pregúntese: «¿Qué clase de persona me gustaría ser?» Según la doctora Dorothy J. Susskind, catedrático asociado de Psicología Educacional en el Colegio Hunter de la Universidad de Nueva York, «las metas suponen la creación de una identidad más positiva y un aumento en la autoestimación».

Cierre los ojos y piense en su propia imagen idealizada, con todos los rasgos y cualidades que le gustaría poseer.

Siéntese y escriba una descripción de la clase de persona que quiere ser. Sea concreto. Incluya el modo en que le gustaría vestirse, las cosas de las que le gustaría hablar, si preferiría ser introvertido o extrovertido.

Trabaje sobre esto. Haga una lista de los rasgos que pertenecen a la clase de persona que le gustaría ser. Escriba la lista en orden de importancia para usted, de modo que sepa en qué ha de insistir más. Siga escribiendo las características sobresalientes de su imagen idealizada hasta tener de ocho a diez cualidades.

Ahora estudie su imagen idealizada. Repase la lista. ¿Cree tener ahora alguno de esos rasgos? ¿Es usted «equilibrado», «intelectualmente inquisitivo», «popular»? Si hay una gran discrepancia entre cómo es ahora y cómo le gustaría ser, ¿qué puede hacer para desarrollar esos rasgos apetecibles? Tal vez para algunos sea imposible llevarlos a la práctica. Usted puede soñar en ser un artista famoso y no tener el menor talento para ello. Sin embargo, si en una imagen idealizada se ve a sí mismo como capaz de tales conocimientos, todos podemos conseguir esa meta.

Por ejemplo, cuando Betty Madden, una mujer de treinta y tres años, y muy hermosa, vino a verme, me dijo: «Estoy tristísima. No tengo más que el título de la escuela superior y mi marido es un intelectual. Todos nuestros amigos son universitarios. No puedo hablar de todo lo que ellos hablan. Siempre me siento inferior». Esta inseguridad intelectual la había convertido en una esposa insegura y en una madre posesiva en exceso (se sentía «segura» con sus tres hijos pequeños, así que prefería su compañía a la de los adultos).

Al principio de nuestras sesiones comprendí que los problemas de Betty surgían del hecho de que *ahora no leía;* además, aunque en otro tiempo había tocado bien el violín, ahora carecía de intereses culturales, de intereses que le elevaran la mente. Trabajando juntos fijamos un programa con estas metas: convertirse en una persona «informada» mediante: (a) la lectura y (b) la capitalización de los intereses artísticos que poseía pero que jamás había desarrollado.

(a) Betty se matriculó en un curso no oficial de lengua inglesa en el que daba suma importancia a la construcción del vocabulario y que se impartía en una escuela cercana. Su falta de comprensión de las palabras clave era una de las razones principales de que no le gustara leer. Como corolario del curso yo le asigné estas dos tareas diarias.

Leer dos columnas del periódico, buscar en el diccionario las palabras que no entendiera y escribir las definiciones. Había de leer cada columna dos veces, y si era necesario una tercera, hasta que comprendiera por completo el contenido.

Tomar una grabadora y, con sus propias palabras, resumir el significado de cada columna. Después debía repetirlo empezando con la frase: «Estoy de acuerdo» o «No estoy de acuerdo», y explicar por qué. Terminado todo, debía escucharse a sí misma y comprobar qué tal le parecía.

(b) Empezó a tocar el violín de nuevo. Pero en esto fracasó. «Es demasiado difícil, con la casa y los niños», me dijo sinceramente, así que lo sustituimos por un ejercicio de discos. Cada mañana, mientras limpiaba la casa, ponía un disco de música clásica, el mismo durante cinco mañanas consecutivas. A la semana siguiente se pasaba a un nuevo disco. Mientras llevaba a cabo esta campaña para mejorarse en temas musicales, Betty estudiaba con atención los anuncios de prensa para ver en qué conciertos interpretaban la música que había estudiado. Además, asistió a un curso de arte, de trece semanas, organizado por una escuela superior de la localidad.

Todo ese estudio le rindió beneficios. Empezó a leer por su cuenta las revistas *Time y Newsweek*. Me informó que había empezado a leer libros. Cuando tropezaba con uno que le resultaba demasiado difícil, lo confesaba y se pasaba a otro.

A los seis meses de tratamiento, con esa meta de autoeducación, Betty era una persona mucho más satisfecha que empezaba a comprender gran variedad de temas. Un día me dijo: «Durante este fin de semana estuvimos hablando de política con algunos amigos que no presentaban unos hechos demasiado claros. Así que les mostré con discreción en qué se equivocaban y los cuatro, incluido mi marido, acabaron por decirme que yo tenía razón. ¡Imagínese! ¡Corregir yo a todos esos graduados de la universidad!».

(4) *Admita sus limitaciones.* Fije las metas contando con su capacidad auténtica. No se empeñe en algo que le resulte imposible conseguir. Muchas personas caen en este error y terminan por no hacer nada, al comprender que la meta se halla fuera de su alcance. Kurt Goldstein, el célebre neuropsiquiatra ya fallecido, teorizaba que sólo reconociendo sus auténticos límites puede uno realizarse. Escribió: «Una persona... está sana cuando existe adecuación entre las exigencias y la capacidad del individuo».

Para comprender sus limitaciones, usted debe:

Comprender que no puede serlo todo simultáneamente. Los días del Hombre del Renacimiento han pasado ya. Usted ha de tener un orden de prioridad, y tal vez haya de abandonar por completo algunas metas.

Acepte las limitaciones forzadas por el talento y la edad. A los cincuenta años puede usted aprender a tocar el piano por gusto, pero, por mucha que sea su habilidad, ha comenzado demasiado tarde para una carrera como concertista. Si tiene mala coordinación es obvio que no llegará a campeón de tenis, pero puede aprender a jugarlo por afición.

Las personas mayores han de aceptar ciertas avenencias y limitaciones, pero aun así pueden fijarse metas. Una viuda que durante treinta y cinco años se había consagrado a ser la esposa perfecta de un abogado, vino a mi despacho y se quejó: «Soy una nulidad de sesenta años. Mi marido ha muerto. Mis hijos están casados. Creo que la vida ha terminado para mí». Sin embargo, antes de su matrimonio se había graduado en psicología y desempeñado una serie de trabajos en la Seguridad Social. Teniendo esto en cuenta, preparamos una meta para ella: hacerse consejero matrimonial. A los sesenta y un años se matriculó en un programa de adiestramiento de dos años, y en este momento está acabando el primero. La disciplina académica le ha ayudado a dominar su preocupación obsesiva y ahora «le encanta volver a la escuela».

(5) *Al ir cambiando usted, ya sea por su vida o por sus actos, su meta a largo plazo puede cambiar también.* No hay nada inmutable en una meta a largo plazo. A veces, el cambio vendrá gradualmente, sin que usted se dé cuenta de ello; en otras ocasiones obedecerá a una decisión deli-

berada y que le provoque ansiedad. Existe una situación peligrosa: (a) cuando usted no se ha fijado una meta a largo plazo y por tanto no tiene impresión de avanzar en la vida, y (b) cuando sigue viviendo según una meta a largo plazo que ya no desea ni es la más adecuada.

A despecho de su éxito como letrado, David Nathanson, un soltero rico de veintinueve años, «se sentía insatisfecho de la vida». David me dijo: «Sé que mi deseo más profundo es escribir una gran novela. Sólo que me vi obligado a dedicarme a las leyes por causa de mi padre».

Juntos, él y yo preparamos los dos pasos que suponíamos le llevarían a alcanzar su meta de escribir una novela. Para adiestrarse en este arte se matriculó en un curso de redacción de novelas en la Escuela para la Investigación Social de Nueva York. También decidió pasarse dos noches a la semana, más todo el sábado y el domingo, escribiendo el libro. Pasado un año y medio, David abandonó el proyecto sin ninguna pena, pues decidió que, como máximo, sería un escritorcillo ínfimo y que aquello le suponía, además, una vida demasiado solitaria para él. Pero la investigación profunda de sí mismo, como suplemento de nuestras sesiones, le hizo comprender que sí disfrutaba de algunas cosas en el mundo de la ley: el contacto con los clientes, las conferencias y negociaciones con otros abogados, y el toma y daca de las sesiones en los tribunales.

Así que cambió sus metas. Habló a los socios de su firma para que le dieran sobre todo, la clase de trabajo legal que quería. Cuando ellos no pudieron —o no quisieron— acceder a sus demandas, David se trasladó a otro bufete. Ahora es un hombre feliz porque, mediante su acción asertiva, llegó a conocerse mejor, comprendió sus limitaciones y halló una vida más satisfactoria.

EJERCICIOS DE CONDUCTA

Recientemente, dos hombres, ambos de poco más de treinta años, entraron en un bar abarrotado en la Tercera Avenida de Nueva York. Tras pedir una copa miraron en torno a la sala, tomando nota mental de todos aquellos presentes que parecían deseosos de ligar. El más atrevido de los dos inició la conversación con una linda camarera. A su vez, ella presentó una amiga al amigo de aquél.

En realidad, los dos hombres habían ido al Wyler's Club por orden del terapeuta, quien, en la última sesión de grupo, les había ordenado: «Ambos tienen el problema de establecer conversación con las chicas y pedirles una cita. Su tarea para esta semana próxima consiste en ir a un bar e iniciar la conversación al menos con una chica. Si temen ir solos, vayan juntos».

Ese sistema de «ir con un amigo» representa una de las técnicas utilizadas en los ejercicios de conducta, método del AA para adiestrar a la gente con problemas específicos de aserción. Los terapeutas utilizan los ejercicios de conducta de diversos modos, pero siempre con un doble propósito: (1) capacitar al paciente para llevar a la práctica, en la vida, lo que ha aprendido en las sesiones terapéuticas. A veces, el paciente debe comenzar con unas conductas muy sencillas. Una vez practicadas estas conductas deseadas, su temor decrece. (2) El ejercicio —ya sea devolver a la cocina un filete carbonizado, o negarse a pagar un extra de poca importancia— sirve como test del tratamiento; si puede hacerlo, el paciente aprenderá a hacer otras cosas que antes juzgaba imposibles.

He aquí algunos ejercicios que yo he observado que son útiles para muchas personas. Algunos suponen situaciones impersonales; otros son más personales. Al no iniciado tal vez le parezcan aburridos e inconsecuentes, pero estas mismas situaciones inconsecuentes sirven como iniciadoras en la aserción. Al cabo de cierto tiempo, uno puede fijarse sus propias tareas. Al practicarlas, tal vez disminuyan algunos de sus temores y, en consecuencia, usted se sentirá más a sus anchas en la vida, poco o mucho según lo asertivo que haya sido al principio.

De esta lista elija los ejercicios que le permitan avanzar en la dirección de sus propias metas individuales. Recuerde que hay dos principios siempre vigentes:

Preste mucha atención a lo trivial. Esos incidentes que usted considera por lo general insignificantes son importantes en el AA. ¿Es usted capaz de pedir cambio en una tienda sin haber comprado nada? ¿Sabe usted decir que no con facilidad al gorrón que le acosa en la calle?

Empiece lo que pueda razonablemente hacer ahora, y luego pase a tareas más difíciles.

EJERCICIO DE CONDUCTA: SITUACIONES IMPERSONALES

(1) En el curso de una semana, entre en dos tiendas y pida cambio de un dólar. No compre nada. La segunda semana pida cambio de cinco dólares, la tercera cambio de diez dólares. Visite tan sólo aquellas tiendas en las que no le conocen. Recuerde que no es preciso que consiga el cambio. Sólo pídalo. Si el dueño accede, dele las gracias. Si no, diga un cortés «De todos modos, gracias».

(2) Varíe la técnica de la «demanda». Vaya a un quiosco en el que no le conozcan, saque un billete de cinco

dólares y pida un periódico de quince centavos. Haga esto dos veces la primera semana. La segunda semana inténtelo con diez dólares. Que su petición suene natural. No se disculpe. La cuestión es hacer el ejercicio. Recuerde que no está forzando al del quiosco ni al de la tienda a hacer algo, y que éstos tienen derecho a decir no. He preguntado a muchos propietarios si les molesta que la gente entre a pedir cambio, y el 90 por ciento de los casos la respuesta fue: «Ya que entran, podrían comprar algo».

(3) Entre en un bar en el que no le conozcan. No elija el momento en el que los camareros de la barra anden locos de trabajo. Pregunte: «¿Puede darme un vaso de agua, por favor?». Si se lo dan, bébalo y dé las gracias. Si no, diga: «Gracias de todos modos», y márchese.

(4) Visite tres tiendas. En cada una pruébese un artículo de vestir —chaqueta, abrigo, vestido— pero no compre nada. Esto le da la libertad de decir no. Si ve algo que realmente desea comprar, vuelva más tarde.

(5) Pare a tres personas en la calle y pregúnteles una dirección.

(6) Pida en una tienda algo específico que no esté a la vista.

(7) Compre algo en una tienda, con el propósito deliberado de devolverlo sin disculpas ni explicaciones. Limítese a decir al vendedor: «Me gustaría devolver esto». El fin de esta tarea consiste en capacitarle para devolver cosas, no para practicar el arte de la disculpa.

Al llevar a cabo estas tareas:

Fíjese un límite absoluto.

Comparta la tarea con el cónyuge o un amigo, para tener así que rendir cuentas a alguien.

Si no hace la tarea durante dos semanas consecutivas, comprenda que le provocaba demasiada ansiedad y sustitúyala por otra.

Vuelva y repita la tarea una y otra vez. Esto le dará la impresión de que sabe dominarse.

En el cumplimiento de esos ejercicios de conducta, la gente reacciona casi siempre del mismo modo. Antes de empezar la tarea, experimentan una ansiedad creciente. Al llevarla a cabo, ya sufren menos tensión. Si no consiguen el cambio, o el vaso de agua, suelen pensar que ya ha sucedido lo peor pero que: «Puedo hacerlo otra vez». Cuando completan la tarea con éxito, aumenta su estimación y creen que al fin se han puesto en marcha en el camino hacia la aserción.

EJERCICIOS DE CONDUCTA: INTERACCIÓN SOCIAL

(1) Practique la expresión de sentimientos. Busque la oportunidad de hacer un cumplido a una camarera, a un dependiente de una tienda, a un compañero de trabajo. Cuente el número de veces que lo hace en una semana y doble la cantidad en la siguiente.

(2) Del mismo modo, busque la oportunidad de mostrarse disgustado o enojado con una camarera, un dependiente de una tienda o un compañero de trabajo. Cuando surja la ocasión podría decir a la primera: «Esta sopa está fría. ¿Le importaría traerme minestrone caliente?». O bien:

«Le pedí roast beef bien asado, y éste está crudo. Por favor, deme lo que le he pedido». Con el dependiente de la tienda podría intentarlo así: «Lo siento, ahora me toca a mí», o bien: «¿Sabe que está siendo un poco grosero conmigo?». A un compañero de trabajo: «¿Quieres parar esa radio? Me estorba para trabajar».

Como ejercicio de aserción para expresiones extremas de cólera, visite el Departamento de Sanidad de otra ciudad. Hable con el jefe más alto que le sea posible y, de modo adecuado, exprese su opinión sobre el hecho de que no le hayan recogido la basura durante una semana, o cualquier otra cosa que le enoje. Esto funciona mucho mejor poco antes del día de las elecciones.

(3) Si vive en un bloque de pisos intente decir: «Buenos días» y «buenas tardes» a los vecinos.

(4) Diga «Buenos días» a sus compañeros de trabajo. No espere una respuesta. Si la recibe, sólo será algo extra.

(5) Sin esperar respuesta, haga algún comentario a la persona sentada junto a usted en el bar, en la parada de autobús o en la cola del cine. Sus observaciones pueden ser muy sencillas: «¿No hace un día estupendo?... He oído decir que la película es buena... ¿Es que no va a llegar nunca este autobús?». Esto servirá para darle soltura social.

(6) Cuéntele a su cónyuge o amigo íntimo algo personal sobre usted mismo que nunca haya contado antes a nadie.

(7) Haga cuestión personal del realizar cada semana algo que quería hacer pero que siempre ha ido dejando de un día para otro. Tal vez sea escribir a su tía Fanny, o dar

una cena, o telefonear a su compañera de cuarto en la universidad para ver cómo le va la vida. *Elija una tarea que involucre a otra persona.*

En los capítulos siguientes le presentaré otros ejercicios de conducta, y éstos le permitirán iniciar su propio plan de aprendizaje. Repase el Inventario de Aserción en el Capítulo II y seleccione algunas situaciones específicas en las que no se mostró asertivo y busque oportunidades, específicas también, de practicar su problema particular de conducta en la aserción.

Algunos me preguntan si esas tareas no son poco éticas y manipulativas. Desde luego, no hay nada malo en saludar a un vecino, o en hablar con un desconocido en la cola. Sin embargo, en algunos ejercicios sí se exige algo de otros, como al pedirles cambio. Recuerde que, mientras el otro tenga perfecto derecho a decir no, usted tiene perfecto derecho a pedirle algo. Lo más curioso es que el ejercicio del vaso de agua es el que despierta más comentarios. Creo que sirve para juzgar a nuestra sociedad el hecho de que la gente discuta la adecuación, o se sienta incómoda, sólo por pedir un vaso de agua.

En mi opinión, el ejercicio más discutible es el de entrar en una tienda sin intención de comprar, o con el plan de devolver lo comprado. Aunque tengamos «derecho» a hacerlo, sigue en pie la cuestión de si sería ético el hacerlo con toda deliberación. Sería fácil razonar que, en el curso de tales tareas, algunos ven cosas que sí les apetecen, y después vuelven y las compran. Sin embargo; esto sólo serviría como raciocinio. Tampoco yo estoy seguro de la ética. Por esta razón, animo a mis pacientes y lectores a que juzguen por sí mismos, analicen sus propias necesidades y basen sus actos en lo que *ellos,* no yo, crean sus derechos.

CONVERSACION EMOCIONAL

Algunas personas hablan de lo que piensan, no de lo que sienten.

Otros no pueden decir lo que sienten en el momento en que lo sienten.

Algunos desgraciados ni siquiera consiguen articular cualquier emoción.

Otros ni siquiera están seguros de lo que sienten.

La incapacidad de expresar los sentimientos, minuto a minuto, produce consecuencias muy dolorosas.

En su interior, usted pierde el contacto con sus sentimientos y acaba por ser insensible a los mismos. Como ha perdido el control sobre un área importante de sus relaciones interpersonales, se siente cada vez más resentido y angustiado. Decrece su autoestimación y aumenta su insatisfacción consigo mismo y con los demás.

Con los otros limita la cantidad de intimidad que es capaz de lograr. Arroja una carga tremenda sobre amigos y familia; ellos han de saber leerle la mente para descubrir lo que en verdad siente usted. Como nunca revela su auténtico yo, nunca puede sentirse realmente cómodo con los demás. Según observó E. E. Cummings:

> *Como el sentimiento es lo primero,*
> *el que presta atención*
> *a la sintaxis de las cosas*
> *nunca te besará del todo.*

El AA da énfasis *a la expresión espontánea y a la experiencia de los sentimientos.* Porque no ve los sentimientos como emociones aisladas, sino como una parte del individuo que debe integrarse en todas las demás. Al enseñar conductas específicas, el AA pretende unir el pensamiento, la acción y el sentimiento de modo que se conviertan en una unidad en la persona, lo mismo que los sentidos del gusto y el olfato forman una unidad.

El énfasis en los sentimientos no es privativo del AA. La mayoría de las formas de psicoterapia insisten precisamente en esto y se proponen aumentar la sensibilidad del paciente hacia sus propios sentimientos. Tampoco la insistencia en la expresión de los sentimientos es privativa del AA. En su intento por dar rienda suelta a la cólera o el dolor inconscientes, algunas formas de psicoterapia insisten en la expresión franca y libre de los sentimientos.

Sin embargo, al contrario que otras muchas terapias, el AA adopta la norma de que:

> la experiencia del sentimiento por sí sola no es suficiente;
> la expresión del sentimiento por sí sola no es suficiente.

Usted ha de poder comunicar a otra persona lo que siente, y en el mismo momento en que lo siente, de modo directo, honesto y adecuado. Sólo por hacerlo se convierte en una persona más viva, más sensible, más consciente de sus propios sentimientos y más abierta a los sentimientos de los demás.

La expresión y comunicación de los sentimientos no es simple cuestión de la elección de palabras; están relacionadas con toda la persona y en ellas se involucran el tono y la expresión de voz, la expresión facial, la postura del cuerpo y los gestos. El AA llama a estas conductas «conversación emocional» (una frase creada por Andrew Salter) y suponen precisamente las mismas conductas que el AA se propone enseñar. A medida que el individuo va dominando el concepto de la experiencia de los sentimientos, y a medida que va dominando las conductas involucradas, llega a ser más capaz de expresar espontáneamente lo que siente en cualquier situación.

LA APROXIMACION DE LA CONDUCTA A LA EXPRESIÓN DEL SENTIMIENTO

Algunas personas sólo tienen cierta deficiencia en la expresión de los sentimientos. Experimentan los sentimientos subjetivamente y los manifiestan al exterior... Pero no lo suficiente. Como resultado, sus sentimientos sólo juegan un papel parcial, y no total, en su vida.

En el caso de estas personas, el AA cambia la conducta *acentuando* lo que ya *existe.* Con frecuencia es muy posible que el terapeuta del AA obtenga resultados por el simple hecho de dar instrucciones tales como: «Ponga más sentimiento en su voz... Muéstrese más animado cuando habla... Utilice más gestos... Dígalo más directamente... Que su rostro demuestre lo que siente». Al principio, los que obedecen estas directrices tan sencillas se sienten falsos y poco naturales. Sin embargo, a medida que descubren su estilo propio y único de expresión, y este nuevo modo de comunicación se les hace más habitual, a menudo informan de un enriquecimiento en sus emociones subjetivas, de una creciente espontaneidad en las expresiones emocionales y de muchos cambios en sus actitudes hacia sí mismos y en interacción con los demás.

CASO

Jay Wilkins, joven ejecutivo de negocios, vino a mí en primer lugar porque temía hablar en público. Pero el examen demostró que existía una dificultad más profunda: le faltaba la intimidad emocional. Superficialmente, parecía tener buenas relaciones con los compañeros de trabajo, pero pocas veces llegaban éstas a una amistad íntima. Había estado viviendo con una muchacha durante dos años, pero cuando le pregunté qué sentía realmente por ella me respondió: «No estoy seguro de que me guste en verdad».

A Jay le faltaba la involucración en sus propios sentimientos. Expresaba lo que sentía, pero *no con la fuerza suficiente*. Mediante la enseñanza, la actuación y representación de diversos papeles en nuestras sesiones, conseguí que Jay aumentara la intensidad y viveza de su expresión. En vez de decir simplemente a su secretaria: «Buen trabajo», le decía: «Realmente hizo un trabajo magnífico. Le estoy muy agradecido», y de pronto surgieron entre ellos unas relaciones nuevas y más afectuosas. Al discutir un proyecto nuevo con su jefe, Jay acentuaba deliberadamente su entusiasmo con gestos y expresiones faciales. Y el superior respondía con un: «A usted le *apasiona* esto... y yo me alegro de ello». Este énfasis deliberado sobre sus propios sentimientos con su secretaria y su jefe aclararon a Jay lo que sentía por su amiga. Comprendió que la había estado utilizando, y que se despreciaba a sí mismo por eso.

Tuvo, pues, con ella la primera conversación franca en su vida y admitió: «Mira, me siento como si empezara a vivir ahora y veo que no existe amor entre nosotros. Me gustas, pero, sin amor, me estoy aprovechando de ti». La respuesta de ella fue: «Yo te amo, pero he comprendido siempre que algo nos faltaba. Me alegro de que hablaras con franqueza». Se separaron. Tres meses después de terminado el tratamiento, Jay se enamoró por primera vez en su vida.

Por triste que parezca, hay muchas personas para las que este enfoque resulta demasiado difícil y avanzado. Inseguros de lo que sienten, ni siquiera comprenden a veces los conceptos básicos del sentimiento y de la expresión del mismo. En el AA tratamos a los individuos con este *handicap* emocional acentuando el *contenido* de su comunicación. Al concentrarse en el contenido, usted:

es más consciente de que intenta expresar sentimientos;

considera el sentimiento que trata de expresar, y por tanto aprende a ser más sensible en ese aspecto;

se asegura hasta cierto punto de que la otra persona advierte los sentimientos que usted intenta expresar.

Al ser más capaz de decir directamente lo que siente, usted desarrolla, espontáneamente y con frecuencia, los demás aspectos de la «conversación emocional» (voz, postura, expresiones faciales y corporales).

Como primer paso en este proceso educacional, juzgo muy a menudo imprescindible el enseñar lo que *no es* la conversación emocional. Muchas personas creen que se expresan cuando, en realidad, no es así. También pueden tener un concepto erróneo de lo que es realmente la expresión del sentimiento.

Usted se concentra en decir lo que piensa. En muchas ocasiones, es importante decir lo que *piensa,* pero no confunda esto con la expresión espontánea de lo que *siente.* Los pensamienos interfieren con frecuencia en la expresión de los sentimientos. Cada vez que utiliza la frase «Yo pienso...» ya no habla de sentimientos.

Su conversación se basa principalmente en los hechos. La declaración de un hecho no revela nada de usted: ni lo que siente, ni lo que piensa. Incluso si el hecho se refiere a usted mismo, habla de su yo como si se tratara de una *cosa,* no de una *persona.*

Usted dice lo que cree que debería sentir, o lo que cree que el otro espera que usted sienta. Otra vez su propia identidad desaparece en este proceso. Usted se convierte en un espejo del mundo que le rodea, o de lo que cree que es ese mundo.

Usted cree que expresa auténticos sentimientos íntimos cuando estalla de rabia u hostilidad. Esta falta de control surge, por lo general, de la falta de auténtica expresión de sentimientos. Sin embargo, algunas personas creen erróneamente que la conversación emocional debe ser extremada. Como en realidad nadie desea actuar de ese modo, este concepto falso los aparta de cualquier comunicación emocional.

Usted sustituye los sentimientos con razonamientos. Como no sabe expresarse, se dice a sí mismo: «Le haré daño si digo eso», o «Dejará de apreciarme si le digo lo que siento», o sencillamente: «No tiene tanta importancia». *Eso no son sentimientos. Son excusas.* Reconózcalas como tales.

La auténtica conversación emocional es *la comunicación continua y adecuada de su estado de ser emocional, en constante cambio.* Cuando utilice el contenido para mejorar su conversación emocional, lo que diga debe cumplir ciertas condiciones:

Debe ser específico, bien dirigido a una persona específica, o a un objeto o acto específico: «Me gusta tu corbata... Quiero ver la película del Rívoli... Desprecio al congresista y todo lo que él representa... Admiro el modo en que le contestase a la señora Jones».

Dar énfasis al uso deliberado del pronombre de primera persona seguido de un verbo de sentimiento: «A mí me gusta esto... Yo lamento muchísimo lo que le hice sin mala intención... Me encantaría una cita sorpresa con él, ¡parece tan agradable!... Yo quiero hacer eso...

Ser sencilla. Demasiadas personas se empeñan en adornar sus declaraciones añadiendo tantos adjetivos y ofreciendo tantas explicaciones gratuitas que, al final, el otro no sabe lo que sienten, ni ellos tampoco. Por ejemplo, la frase: «Me gustó tu modo de hablar en la reunión» es laudatoria, clara y concisa. Pero muchos no son tan claros. Dicen más bien: «Cuando hablaste en la reunión, observé que muchos te escuchaban con toda atención. Algunos parecían estar de acuerdo contigo. Aunque Joe Blow hacía un gesto muy gracioso. Sin embargo, en conjunto, creo que les convenciste». Con este tipo de declaración, ni el que la da ni el que la recibe sabe si le gustó cómo habló éste en la reunión. Los que emplean demasiadas palabras aclaratorias no sólo comunican mal sus sentimientos, sino que resultan aburridos.

Ser honesta. Si usted expresa las emociones con poca honestidad, sigue adiestrándose en el arte de ocultar, de reforzar su máscara emocional, de hacer lo mismo que J. Alfred Prufock, el personaje de T. S. Eliot, cuando experimentaba la necesidad de «disponer su propio rostro para enfrentarse con los rostros con que tropezaba».

Ser adecuada. Son muchos los que, con dificultades en este aspecto, suponen que la expresión de las emociones es sinónimo de la pérdida de control. Sólo conciben una expresión desbordada de las emociones. En el AA nos preocupamos por la expresión adecuada de la emoción, con lo que no sólo queremos decir el sentimiento que usted desea expresar, sino cómo quiere expresarlo. Un criterio muy sencillo: si viera a otro expresar un sentimiento en una situación de un modo similar al que usted piensa, ¿lo consideraría peculiar o curioso?

La conversación emocional puede utilizarse para expresar casi todas las emociones: disgusto, aprecio, amor, odio, aprobación, crítica, queja, respeto. Naturalmente, en el AA nos proponemos utilizar los ejercicios de conversación emocional hasta que se conviertan en parte natural de usted. Algunas personas juzgan que esto es una prescripción demasiado general. Para tales pacientes tengo un ejercicio especial.

EJERCICIO DE LABORATORIO EN LA CONVERSACIÓN EMOCIONAL

Propósito: aumentar deliberadamente la expresión del sentimiento mediante el uso de frases de conversación emocional.

Primer paso: Fíjese el plan de utilizar estos tres pares de frases lo más a menudo posible:

Me gustó lo que dijiste...	No me gustó lo que dijiste...
Me gustó lo que hiciste...	No me gustó lo que hiciste...
Yo quiero que tú hagas...	Yo no quiero que tú hagas...

El verbo pone todo el énfasis en el sentimiento, y usted asegura la comunicación directa con un congénere. Al emplear el pronombre de primera persona, usted se involucra en la comunicación. La declaración: «Me gusta mucho cómo ha mecanografiado esta carta» es mucho más personal que la alabanza: «Esta carta está muy bien escrita». Al limitar el número a tres frases, la tarea le resultará más fácil, y es más probable que la lleve a cabo.

Segundo paso: En su cuaderno del AA, trace un cuadro y deje un espacio para cada día de la semana. Al final de cada día, cuente el número de veces que ha utilizado cualquiera de las seis frases de la conversación emocional (o vaya marcándolas en una ficha durante el día). Al final de la semana, súmelo. Haga el ejercicio durante tres semanas sucesivas. El cuadro deberá ser semejante a éste.

Uso de las seis frases de Conversación Emocional

		Semana	
Día	Primera	Segunda	Tercera
Lunes			
Martes			
Miércoles			
Jueves			
Viernes			
Sábado			
Domingo			
Total de la semana.			

A menudo, los que tienen dificultades en la expresión de sentimientos son incapaces de utilizar esas frases con toda consistencia más de una o dos veces al día, o incluso a la semana. Algunos pacientes son incapaces de decirlas siquiera una vez.

Tercer paso: Analice el uso de las seis frases durante la primera semana; luego, deliberadamente, aumente el número de veces que las dice durante la segunda. Fíjese una meta que espere alcanzar razonablemente. Si utilizó las frases una sola vez, o dos, durante la primera semana, fijarse la meta secundaria de una vez al día resultaría realista. Si las utilizó dos o tres veces al día, probablemente podrá doblar el número. Siga probando para aumentar el número de veces al día, hasta que alcance la meta. Mantenga esa frecuencia durante la semana siguiente. Luego fíjese una meta nueva.

Quizás estas frases le resulten demasiado difíciles. En ese caso sustitúyalas por otro par. Muchos pacientes juzgan más sencillo el decir: «Estoy de acuerdo en...» o «No estoy de acuerdo en...». Una vez llegue a decir con facilidad sus propias frases, pruebe las mías de nuevo.

Cuarto paso: Una vez haya progresado durante la segunda semana de este ejercicio, analice el uso de las frases de conversación emocional. Estudie cuáles le resultaron difíciles y en qué circunstancias.

Tal vez encuentre dificultad con: «Yo quiero...» y «Yo no quiero...». Piensa que eso supone una demanda o exigencia a otra persona, y que tal vez ésta se enoje con usted. Sin embargo, *existe diferencia entre una exigencia y una petición.* Si usted pronuncia la frase: «Quiero...», el otro dice que no, y usted siente desilusión pero no cólera ni depresión, entonces fue una petición. Le dio al otro la libertad de negarse. Sin embargo, si hace la declaración, recibe una respuesta negativa y entonces se siente furioso o bien deprimido, es que se trataba de una exigencia y no le daba al otro la libertad de negarse. Al darse cuenta de esta diferencia y comprender el derecho que tienen los demás a sus propios sentimientos y necesidades, encontrará más fácil el uso de la frase: «Yo quiero...».

Algunas personas no tienen problemas para decir: «No me gusta...», pero no pueden decir: «Me gusta...».

CASO

Chris Perkins, contable de treinta y tres años, no tenía dificultad alguna para decirle a su esposa todo lo que no le gustaba de ella. Pero si le decía algo tan sencillo como: «Me gusta tu vestido nuevo», experimentaba una tensión extrema. En cierto modo, Chris había adquirido la idea peculiar de que la parte furiosa de él era lo único «real» y cuando expresaba sentimientos de ternura se sentía «falso».

Nunca había aprendido a expresar sentimientos tiernos. Cuando empezó a practicar la conversación emocional, estos sentimientos no tardaron en ser parte de él. Además, siempre se había considerado un «tipo furioso». Ahora vio que también podía mostrarse tierno y esto afectó toda su organización psicológica. De pronto, descubrió que le gustaba decir: «Me gusta...».

Una vez empiece usted a expresar sus sentimientos con toda consistencia, pase a los otros aspectos de la conversación emocional.

Haga que en la comunicación de sus sentimientos intervengan también su cuerpo y su rostro. Con frecuencia, la gente reprime la expresión fácil y mantiene el cuerpo inmóvil, o da rienda suelta a una expresión facial o corporal inadecuada. Por ejemplo, el hombre que susurra: «Te amo, cariño» y a la vez conserva el cuerpo rígido, no comunica del todo sus sentimientos.

Observe pues:

El tono de voz. Un tono de voz firme, confiado y adecuadamente elevado es prueba de conducta asertiva.

El contacto visual. Mire directamente a la persona a la que habla.

La expresión corporal. Copie a los franceses, que utilizan muchos gestos al hablar.

La expresión facial. Adapte la expresión a lo que siente y dice. No sonría si está criticando a alguien, o hablando con cólera. Y, a la inversa, no se muestre hostil y melancólico si expresa alabanzas o amor. Demuestre sus emociones íntimas y retire la máscara.

Como ocurrió con las tareas de conducta, el ensayo de conducta y otros ejercicios que se ofrecen en este libro, tal vez crea usted que los ejercicios de conversación emocional son artificiales, carecen de naturalidad. Así es. ¡Por eso les llamamos ejercicios!

Entonces, ¿cómo pueden llevar los ejercicios de conversación emocional a una expresión más espontánea y libre de los sentimientos?

La expresión de las emociones estimula y refuerza el proceso excitativo de su cerebro, y por eso usted se convierte en una persona más excitativa.

La misma expresión de los sentimientos inhibe los centros de ansiedad en su cerebro, y por eso se siente menos angustiado. Cuando menos ansiedad sienta, más sentimientos podrá experimentar y expresar.

Mediante la práctica de la conversación emocional, usted aprende un arte nuevo: la expresión del sentimiento. A medida que adquiera competencia ya no necesitará su cuadro para obligarse a decir: «Me gusta...» o «No me gusta...». Usted desarrollará su propio estilo.

Esto puede afectar a la vida de sus hijos. El empleo por su parte de la conversación emocional les servirá a ellos de modelo a fin de que lleguen a ser adultos asertivos que expresen libremente sus sentimientos. Gracias a su modelo, sus hijos serán más capaces de compartir sus sentimientos con usted.

Y esto puede afectar a su estilo de vida.

CASO

Milt Weiner, casado, de treinta y tres años, que trabajaba como vendedor de ropa, sólo sabía hablar de hechos y de ideas. Como no llegaba a sentir intimidad con nadie, necesitaba tres amantes simultáneas. Al empezar a utilizar la conversación emocional (y lo hizo con mucha diligencia, utilizando las frases con todos sus clientes) comenzó a ver cuán «deshonesta» y «falsa» había sido su vida. Su solución: abandonó a las amantes y dejó el negocio de ventas porque éste alentaba «mi tendencia a la falsedad». Con ayuda de su esposa, fue a la universidad e inició estudios para llegar a ser psicólogo.

Esto puede afectar sus relaciones consigo mismo y con los más próximos a usted. Cuando Chris Perkins (el caso de la pág. 102) dejó de verse como un «tipo furioso», cambió todo su concepto sobre sí mismo. Al dar expresión a su ternura, la intimidad con su esposa aumentó de modo espectacular. La culminación llegó una noche, mientras se hacían el amor, cuando, por primera vez en tres años de matrimonio y en toda su vida en realidad, Chris utilizó la frase más importante de toda la conversación emocional: «Cariño, yo te amo».

DECIR QUE NO

Judy teme el rechazo social del sexo opuesto. Cuando un hombre —casi cualquier hombre— le sugiere irse a la cama, ella acepta inmediatamente.

En el trabajo, Tom acepta pasivamente todas las tareas que rechazan los otros. Cuando el jefe dice: «Tom, ¿puedes ocuparte de esto?», lo hace, aun cuando la tarea tenga muy poca relación con la naturaleza de su empleo.

Anne está resentida con su marido. Aunque casi nunca está de acuerdo con lo que él quiere, cree que el ser una buena esposa significa hacer todo lo que el marido desea.

Judy, Tom y Anne difieren en edad, sexo, aspecto, circunstancias económicas e intereses, pero comparten una cualidad: nunca aprendieron a decir que no.

En nuestra sociedad todos pedimos cosas o presentamos demandas a los demás. Usted ha de ser capaz de defender sus derechos mediante el simple proceso de decir no. Si no es capaz de defender sus derechos mediante el simple proceso de decir no. Si no es capaz de pronunciar esta simple palabra de dos letras cuando quiera decirla, empezará a perder el control de su vida.

Esto no significa que haya que decir que no a todo. Puede decir *sí* cuando *quiera* dar una respuesta afirmativa. Si el hacerle un favor a un amigo, o participar en una actividad de la comunidad, le resulta inconveniente, tampoco hay nada malo en que diga que sí, si cree que el asunto es lo bastante importante como para sufrir cierta incomodidad en bien del amigo o de la comunidad. Decir que sí es malo cuando usted quiere decir no y es más conveniente para usted el negarse, y en cambio accede con un débil: «De acuerdo, lo haré».

La incapacidad de decir no tiene varias consecuencias.

Le lleva a actividades que le hacen perder el respeto por sí mismo. A través de mi experiencia clínica, he sacado la conclusión de que, entre las solteras jóvenes, la causa principal de una promiscuidad que no desean nace de su incapacidad a decir no. Ellas razonan diciendo: «Si me niego, ya no me lo volverá a pedir», o bien: «Esto es lo que hay que hacer para ser popular». Al acabar en la cama, cuando no es lo que deseaban, se odian a sí mismas.

CASO

Por mediación de un amigo de ambos —que me los envió— empecé a tratar a Alice, ayudante de producción de televisión, de veintisiete años, y a Fred, un escritor de treinta. Alice había venido a mí con problemas de melancolía, depresión, falta de autoestimación y una promiscuidad que odiaba. Fred se sentía angustiado con relación a las mujeres. Junto con el temor a la impotencia, estaba convencido de que cualquier chica con la que saliera esperaría de el que se la llevara a la cama en la primera cita, y él temía sugerirlo pero pensaba que, de otro modo, «ella le despreciaría».

Durante el tratamiento, Alice y Fred se encontraron en casa del amigo mutuo que me los enviara. Quedaron en salir. En nuestra siguiente entrevista, ambos describieron esta primera cita en términos muy distintos. Alice dijo: «¿Lo ve?, todos son lo mismo. Al final de la velada él esperaba que le invitara a entrar en mi piso y a tomar una copa. Antes de darme cuenta ya me llevaba a la cama. No le importaba lo que yo pudiera sentir. Sólo le preocupaba su propia satisfacción. Lo hice... y desde entonces he estado muy deprimida».

Fred dijo: «Todas son iguales. La invité a salir. Pasamos una velada agradable y luego la acompañé a casa. Ella esperaba que subiera a su apartamento y le hiciera el amor. Realmente, yo no quería, porque tenía mis dudas de si lo conseguiría. Pero ella era una auténtica fresca y tuve la seguridad de que, si no me acostaba con ella, haría correr el rumor de que yo debía de ser homosexual. Así que me obligué a hacerlo. Pero no lo disfruté, y ahora tengo menos deseos que nunca de pedirle a una chica que salga conmigo».

Con permiso de ambos los hice acudir para que habláramos los tres juntos y les demostré lo muy distinto que habría sido todo si ambos hubieran sabido decir no. A partir de entonces empezaron a salir juntos durante algún tiempo, diciendo que no a toda clase de cosas, incluida la cama. En determinado momento volvieron a tener relaciones sexuales, esta vez por decisión de ambos. Al fin se separaron, cada uno con más capacidad para decir no cuando quería decir no.

Le distrae de lo que usted realmente desea conseguir. Se siente tan abrumado al hacer todas esas cosas que no desea realizar, que no tiene tiempo ni energía para las que son más importantes.

Como usted permite que los demás le exploten continuamente, el resentimiento crece y, en ocasiones, después de muchos años de decir sí por rutina, usted pierde el control de un modo totalmente inadecuado. Si siempre hace toda clase de recados para los demás, por inconveniente que eso sea para usted mismo, y es el comodín de la familia, un día le hacen una petición trivial y usted estalla en cólera. Y no por el motivo más reciente, sino por cientos de incidentes anteriores. Lo que no comprende el que siempre dice sí es que esta conducta produce más bien el desprecio que el aprecio de quienes le rodean.

Por muy irrazonables que fueran sus peticiones, y durante unos treinta años, mi esposa siempre había dicho: «Sí, lo haré» cada vez que le pedía algo Cathy, amiga íntima desde los días de la escuela elemental. Un día, en un almuerzo para mujeres solas en un restaurante, Jean le pidió algo a Cathy por primera vez en su vida. Pero ésta respondió: «Lo siento, estoy demasiado ocupada». En pleno restaurante abarrotado de gente, Jean perdió el control y le echó en cara todos y cada uno de los favores que ella le había hecho a lo largo de tantos años. Cathy la miraba con admiración. «¡Cuánto has cambiado! —dijo de pronto—. ¡Y qué alivio verte así, y no siempre haciéndote la mártir sacrificada!». Es decir, que Jean había estado convencida todo aquel tiempo de que Cathy la consideraba su mejor amiga cuando ésta, en realidad, la miraba con desprecio.

Contribuye a la falta de comunicación entre usted y los demás. Según dije en la sección dedicada a la conversación emocional, a menos que exista una comunicación honesta la gente no puede entenderse. Decir sí cuando quiere decir no, no es una cualidad propia de un carácter dulce; es deshonestidad. Por ejemplo, yo traté a una paciente a la que se le había hecho creer que la esposa siempre debe acceder a los deseos del marido. Se me quejó de que todos los domingos por la tarde Alex le preguntaba: «¿Te gustaría ir al cine?» y no sabía decirle que no, así que se iban al cine de la localidad. Animada por mí, un día le habló con sinceridad: «No, no me gusta ir al cine el domingo por la tarde». Con gran sorpresa de mi paciente, Alex la miró con alivio y exclamó: «¿Por qué no me lo dijiste antes? A mí me revienta ir al cine el domingo. Yo pensaba que te estaba complaciendo a ti».

Esta técnica de decir no es tan lógica que, en cuanto se piensa en ella, todos dicen: ¡Naturalmente! Sin embargo, los terapeutas no le prestaron demasiada atención como una conducta importante y científica hasta que la sacó a la luz el trabajo de un brillante equipo de investigadores de la Universidad de Wisconsin. Este grupo, dirigido por Richard M. McFall, definió la capacidad de decir no, y experimentó distintos métodos de adiestramiento para decidir cuál resultaba más efectivo.

También usted puede aprender a decir que no. Para iniciar su programa personal de adiestramiento realice los ejercicios siguientes basados en los del equipo de Wisconsin.

EJERCICIOS DE LABORATORIO PARA DECIR NO

Propósito: Facilitarle la tarea de decir no cuando quiere decirlo, y ayudarle a formar su propio estilo de respuestas negativas.

Primer paso: Estudie cada una de las situaciones que se ofrecen a continuación y dé su respuesta a la misma. O, mejor aún: escríbala, a fin de no engañarse a sí mismo. En cada caso suponga que quiere decir no, que el hacerlo resulta adecuado, y que el único problema que existe es: ¿puede decir que no?

SITUACIÓN UNA: Un compañero de trabajo le pide unas monedas para la máquina que sirve el café. El caso es que siempre lo hace y nunca se lo devuelve. El compañero le dice: «No tengo suelto. ¿Me prestas veinte centavos para la máquina?» ¿Cómo le dice que no?

SITUACIÓN DOS: Un amigo le ha pedido que le acompañe «en algún momento» para elegir un aparato de alta fidelidad. Usted ha dicho que sí. El sábado por la mañana, cuando se ha propuesto ponerse al día en las tareas de su casa, él llama por teléfono y dice: «Me prometiste ayudarme a elegir ese aparato. ¿Puedes acompañarme esta mañana?». Lo que usted realmente desea es empezar a arreglar su biblioteca. ¿Cómo le dice que no?

SITUACIÓN TRES: Usted ha estado trabajando en un comité que prepara una actividad social a fin de recoger fondos. Le ha dedicado más tiempo que los demás. Ahora el presidente todavía le exige algo más: «Joan, tú eres una trabajadora magnífica. ¿Puedo contar contigo para recoger las invitaciones en la puerta?». ¿Cómo le dice que no?

Segundo paso: Después de que haya dicho no a su propio estilo en esas tres situaciones, lea los siguientes modelos didácticos y compare sus respuestas con ellas. Entonces trate de contestar las preguntas por segunda vez. Recuerde: Las respuestas que usted dé no tienen que ser exactamente iguales a los modelos, pero sí seguir sus principios: brevedad claridad, firmeza y sinceridad.

SITUACIÓN UNA: El compañero de trabajo y la máquina del café.

Modelo: «No, lo siento, ya me debes demasiados cafés».

«No, pues nunca me lo devuelves.»

Nota: Ambas respuestas son breves y muy claras, comienzan con un no, de modo que no son ambiguas, y no se meten en largas explicaciones.

SITUACIÓN DOS: El aparato de alta fidelidad.

Modelo: «No, no puedo hacerlo hoy. ¿Qué te parece el sábado próximo?».

«Te acompañaré, pero no hoy. Lo siento.»

Nota: Las respuestas admiten el compromiso, pero señalan también la inoportunidad.

SITUACIÓN TRES: El comité y la buena trabajadora.

Modelo: «No, esa tarea debe dársela a otro que aún no haya colaborado».

«No; yo ya le he hecho más de lo que me correspondía.»

Nota: En cada caso la respuesta es honesta, directa y firme.

Tercer paso: Practique el arte de decir no. Piense en varias peticiones irrazonables que se le han hecho, o que podrían hacérsele. Ahora imagine que se las hacen y a continuación imagínese a sí mismo diciendo que no con firmeza, sucintamente y sin largas explicaciones. Este ejercicio puede incluso resultar más efectivo si escucha las peticiones en una grabadora. Escúchela, detenga la cinta y diga su respuesta en voz alta. Practique cada respuesta varias veces.

Acuérdese de los diversos modelos para decir que no: «No, me es imposible, ya tengo otro compromiso para ese día... No, no me apetece hacerlo hoy. Preferiría hacer esto y lo otro... No, no te conozco lo suficiente como para acostarme contigo... No, me es imposible hacerlo. Busca a algún otro.»

Cuarto paso: Como punto final, busque oportunidades para decir que no en las situaciones de su vida. Durante el período de entrenamiento, y siempre que dude, diga que no.

En mi práctica en el despacho, utilizo un truco para adiestrar a los pacientes a decir que no. Dejando siempre bien claro que se trata tan sólo de un test, le digo a un paciente carente de aserción: «Es muy importante para mí el hacer llegar este sobre inmediatamente a un paciente. Sé que le desvío de su camino, pero, por favor, ¿le importaría llevárselo?».

Aun cuando saben que se trata de un simple estímulo, a algunos les resulta muy difícil decir que no. Los hay que dicen que sí.

CASO

Cuando Mark Butler, escritor de guiones, de treinta y cinco años, contestó a mi petición tan irrazonable de entregar a mano aquel sobre con un: «No, no puedo hacerlo, pero, si es tan importante, ¿por qué no llama a un servicio de mensajeros?», su respuesta supuso un avance sensacional en aquella vida cargada de inseguridad. Si bien poseía gran dosis de actividad y originalidad en su trabajo, la pasividad de Mark había afectado tanto a su carrera profesional como a su matrimonio.

Una semana después de haberme dicho que no, un hombre de negocios le telefoneó y le pidió que escribiera un guión a prueba. En circunstancias normales, Mark hubiera respondido que sí, pero esta vez se negó de plano, si bien ofreció una alternativa diciendo: «No puedo escribir un guión de cien páginas a prueba; ahora bien, le escribiré una con la sinopsis y dos de diálogo, y usted puede basar su decisión en ellas».

No sólo obtuvo el encargo del guión, sino que la capacidad recién adquirida de decir que no, cambió también sus relaciones maritales. Como resultado de nuestras sesiones de Aprendizaje Asertivo, comprendió claramente cuáles eran sus responsabilidades con respecto a su esposa y cuáles sus derechos. Mark se sentía feliz con esta nueva forma de conducta, pero su aserción, recientemente adquirida, trastornó a su esposa, que hubo de venir a mí para varias sesiones de tratamiento. Y me comentó: «Yo siempre quise que él fuera más asertivo... ¡pero sólo cuando yo *quería* que lo fuera!».

ENSAYO DE CONDUCTA

Antes de una conferencia de prensa, el presidente de los Estados Unidos se reúne con su secretario de prensa y sus principales consejeros políticos. Éstos le hacen preguntas acerca de todo: desde el presupuesto nacional a los asuntos exteriores, las mismas preguntas que suponen harán al presidente los periodistas durante la conferencia. Mediante este ensayo general, el presidente practica sus respuestas a las preguntas más difíciles que pueden lanzarle, logrando así una mejor actuación en la auténtica confrontación con la prensa.

Según se cree, los presidentes Truman, Kennedy, Johnson, Nixon y Ford han utilizado esta estrategia en ocasiones. Tal vez estos jefes de Estado no se hayan dado cuenta, pero en realidad utilizaban un ensayo de conducta, una de las técnicas de mayor éxito en el Aprendizaje Asertivo.

El ensayo de conducta, al que se denominó en primer lugar «psicodrama de conducta» y al que se le suele llamar «interpretación de papeles», sirve como proceso de adiestramiento en el que los pacientes con deficiencias o inhibiciones en su conducta social o interpersonal reciben entrenamiento directo en conductas más eficientes, efectivas y alternativas, mediante procedimientos tales como el ensayo de respuestas, la actuación, o las enseñanzas del terapeuta.

Al utilizar el ensayo de conducta para el Aprendizaje Asertivo intentamos corregir un «déficit en la respuesta». Como el paciente jamás ha aprendido a utilizar la respuesta asertiva, siempre actúa con inseguridad. El trabajo tiene tres etapas: (1) enseñar al paciente cuál es la respuesta; (2) hacer que la practique; (3) aplicarla a las situaciones de su vida. Naturalmente, el propósito de las dos primeras etapas es que el paciente llegue a utilizar habitualmente estas respuestas en su propia vida.

La interpretación de papeles tiene la ventaja de simular la realidad de un modo controlado y sin los riesgos de la realidad. Permite la experimentación, de modo que el paciente pueda encontrar la respuesta asertiva que más le convenga y practicarla luego, una y otra vez, hasta sentirse familiarizado con ella, como si formara parte de sí mismo. Según los experimentos dirigidos por el doctor Philip H. Friedman, de la Escuela de Medicina de la Universidad Temple, sólo ocho o diez minutos de representación de papeles pueden producir un cambio importante en una situación específica... y un cambio que dura para siempre.

¿Cómo utiliza en realidad el terapeuta el ensayo de conducta para el AA?

(1) *Define la conducta que necesita adiestramiento.* La gama es amplia: desde cómo pedir un aumento de sueldo, ligar con una muchacha en un bar o defender sus propios derechos ante un amigo, un jefe, un compañero de trabajo o un vendedor, hasta la adquisición de artes sociales específicas, tales como la narración de historias. El paciente debe informar al terapeuta de todos los detalles del problema específico, de modo que éste pueda representar el papel de la otra persona involucrada. El terapeuta crea entonces una situación, en forma esquematizada, que se parezca a las circunstancias de la vida del paciente. Éste y el terapeuta representan entonces la escena.

(2) *Después de haber interpretado la escena, el terapeuta enseña e instruye al paciente indicándole los puntos buenos y malos de su actuación.* También le dice cómo mejorar los actos específicos y expresarse con mayor efectividad. Por ejemplo: «Hable de modo más directo», «Utilice la conversación emocional», «Sea más sincero», «Eche atrás los hombros, para no tener ese aspecto tan indiferente y poco enérgico». Juntos paciente y terapeuta preparan ciertas frases que aquél podría utilizar.

Por ejemplo, en el Instituto para la Terapia de Conducta en Nueva York, los doctores Steven Fishman y Barry Lubetkin trataron a una estudiante de medicina tímida y pasiva, de veintitrés años. Su problema: le aterraba la idea de examinar a un paciente. El doctor Lubetkin me dijo: «En la sesión representamos todos los papeles y la escena completa, excepto el examen real de un paciente hospitalizado. Yo actué como varios tipos de pacientes, desde viejas charlatanas a viejos de mal genio. Sabiendo lo insegura que ella se sentía por su falta de experiencia le lancé preguntas molestas como: "Pero, ¿cuándo llegará el *verdadero* médico?" Le enseñé a establecer contacto visual con los pacientes, a controlar la voz —ella hablaba en susurros, como Jackie Kennedy— a mejorar sus modales junto al lecho del enfermo. Y, lo más importante de todo: le enseñé a no enfocarlo como perdedora (solía empezar nuestras sesiones de ensayo con esta frase tan inadecuada: "Yo estoy aquí para aprender"). Poco a poco, fue ganando confianza y pudo aplicar lo aprendido en nuestras sesiones de práctica a su trabajo en el hospital».

(3) *Después de la instrucción y las correcciones, el paciente repite la escena, generalmente con alguna mejora.* El terapeuta recalca esa actuación mejor con declaraciones tales como: «Muy bien, esta vez ha hablado más directamente». Entonces puede pasar a dar instrucciones posteriores.

(4) *Para ayudar al paciente en su meta de aserción, el terapeuta puede representar la conducta deseada.* En esta técnica, paciente y terapeuta cambian de papel. Ahora el terapeuta representa al paciente turbado, y éste hace el papel del otro. De este modo, el terapeuta puede demostrar los fallos de los que ha hablado. No sólo le enseña al pacien-

te lo que éste debería hacer, sino que le llama la atención sobre lo que él mismo hizo. Dice por ejemplo: «¿Se ha fijado en lo erguido que estoy?», o bien: «Al decirlo así me mostré cortés, pero defendí mis derechos».

Luego vuelven a sus papeles originales. El paciente es de nuevo él mismo y trata de seguir el modelo del terapeuta. El resultado suele ser una actuación mejor, que el terapeuta premia con sus alabanzas. Recuerde esta meta terapéutica: el paciente debe encontrar su propio estilo.

(5) *El ensayo de conducta inicial puede demostrar que el problema presentado al paciente es demasiado difícil, o le origina demasiada ansiedad, o exige de él lo que todavía es incapaz de dar. O tal vez resulte evidente que, aunque el paciente puede dominar la situación en el laboratorio de ensayo de conducta, no será capaz de llevarla a la práctica en la vida real.*

En estos casos adoptamos un *enfoque jerárquico,* partiendo de situaciones o conductas que el paciente puede realizar fácilmente y pasando luego a niveles más difíciles. Éstos pueden estar relacionados con personas, tareas o intensidad.

Personas. Supongamos que el problema en general es «saber cantarle las verdades a quien sea» y en particular —esto es lo difícil— a la suegra. El paciente puede ensayar primero su escena de soltar cuatro frescas con un buen amigo a quien no teme. Luego puede representarla con un compañero de trabajo, lo que tal vez le resultará algo más difícil. De este modo, paso a paso, se llega finalmente al problema de la suegra. Naturalmente, preparamos cada nivel a medida del paciente específico involucrado. Lo que uno encuentra difícil, puede ser fácil para otro.

Tareas. A veces resulta más sencillo realizar algunas cosas con una persona dada que con otras. Esto supone un segundo tipo de jerarquía. El paciente puede considerar relativamente sencillo el reñir a la suegra porque les dé demasiados caramelos a los hijos, y en cambio le resulta muy difícil reñirla por venir a preocupar a su esposa. Ni siquiera es capaz de meterse con la suegra por haber estado contando estupideces acerca de él. En un caso así interpretamos cada escena, en este orden jerárquico.

Intensidad. También utilizamos el mismo orden para enfocar expresiones graduales de sentimientos específicos. De este modo hacemos pasar al paciente, que tiene dificultades para expresar cólera, de un «No me gusta» en susurros al punto en que es capaz de exhibir una cólera espontánea y real.

(6) *El paciente practica una y otra vez la conducta deseada en la sala de aprendizaje, aumentando con ello las probabilidades de que llegue a obrar de ese modo en la vida real.*

Esto se puede realizar con muchos tipos de conducta, y tanto con niños como con adultos. El doctor Martin Gittelman, jefe del Servicio Infantil en el Servicio de Salud Mental en Queens-Nassau, utilizó la técnica de ensayo de conducta con Ralph, un muchacho de trece años cuyas rabietas habían llegado a ser tan violentas que ya lo habían expulsado de una escuela y estaban a punto de echarle de otra. El doctor Gittelman representó varias situaciones con Ralph y le hizo ensayar la conducta de una respuesta serena y controlada, en vez de un estallido de cólera, palabrotas, puñetazos y todo con los dientes muy apretados. Después de cuatro sesiones de ensayo de conducta, Ralph informó que sus reacciones habían mejorado, tanto en casa como en el colegio. Dijo: que, aunque todavía se sentía furioso, era capaz de *controlar* sus actos. En los nueve meses siguientes se demostró que Ralph no había tenido más estallidos de conducta agresiva.

(7) *La información es un último paso en el ensayo de conducta.* A partir de los informes del paciente sobre sus éxitos, éxitos parciales o fracasos en la vida, el terapeuta descubre qué nuevo adiestramiento será el indicado, o bien averigua otros problemas. Con frecuencia, una vez resuelto un problema, se pasa a otras áreas. O bien se da por terminado el tratamiento, y el paciente se mantiene en contacto con el terapeuta, sólo por teléfono, durante un período dado de tiempo.

RECONSTRUCCIÓN DE UNA SESIÓN DE ADIESTRAMIENTO DE ENSAYO DE CONDUCTA

CASO

El doctor Norman Jones, notable patólogo investigador, vino a mí con dos problemas importantes, ambos nacidos de aislamiento: (1) Mantenía pocas charlas profesionales porque le faltaba el contacto con otros investigadores de su propio nivel; (2) no conseguía el reconocimiento dentro de su profesión (por ejemplo, una invitación para que diera una conferencia o participara en un grupo de estudio). Como es lógico, él podía romper ese aislamiento en las reuniones con los miembros de su profesión. Sin embargo, cuando Norman asistía a los congresos se limitaba a escuchar lo que le interesaba, pero jamás hablaba después con ninguno de los conferenciantes. Cuando le pregunté por qué no, declaró: «Si el otro estaba solo, no quería interrumpir sus pensamientos y, si estaba con alguien, no quería interrumpir la conversación».

Descubrí también que uno de los trucos de Norman para mantenerse aislado consistía en que, si se veía metido en una conversación, la cortaba en seco. A través de nuestras charlas descubrimos que su déficit de conducta se refería a las conversaciones: cómo iniciarlas, unirse a ellas y mantenerlas, y nos decidimos por el ensayo de conducta como método de entrenamiento. Nuestra meta: una conducta social más amplia y mejor para Norman en los congresos profesionales a los que asistiría en el futuro próximo.

El siguiente diálogo paciente-terapeuta es una reconstrucción casi palabra por palabra de mi sesión de ensayo de conducta con Norman Jones. Puede servirle a usted de modelo si se decide a utilizar el método.

Terapeuta: «Yo seré el doctor Smith. Estamos en una reunión y ambos esperamos el ascensor. Su objetivo consiste en iniciar la conversación conmigo y hablar de lo normal entre médicos. Veamos cómo lo hace. Supongamos que la puerta de este armario es la del ascensor y nos pondremos de pie ante ella. Muy bien. Intente comenzar la conversación.»

Doctor Jones: (*después de un período de silencio e incomodidad, rompe a hablar*) «¿Ha pedido usted el ascensor?».

Terapeuta: (*En su papel de doctor Smith*) «Sí. Espero que venga pronto».

Período de silencio. El doctor Jones continúa mostrándose inquieto.

Terapeuta: (*saliéndose de su papel*) «Recuerde que tiene que iniciar una conversación normal conmigo».

Doctor Jones: (*casi entre dientes*) «Muy buena conferencia la de esta mañana». (*Pero lo ha dicho sin mirarle.*)

Terapeuta: (*en su papel de doctor Smith*) «Vaya, gracias. Me alegro de que le gustara. ¿Cree que el planteamiento fue lo bastante exacto?». (Esto con el propósito de animar al paciente en sus esfuerzos y, al mismo tiempo, facilitarle la respuesta.)

Doctor Jones: (*saliéndose de su papel*) «Mire, nunca seré capaz de hablarle al doctor Smith. Se dice que es un hombre sarcástico y, en una ocasión, escribió una crítica feroz de uno de mis libros. Estaría demasiado asustado para decir una palabra».

Terapeuta: «Me alegro de que me lo haya dicho. (*Reforzando la comunicación directa del paciente.*) Tal vez esta tarea sea demasiado difícil para empezar. ¿A qué doctor cree que podría dirigirse primero?» (*formando una jerarquía*).

Doctor Jones: «Todos me resultan demasiado difíciles... (*Pausa*). ¿Qué le parece Brown? Nunca he hablado con él, pero creo que es un buen hombre. Además, en una ocasión mantuvimos correspondencia sobre un proyecto de investigación. Sí, creo que con Brown sería más fácil».

Terapeuta: «Magnífico. Seré Brown. Estamos esperando el ascensor y usted inicia la conversación. A propósito, la última vez usted miraba al suelo. Trate de establecer contacto visual conmigo cuando me hable. Y hágalo en voz más alta» (*dándole instrucciones*).

Doctor Jones: (*en su papel*) «Doctor Brown, me gustaría decirle cuánto he disfrutado con su conferencia esta mañana».

Terapeuta: (*en su papel de Brown*) «Vaya, gracias. Me

gustaría preguntarle... ¿cree usted que mi planteamiento experimental era lo bastante exacto?».

Doctor Jones: (*pausa, y más turbado*) «Pues sí, fue bueno. Fue magnífico».

Terapeuta: (*en su papel de Brown*) «Me refiero a esa parte del intercambio de iones. ¿Cree que lo manejé bien?».

Doctor Jones: (*en un susurro*) «Magnífico. Fue muy bueno».

Terapeuta: (*saliéndose de su papel*). «Debe de haber un modo mejor de hacerlo. ¿No se le ocurre otra cosa?».

(*Larga pausa*).

Terapeuta: (*Dejando de lado el papel*) «Detengámonos a pensar por un momento. Su principio fue mejor. Usted habló en voz más alta, y me miró. Luego se hundió de nuevo. ¿Qué pasó?».

Doctor Jones: «No sabía qué decir. Temía decir algo erróneo que hiriera sus sentimientos».

Terapeuta: «Lo primero que ha dicho sí es cierto. Usted no sabe qué decir. Una vez lo aprenda, el temor desaparecerá. El problema consiste en el modo en que comenzó la conversación. Puede hacerlo mejor».

Doctor Jones: «Le dije que me gustó su conferencia. A todo el mundo le agrada un cumplido».

Terapeuta: «Cierto, pero habló demasiado en general. El mejor modo de empezar sería decir algo que lograra interesarle e involucrarle (*instrucciones*). Provóquele. Hágale saber que tiene algo interesante que decirle».

Doctor Jones: «Podría recordarle nuestra correspondencia. Entonces parecía bastante interesado».

Terapeuta: «¡Magnífico! Empiece por presentarse. Luego añada algo que capte su atención. Intentémoslo de nuevo y hagámoslo según estas directrices».

Doctor Jones: «No estoy seguro de tener valor para

ello, ni siquiera en esta representación de una escena».

Terapeuta: «Mire, vamos a hacer una cosa. Usted será Brown, y yo seré usted. Vea cómo lo hago. De paso le diré que yo tampoco seré perfecto, pero tal vez le haga captar la idea» (*representa la escena*).

Y así siguió el entrenamiento y formación del doctor Norman Jones. Pronto pudo éste acercarse a mí (en mi papel de Brown), extender la mano y decir: «Doctor Brown, soy Norman Jones. Mantuvimos correspondencia sobre aquel proyecto suyo de rastreo hace años. ¿Sigue trabajando todavía en ello?». También ensayamos su conducta con otro colega, e hicimos que Norman se uniera a la conversación. No tuvimos tiempo de volver al difícil doctor Smith. Luego Norman se fue corriendo a un congreso.

Durante la primera jornada de conferencias, e incluso hasta la mitad del segundo día, Norman siguió solitario. Entonces, por casualidad, vio al doctor Brown solo... y no ante un ascensor, como en nuestras prácticas, sino en una sala de reuniones. Norman repasó mentalmente su discurso, hizo acopio de valor y se dirigió a Brown con la mano extendida. Apenas había dicho su nombre cuando Brown le interrumpió con un: «¡Estaba deseando conocerle! Quiero ponerle al día sobre aquel proyecto de rastreo, y tengo algunas preguntas que hacerle sobre su última conferencia. ¿Por qué no subimos a hablar a mi habitación?».

Norman se pasó los dos días siguientes participando en una conversación muy estimulante. Sólo en una ocasión tuvo dificultades: cuando el formidable doctor Smith se unió a la conversación, Norman se quedó de momento sin habla pero pronto se enfrascó de nuevo en los tecnicismos que se discutían.

Un año más tarde, el entrenamiento de ensayo de conducta produjo resultados inesperados. Le invitaron a pronunciar una conferencia en un congreso químico internacional en Suiza, con todos los gastos pagados. ¡Y el presidente del congreso resultó ser el doctor Brown!

Mediante el ensayo de conducta, un paciente puede resolver gran variedad de problemas, unos simples y otros complejos, aclarar sus propias actitudes y cambiar el curso de los acontecimietnos. A veces, un cambio importante en el estilo de vida puede ser el resultado del dominio de un acto simple y específico.

CASO

Wanda Midston tenía un esposo alcohólico que ensombrecía su vida. Ella sabía la solución, y había formulado ya todo un plan de acción: dejarle y buscar empleo en otra ciudad donde tenía familiares que podrían cuidar de sus dos hijos mientras ella trabajaba e intentaba reconstruir su vida. Había un buen empleo en perspectiva. La familia estaba deseosa de cuidar a los niños pero, durante dos años, Wanda no hizo movimiento alguno para conseguir el cambio que tanto deseaba.

La explicación de su inercia era bien sencilla: Wanda temía pedir a sus supervisores las cartas de recomendación necesarias a fin d epresentar la solicitud oficial para el nuevo empleo. Dedicamos gran parte de varias sesiones de grupo del AA a dar forma y ensayar la conducta de la solicitud de tales referencias. A consecuencia del adiestramiento, Wanda pudo hacer la petición, y se le aseguró que las referencias serían buenas. Resuelto este problema, empezó a hacer los últimos planes para un cambio definitivo en su estilo de vida.

Aun sin tomar parte en las sesiones de ensayo de conducta con un terapeuta, usted puede practicar la técnica.

Busque a alguien que le ayude. Al interpretar el papel de «el otro», un amigo puede ayudarle a evaluar su propia conducta, y servirle también de modelo al cambiar de papel con usted. Aunque no sea perfecto como modelo, ni tenga su mismo estilo, usted puede aprender de su modo de expresarse. El amigo le ayuda asimismo al imitar lo que usted hace y acentuar las características que indican falta de asertividad. Por ejemplo si usted tiende a hablar en voz demasiado baja, o hace gestos nerviosos, el otro puede copiarlos. También ha de prestar él atención a todo aquello que usted hace bien en la representación de papeles, y comentar oportunamente: «Muy bien, esta vez hablaste con voz mucho más firme», o «Así manejaste mucho mejor la situación».

Para los problemas sociales o personales, un amigo íntimo o el cónyuge suponen una buena ayuda. En el caso de los amigos, usted tiene estas alternativas: (1) elegir un amigo de conducta asertiva en el área en la que van a interpretar los papeles, o (2) buscar un amigo con un problema similar. Digamos que usted es tímido con el sexo opuesto. ¿Debe elegir un amigo osado y lleno de confianza en sí mismo, o bien un ser tímido como usted? Como principio, le sugiero que elija la persona con la que se sienta más a gusto.

Incluso si el problema de aserción se refiere a su cónyuge, la interpretación de papeles con él (o ella) puede resultarle muy útil. La reversión de papeles, es decir, cuando la esposa y el marido cambian de papel, resulta especialmente beneficiosa.

En las situaciones laborales, un compañero de trabajo suele ser por lo general una buena ayuda. Conozco a un vendedor que jamás visita a un cliente importante sin haber ensayado primero todas las dificultades que puedan presentarse con otro vendedor que conozca al cliente en perspectiva. De modo similar, muchos ejecutivos de negocios ensayan las situaciones que de antemano juzgan difíciles, antes de las conferencias importantes.

Defina el área de déficit de conducta que quiere cambiar, interprete la escena y luego califique su actuación. El simple hecho de representar una situación una y otra vez, no tiene por qué producir los cambios deseados. Usted ha de decidir la conducta específica que quiere cambiar (comunicación de sentimientos, saber defender sus derechos en los negocios, saber enfrentarse a su cónyuge, la conversación intrascendente, etc.) y luego ha de calificar con todo cuidado esa interpretación de papeles para ver si, en realidad, ha conseguido ese cambio.

EJERCICIO DE LABORATORIO EN ENSAYO DE CONDUCTA

Propósito: Utilizar la representación de papeles para dar forma y practicar conductas en situaciones problemáticas.

Para evaluar su conducta en la representación de papeles y llegar con ello al cambio deseado, los terapeutas de conducta separan ésta en dos partes: una referente al «contenido», es decir, *lo que* usted expresa, y otra que es el «modo de expresión», es decir, *cómo* lo expresa. Con frecuencia, un modo de expresión carente de expresividad puede anular un contenido inmejorable.

Aunque usted trate de cambiar un problema específico, tal vez tenga algún problema sobre cómo evaluar su actuación en el ensayo de conducta. Por tanto, voy a darle un criterio de evaluación sugerido, más un índice de calificaciones (adaptadas de experimentos llevados a cabo por el doctor Philip H. Friedman, de la Escuela de Medicina de la Universidad Temple, y los doctores Michel Herson, Richard M. Eisler y Peter M. Miller, de la Universidad de Mississippi).

Primer paso: En su cuaderno del Aprendizaje Asertivo tome dos páginas y, en la parte superior de cada una, escriba este título: PROBLEMA DE ENSAYO DE CONDUCTA. Éste debe ser el problema que haya elegido para su escena de ensayo de conducta, tal vez cómo pedir un aumento de sueldo, decirle a la esposa que no quiere ir a cenar todos los viernes a casa de la madre de ella, etc.

Segundo paso: Ahora trace dos rayas verticales, de arriba abajo de cada página, formando cuatro columnas. Titule la primera columna de la página CONTENIDO, y las siguientes tres columnas (para las calificaciones) en este orden: Primer Ensayo, Segundo Ensayo, Tercer Ensayo.

PROBLEMA DE ENSAYO DE CONDUCTA

CONTENIDO	Primer Ensayo	Segundo Ensayo	Tercer Ensayo

Siga el mismo formato en la página dos, pero titulando la primera columna MODO DE EXPRESIÓN.

Tercer paso: En la columna CONTENIDO, dese las calificaciones que crea merecer según su contestación a las preguntas siguientes:

A. ¿Me enfrenté con el problema auténtico?

B. ¿Queda resuelto el problema con mi solución?

C. ¿Comuniqué lo que deseaba comunicar?

D. ¿Evité mostrarme sumiso?

E. ¿Solicité con claridad un cambio de conducta por parte de la otra persona?

Cuarto paso: En la columna MODO DE EXPRESIÓN dese las calificaciones que crea merecer según su contestación a las preguntas siguientes:

A. ¿Fue mi voz bastante alta y firme?

B. ¿Hablé en exceso, di demasiadas explicaciones, me disculpé o confundí las cosas?

O bien: ¿Hablé de modo directo?

C. ¿Me expresé con la suficiente claridad como para que el otro comprendiera lo que decía?

D. Mi voz, mi expresión y gestos ¿comunicaron lo que yo sentía?

Quinto paso: Después de cada ensayo de conducta califíquese con las notas siguientes: 1, en absoluto; 2, un poco; 3, algo; 4, mucho; 5, muchísimo; 6, por completo.

Su mejora se advertirá en el aumento de valor numérico de las notas. Trate de ir subiendo del 1 al 5.

Sexto paso: En la interpretación de papeles observe estas reglas básicas:

(a) Que las escenas sean específicas y sencillas. La complicación excesiva no sirve de nada.

(b) Utilice escenas de la vida real. Pueden ser sucesos

que tuvieron lugar recientemente —como por ejemplo que alguien le hiciera un desaire o interfiriera en lo que usted deseaba llevar a cabo— o sucesos futuros, como pedir un favor a un amigo o acudir a una entrevista para solicitar un empleo.

(c) Dele a su compañero instrucciones específicas sobre el papel que quiere que él represente, y luego ensaye la escena en un período de uno a cinco minutos. Durante la interpretación, tanto usted como el otro han de tratar de ser tan realistas como resulte posible.

(d) Empiece con una situación relativamente fácil y vaya pasando a otras más difíciles siguiendo ese enfoque jerárquico que describí anteriormente en este capítulo. Cuando crea (y así lo demuestren las notas) que ya ha dominado una situación, pase a la siguiente y continúe avanzando hasta que se halle dispuesto a enfrentarse con la más difícil. Utilice esa jerarquía sólo si considera que el problema es demasiado difícil para que usted lo resuelva en la representación inicial, o si cree que ha de resultarle excesivamente difícil el llevarlo a la práctica en la vida real.

(e) Intente captar todos los estímulos que le originan dificultad (como un fruncimiento de cejas, el tono de voz, o cierto contexto en la conversación) y añádalos a la escena. Si lo hace, puede aprender a modificar su respuesta ante los mismos.

Séptimo paso: Si no cuenta con una persona disponible, que su ayuda sea una grabadora. Esta técnica carece de la interacción y flexibilidad que se consiguen con un ser vivo, pero también sirve para practicar respuestas específicas ante situaciones específicas.

Octavo paso: Continúe con la interpretación de papeles y las calificaciones hasta que la conducta quede modelada a su satisfacción. Siga con la escala de notas para asegurarse de que no ha retrocedido. Entonces intente representar otra situación.

Noveno paso: Y, ahora, lo más importante: trate de hallar situaciones en su vida real en las que pueda aplicar cuanto ha aprendido.

4

La consecución de un círculo social

«Estoy solo... No tengo amigos... No sé cómo adquirir nuevas amistades... Me presentan a muchas personas, pero no sé intimar con ellas...»

Pacientes desgraciados y deprimidos me hacen a diario declaraciones semejantes. A menudo echan la culpa de su fracaso en el terreno social a algún acontecimiento enterrado en lo más hondo de su subconsciente y que ocurrió durante los días preescolares. Tal vez sea eso cierto. Sin embargo, en el caso de estos pacientes que tienen la impresión de carecer de toda participación en la vida, la solución que yo veo no es el recuerdo de acontecimientos pasados, sino la obtención de la ayuda necesaria a fin de conseguir un círculo social en el presente.

El aislamiento completo satisface a muy pocos seres. Todos necesitamos diversos tipos de relación con los demás. No obstante, el tipo exacto de círculo social que sea mejor para cada persona depende mucho de sus propias exigencias y metas. Lo que sea mejor para usted puede ser lo peor para otro.

EL CÍRCULO SOCIAL SATISFACTORIO

Sean cuales sean las diferencias específicas, todo círculo social satisfactorio tiende a poseer ciertas características comunes:

Su círculo social le supone una base de seguridad. Usted siente que pertenece a él. Los otros miembros lo saben y le aceptan. Todos comprenden lo que pueden —o no— esperar unos de otros. Usted sabe quién vendrá a verle cuando esté enfermo, quién enviará flores, quién telefoneará y quién desaparecerá hasta que esté sano de nuevo.

Su círculo social incluye diversos tipos de relaciones, que van de las más superficiales a las más íntimas. Tenemos, por ejemplo, al amigo con el que le gusta ir a pescar, pero con el que nunca hablaría de negocios... y viceversa. El amigo al que le gusta ver dos veces al año y el amigo con el que comparte sus problemas y sentimientos dos veces a la semana. Es de esperar que el círculo social incluya a dos o tres personas con las cuales pueda y quiera compartir lo que es más personal e íntimo.

Su círculo social es el que responde a sus necesidades específicas. Si usted es por temperamento un extrovertido, tal vez necesite un ambiente constantemente activo, y compuesto de muchas personas. Se sentiría aburrido con el grupo de pocos amigos y las tardes tranquilas que satisfacen al introvertido. Pero, cuidado, evite una actuación estereotipada, porque también los extrovertidos necesitan momentos de paz con algunos amigos íntimos. Y tal vez al introvertido más recalcitrante le encante asistir de vez en cuando a una fiesta de gala.

Su círculo social cambia constantemente... Porque, en el curso de la vida, también usted cambia y cambian los otros, e incluso las mismas relaciones se modifican. El que ha conocido por razones de negocios puede convertirse en un amigo íntimo o en un pelma aburrido al que hay que evitar. O tal vez pierda usted todo interés por la pesca o los bolos y se convierta en un fanático del bridge. Puede enriquecerse, o perder su dinero; cambiar de profesión, casarse, divorciarse o enviudar; tener hijos, trasladarse a otra ciudad o sufrir otros muchos cambios tan comunes en la vida. Cada uno de éstos aportará distintas necesidades y oportunidades, y usted habrá de reajustar su círculo social.

EL CÍRCULO SOCIAL INSATISFACTORIO

Podemos dividir en cinco categorías a los que no poseen un círculo social.

(1) *El solitario, hombre o mujer, que vive aislado.* Tal vez sí exista una familia, allá en el fondo, pero el contacto con padres, hermanos o primos es esporádico, superficial y cargado de conflictos. El solitario habla con los compañeros de trabajo, los comerciantes, los dependientes... y con nadie más. Y cuanto más se acostumbra a este tipo de vida, más pierde la habilidad para la vida social que pudiera poseer en principio y más evita todo posible contacto social.

(2) *La persona que no tiene un círculo social pero sí relaciones (generalmente esporádicas) con otras personas.* Como ejemplo de esta categoría tomemos al soltero que, de vez en cuando, inicia unas relaciones muy intensas con una mujer, o la solitaria que se embarca en un tipo similar de relaciones con un hombre. Estas relaciones no suelen tener éxito. Ambos exigen demasiado del otro, demandas imposi-

bles de aceptar. O tomemos al solitario con un solo amigo. Este tipo de amistad únicamente sirve, por lo general, para perpetuar el aislamiento que ambos sufren. En estos casos, aunque uno de ellos sí tenga un círculo social, el otro se siente extraño. Jamás se une al círculo del amigo y, cuando su amistad se rompe, se halla de nuevo donde empezó.

(3) *La pareja aislada.* Es decir: el marido y la esposa que viven aislados del resto del mundo. Cada uno de ellos espera del otro que satisfaga todas sus necesidades. Como esto resulta obviamente imposible durante un largo período de tiempo, se desarrollan tensiones y resentimientos, y con frecuencia surgen problemas en el matrimonio.

(4) *La persona encerrada en sí misma e incapaz de compartir sus cosas más íntimas.* En su libro *Terapia de la conducta y el más allá,* el doctor Arnold Lazarus, de la Universidad Rutgers, ofrece una excelente representación visual de este nivel de comunicación, en el cual la persona encerrada en sí misma puede mantener con facilidad relaciones superficiales E-D-E, pero nunca permite que entre nadie en su zona A, con lo que no llegar a conseguir una relación íntima.*

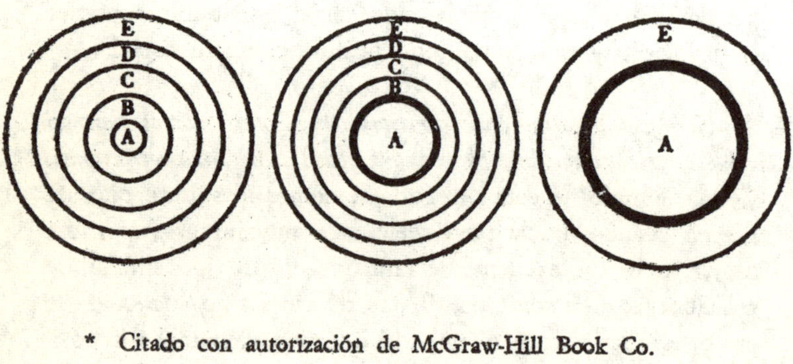

* Citado con autorización de McGraw-Hill Book Co.

El nivel exterior, E, representa las situaciones sociales más superficiales en las que uno se limita a decir: «Me llamo...», «El pastel de chocolate es mi postre favorito...», o «Disfruté mucho con la película de anoche en la televisión».

El nivel más íntimo, A, representa las cosas más personales que uno puede comunicar acerca de sí mismo, sus sentimientos más profundos, las ideas que le hacen vulnerable a los demás.

Los niveles B-D simbolizan una serie de niveles de comunicación en los que no cuenta tanto el contenido de lo que se dice, como el significado que esto tiene para uno. El nivel D, en el caso de usted, puede ser el B para el otro. Sin embargo, los pacientes no suelen tener problemas en asignar su propia comunicación a nivel adecuado.

En el círculo concéntrico de la izquierda, el círculo A, relativamente pequeño, demuestra que el nivel personal está en proporción con los demás niveles de comunicación.

En el segundo círculo, A se ha expandido y está desarrollando un muro sólido en torno, lo que significa que el individuo tiene muy pocas cosas que compartir y desea levantar un muro en torno a sus comunicaciones personales, de modo que no llegue a compartir pensamientos o sentimientos, ni siquiera en sus relaciones íntimas.

El tercer círculo concéntrico representa la culminación del desarrollo de la persona encerrada en sí misma. El muro se ha hecho más grueso y más fuerte, y esta persona tiene ahora gran dificultad para comunicar algo personal o significativo para ella. Sea cual sea su fachada, no puede formar sino relaciones superficiales con los demás, y con frecuencia ignora por completo sus propios deseos, pensamientos y sentimientos.

(5) *El que carece de una personalidad bien definida es el exacto opuesto.* Carece de vallas emocionales, no comprende bien los distintos tipos de relación y los diversos grados de aislamiento que exigen las situaciones diversas. En contraste con la persona encerrada en sí misma, que puede tener muchos contactos humanos pero sin intimidad, el que carece de una personalidad bien definida repele a los demás, no da a sus relaciones con los otros la oportunidad de desarrollarse en algo más profundo, cree que los otros le rechazan si no responden a sus revelaciones personales en el primer encuentro, y siempre se siente dolido. Si usted va relatando sus sentimientos más íntimos a todos los extraños, sin la menor discriminación, algunos lo utilizarán contra usted.

CASO

Susan Armstrong, de veintisiete años, profesora de inglés en una escuela superior, era hija de un célebre analista freudiano y había escuchado desde su niñez las teorías sobre la envidia sexual, los impulsos inconscientes y el complejo de Edipo. Ella misma se había sometido periódicamente al análisis desde la edad de siete años. No conseguía hacer amistades, sólo esporádicamente salía con muchachos y nunca llegó a tener una relación constante con un hombre.

Trastornada y dolida por un incidente trivial en la escuela (había oído que otra profesora decía, refiriéndose a ella: «¡Oh, Señor! Ya tenemos aquí otra vez a la doctora Freud con todas sus idioteces»), Susan comprendió que la gente había estado evitándola. Decidió dar una oportunidad al tratamiento no psicoanalítico y acudió a mí.

A lo largo de nuestras charlas descubrimos que su concepto de la conversación se basaba en el nivel A-B. Trataba toda situación social como si fuera la oportunidad para poner a prueba sus sentimientos más íntimos, y también los de los demás. De este modo jamás daba ocasión a que una amistad naciera, se desarrollara y creciera.

Después de explicar a Susan que lo que era adecuado con los amigos íntimos no lo era con las personas que acababa de conocer, o que sólo conocía ligeramente, le impuse una tarea para la próxima vez que saliera con un hombre: limitarse a los niveles superficiales D y E. Lo intentó, pero fue incapaz de hacerlo. Antes de terminar la velada había vuelto a caer en la rutina del análisis exhaustivo. Pero *esta vez* comprendió lo que estaba haciendo. Mi tratamiento consistió en conseguir que Susan hablara en los niveles C-D-E. Fue difícil, ya que las discusiones sobre el *id* y el *ego* estaban tan grabadas en su mente que no comprendía la función de la conversación intrascendente.

Por fin asistió a una fiesta y consiguió evitar los niveles A-B, pero volvió a su casa pensando: «No he dicho nada interesante» y después me comentó: «Su tratamiento me está haciendo marchar en dirección equivocada».

Pero varios días más tarde, un amigo a nivel C le dijo: «Esa nueva terapia te está dando resultado. Estuviste encantadora en la fiesta. Nunca te había visto así».

Una vez aprendió la técnica, Susan hizo progresos rápidos. Al acostumbrarse a los niveles exteriores, empezó a valorar más sus sentimientos profundos. Inició unas relaciones y, cuando éstas fracasaron, aceptó el hecho de que había roto con el novio y de que se sentía desgraciada. Pero no se lanzó a hablar de las «raíces dinámicas» de sus sentimientos. Un día Susan me informó que de nuevo estaba en relaciones y que ahora creía haber establecido realmente la comunicación adecuada. En ese punto me dio el espaldarazo: «¿Sabe, doctor? —dijo—. En realidad, usted es una persona de nivel A en mi vida».

Recuerde que el criterio de un círculo social adecuado no se basa en el número de personas, sino más bien en el *tipo de personas* y en *la variedad de relaciones*. Muchos conocidos y poca intimidad con ninguno, no basta. Uno o dos amigos íntimos, pero no un grupo con diversos grados de amistad, tampoco resulta satisfactorio.

Tal vez su círculo esté compuesto por las personas menos idóneas. Son aburridos o demasiado serios, o carecen de sentido del humor, o son demasiado frívolos, y usted no puede hablar jamás de nada profundo con ellos. Tal vez descubra que en su círculo social no hay nadie con el que pueda compartir aquello que es importante para usted. O tal vez descubra que ya se está volviendo igual que ellos.

¿Por qué forma usted en ocasiones el círculo social que menos le conviene... o carece en absoluto de él?

Usted no comprende los hechos de la vida social. No entiende el propósito de todas esas costumbres y rituales que sirven para romper el hielo. Muchos acuden a mí quejándose de una vida social muy limitada y luego descubrimos que el hecho es que no hacen lo que se debe hacer al conocer gentes nuevas. Un problema importante: no comprenden la función social de la conversación intrascendente, y la critican diciendo: «Es superficial... Una pérdida de tiempo... Demasiado impersonal». Yo les explico que la conversación intrascendente sirve más bien *de tanteo*. Se utiliza como terreno para la exploración de intereses comunes. Trato de inculcar a mis pacientes la idea de que no todas las personas que conozcan les resultarán interesantes, pero que incluso con los más aburridos puede haber un intercambio de ideas.

Usted tiene conceptos equivocados de activo-pasivo. Piensa que las cosas suceden porque sí. No es cierto. Las personas interesantes no aparecen porque sí en su vida, como tampoco aparece un caballero montado en un caballo blanco. Saber ser agradable en una cita, o cumplir a la perfección el papel de anfitrión, requiere artes específicas que hay que aprender.

Por ejemplo, Mort, niño mimado de una familia rica, tenía talento artístico y llegó a ser un diseñador de modas de gran éxito, pero siempre conservó su personalidad pasiva... en especial con las mujeres. Podía invitar a salir a una chica, pero no sabía hacer planes. Como resultado, sus citas eran siempre aburridas. Mediante el Aprendizaje Asertivo empezó a originar sus citas —comprando entradas para un baile, reservando una mesa para ir después a tomar algo— y su pasividad comenzó a disminuir. Ya no se sintió tan tenso ante una cita y su actividad se extendió a otros planes, por ejemplo las vacaciones. Al romper su esquema de pasividad, consiguió acercarse más a las mujeres.

Usted tiene toda una serie de temores sociales. Teme:

— Que la gente piense que usted es estúpido, por lo que evita hablar.

— Quedar en ridículo. No dice nada que sea original o individual, con lo que su conversación se hace rígida y convencional. A veces aburre incluso a sí mismo.

—El rechazo. Por eso tiende a reunirse con aquellos que ya conoce y con los que se cree relativamente a salvo.

— La intimidad. No sabe ir más allá de la conversación intrascendente y sobre una base muy superficial. No trata de intimar con nuevos conocidos, ni permite que se desarrollen nuevas relaciones personales.

Al expresárselos a sí mismo, sus temores le parecen lógicos. Sí, existe la posibilidad de un rechazo si usted inicia el acercamiento. El truco consiste en sacar al exterior el elemento irracional, añadiéndolo a su pensamiento. Por ejemplo, usted piensa: «Si le pido a esa chica que baile conmigo, tal vez me rechace» y luego añade la parte ilógica: «y todo el mundo me despreciará». Al exteriorizar esta consecuencia tan ilógica, usted mismo se dará cuenta de cuán irracional es.

He aquí algunos temores ilógicos que se aplican al círculo social y que he adaptado de los que el doctor Albert Ellis expone en un informe sobre *Terapia Racional-Emotiva.*

— Que usted debe ser amado o aprobado virtualmente por todas las personas con algún significado en su vida.

— Que, con objeto de considerarse digno, usted ha de ser totalmente competente y adecuado y tener éxito en todos los aspectos posibles.

— Que la vida es terrible y catastrófica cuando las cosas no salen como usted desea.

— Que tiene muy poca o ninguna capacidad para controlar sus problemas.

— Que su historial ha de determinar por fuerza su conducta actual y que, porque algo le afectó profundamente en una ocasión, tiene que afectar su vida para siempre.

EL CÍRCULO SOCIAL ASERTIVO

¿Qué podríamos hacer para vencer sus temores, proveerle de un círculo social si aún no lo tiene, mejorar el que ya disfruta? He aquí una guía para desarrollar el círculo social asertivo.

Empiece en el punto en que se halla ahora. Aunque usted sea una persona extraordinariamente aislada, no dejará de tener al menos uno o dos conocidos en su ambiente actual. Comience a expandir su círculo incrementando el contacto con ellos. Puede telefonear, aunque sólo sea para preguntar: «¿Qué tal estás?», o quedar para ir al cine, salir de compras o asistir a un baile con ellos. Utilice más bien aquello con lo que ya cuenta.

Si tiene un círculo social verdaderamente limitado, tal vez razone: «Es que no me resultará divertido llamar a esa persona». En las etapas iniciales del programa del Aprendizaje Asertivo, no se toma en consideración la diversión. *Usted hace aquello que debe hacer, con el fin de aumentar el número de sus amigos.* Es de esperar que, a medida que aumente su confianza, aumentará su diversión, pero, al principio, el placer no es un factor de importancia. Concéntrese en hacer amigos.

Una vez en el punto de partida, avance paso a paso hacia donde quiere ir. Manténgase muy alerta ante los sucesos especiales: una fiesta en la oficina, una conferencia o cualquier otro acontecimiento social en el que pueda empezar a conocer a las personas que desea incluir en su círculo social. Con frecuencia me dicen los pacientes: «Es que he ido a cientos de conferencias y nunca ocurre nada». Para algunas personas con dificultades de aserción, el solo hecho de asistir a una conferencia puede significar un paso hacia adelante; para otros será únicamente la repetición de lo ya realizado anteriormente. Si usted figura entre estos últimos, empiece a hacer las cosas de modo distinto. Si ya ha asistido a cientos de conferencias sin hablar jamás con alguien, propóngase ahora decir unas palabras a alguien durante la conferencia o al término de la misma. Pase luego a una conversación más completa. Del mismo modo, si ha asistido con frecuencia a actos sociales y hablado con la gente pero sin dar nunca el primer paso para entablar una amistad, cambie su estilo social. Propóngase ponerse en contacto con una persona a la que acaba de conocer *antes de que pase una semana.* Porque a los demás les gusta tanto como a usted sentirse apreciados.

Yo utilizo con frecuencia grupos pequeños del AA con el propósito de señalar sistemáticamente esas tareas a realizar. Se trata de grupos formados por tres o cuatro miembros que intentan conseguir una meta específica de aserción en cuatro sesiones de adiestramiento. Un grupo estaba formado por tres solteros, de treinta y cinco a cuarenta y un años. Ninguno tenía un círculo social. Todos tenían problemas para salir con chicas, sus fines de semana solían ser muy solitarios, pocas veces eran invitados ni ellos invitaban jamás a la gente a sus casas, y no tenían amigos. La meta común de todos los miembros de este grupo que seguían el programa de adiestramiento de una hora a la semana, durante un mes, era establecer una serie de conductas que les facilitaran más contactos sociales y, al fin, los integraran en un grupo. Permítaseme dar una idea del planeamiento, en especial en lo referente a Bruce:

Primera sesión: Trabajamos en equipo a fin de preparar una lista de tareas para cada paciente. Las de Bruce, para la semana siguiente, incluían: almuerzo con dos personas durante la semana, telefonear a dos personas —un hombre y una mujer— sólo con objeto de charlar, y visitar el museo e iniciar allí una conversación con dos personas.

Segunda sesión: Bruce informó haber triunfado en todo, especialmente en las llamadas telefónicas (durante el período de cuatro semanas hizo incluso más de las dos semanales que su tarea le exigía, y estas llamadas dieron como resultado dos invitaciones a cenar y otra a una fiesta). Se le dio otra tarea: visitar de nuevo el museo de arte y hablar con dos chicas jóvenes. Esto tenía por objeto el ayudarle a conocer chicas que compartieran su interés por el arte y la música. Necesitaba ayuda en esto, así que procedimos a un ensayo de conducta en la sesión de grupo.

Tercera sesión: Bruce informó que había hablado con dos mujeres, pero apenas había pasado de un par de frases. La tarea para la semana siguiente era iniciar una auténtica conversación con una chica en el museo e invitarla a tomar café. De nuevo se procedió al ensayo de conducta con otro miembro del grupo al que se le había asignado la misma tarea.

Cuarta sesión: Toda la actitud de Bruce había cambiado. Hasta entonces sólo conocía a las personas de modo superficial y, si no formaban parte de su ambiente más inmediato, no hacía el menor intento por ponerse de nuevo en contacto con ellos. Ahora informó al grupo: «Gracias a esas citas para almorzar y a las llamadas telefónicas, estoy haciendo verdaderos amigos». Lo que es más: había quedado con la joven a la que invitara a café, para ir juntos al teatro. Poco tiempo después, ya terminado el programa, llamó para decirme que iba a casarse con ella.

Al seguir este enfoque paulatino, a fin de expandir su círculo social, *vaya donde esté la acción,* donde haya oportunidad de conocer gente: fiestas, bares, lugares de diversión, clases, etc. (Quiero hacer una advertencia con respecto a los bares, a los que uno acude solo. Los que tienen problemas de aserción suelen experimentar dificultades en ellos ya que: [1] crean una situación competitiva y [2] con frecuencia resultan insatisfactorios. Apenas conducen a contactos esporádicos y pocas veces se desarrollan amistades. Los bares y clubs sólo deben ser una parte muy pequeña en la formación de un círculo social.)

El mejor modo de incrementar la vida social es hacer uso de los intereses personales. Cuando usted participa en algo que le gusta, su actuación social es mucho mejor. Aproveche todo aquello que en verdad le resulte interesante —la observación de los pájaros, la política, el camping, el esquí, el tenis— y láncese activamente en ese ambiente. *El propósito primordial es el ambiente en sí.* Esto resulta por lo general mucho más satisfactorio que los bares o algo semejante, ya que usted se reúne con almas gemelas, con las que puede intimar con mayor facilidad y con ello amplía su círculo social.

Casi todos los libros de consejos psicológicos ofrecen los mismos que yo acabo de dar: «Salga y empiece a actuar... Utilice sus intereses especiales... Visite a la gente». Sin embargo, al ofrecer estas directrices para la expansión del círculo social, damos por sentado que, si usted sabe cómo hacerlo, lo hará y que, al ir aumentando su capacidad de acción, decrecerá su ansiedad. Al lanzarse a una acción definida, damos por sentado que recibirá motivaciones positivas (quizás invitaciones, tal vez nuevos amigos, o por lo menos la autosatisfacción de haberlo intentado) y que todo ello, al fin, reducirá su ansiedad.

Pero eso no siempre es cierto. Usted puede simplemente evitar la acción, con lo que es imposible que tenga lugar la reducción de la ansiedad. O puede realizar el acto, sí, pero tan dominado por la tensión que acaba por asociar al acto una sensación nociva, lo que dificulta el que de nuevo intente realizarlo.

Para tales personajes, el AA utiliza los ejercicios de laboratorio en motivaciones ocultas, desarrollados por el doctor Joseph R. Cautela, profesor de psicología en la Facultad de Boston, y antiguo presidente de la Asociación Norteamericana para el avance de la Terapia de Conducta. Esta técnica utiliza la imaginación con el fin de reducir el temor. El principio para promocionar una conducta dada consiste en premiar la conducta que quiere incrementar. En los ejercicios de motivaciones, usted toma la conducta que desea aumentar; se imagina realizando ese acto, y motiva su actuación *mediante la imaginación.* Así es como funciona:

EJERCICIO DE LABORATORIO EN MOTIVACIONES OCULTAS

Propósito: Reducir la tensión social.

Primer paso: Tome la conducta específica que teme llevar a cabo. Puede ser pedirle a una chica que baile con usted, iniciar una conversación con un desconocido, decir que no a una petición irrazonable. Concéntrese en el acto, no en el temor.

Segundo paso: Divida el acto en partes pequeñas. Por ejemplo, quiere pedirle una cita a una chica:

(a) En casa, con toda calma, piense: «Ahora llamaré a Jill».

(b) Con aire relajado, diríjase al teléfono y siéntese.

(c) Descuelge el teléfono con serenidad, relajados los nervios.

(d) Marque el número de modo tranquilo y relajado.

(e) Escuche con calma el sonido del teléfono al otro extremo.

(f) Cuando Jill conteste, observe que usted sigue todavía sereno y relajado.

(g) Diga «Hola» y pídale una cita. Insisto: todavía sigue usted tranquilo y relajado.

Es mejor preparar por escrito todas las partes del acto.

Tercer paso: Seleccione una motivación. Puede utilizar cualquier cosa que evoque para usted una sensación de placer. No tiene por qué estar relacionado con el acto que trata de reforzar. Puede ser una imagen de usted mismo nadando en el Lago Como, tomándose un helado de fresa, oyendo alabanzas de cuantos le rodean o recibiendo el Premio Nobel. Un paciente utilizaba su música favorita: el Concierto de Brahms. Otro evocaba la sensación de estar espiando. Lo que da resultados a una persona no tiene por que dárselos a otra. Mientras la motivación aumente su sensación de bienestar, le ayudará.

Cuarto paso: Lea la primera conducta que tiene en su lista e imagínelo. Cuando la imagen esté clara dígase a sí mismo: «Motivación» y pase inmediatamente a esa imagen que le motiva. Hágalo diez veces y pase al punto siguiente. Haga este ejercicio a diario, hasta que pueda llevar a cabo dicha conducta en la vida real con un mínimo de ansiedad. Si lo hace diez veces al día, siete días a la semana, esto le dará setenta pruebas de condicionamiento a la semana, trescientas al mes. Tal vez necesite cientos de esas pruebas antes de que el condicionamiento funcione. No espere resultados mágicos ni se desanime.

Quinto paso: Cuando tenga la oportunidad, realice el acto paso a paso, lo mismo que hizo en su imaginación. En la situación real puede utilizar incluso su imagen motivadora (por ejemplo: está en un baile y ve a una chica. Camina hacia ella de modo relajado, lo mismo que hizo en su imaginación. Al hacerlo se dice a sí mismo: «Motivación» y piensa en su imagen motivadora).

Sexto paso: Cuando observe que esta técnica disminuye la ansiedad en una conducta, elija otra y repita el proceso.

Deje de hacerse a sí mismo un lavado de cerebro con la idea constante de que usted es un fracaso social. Algunas personas no tienen sino conceptos peyorativos acerca de sí mismos. Unos se refieren al presente: «No valgo para nada... No tengo habilidad para relacionarme con la gente... No sé hacer nada». Si usted figura en esta categoría, ignora todo lo bueno que puede hacer. Si una persona le alaba, usted cree que «le ha engañado», ya que juzga necesario conservar una imagen peyorativa de sí mismo. A esto le llamo yo el síndrome de Groucho Marx porque, en una película, Groucho dijo que no ingresaría en ningún club que estuviera dispuesto «...a aceptarme como socio».

Otros pensamientos obsesivos se refieren al futuro: «Si voy a esa fiesta nadie me hará caso... Si le pidiera una cita, ella me rechazaría... Si salgo con él, ya no volverá a invitarme porque se aburrirá». Esta clase de pensamientos acaban por resultar proféticos para su víctima. Si se deja arrastrar por esa idea profética de: «Seré un fracaso en la fiesta...» o «No conseguiré acabar el trabajo a tiempo», corre el riesgo de empezar a actuar de modo que la profecía se cumpla.

El AA le ofrece estos dos pasos para evitar que se desprecie a sí mismo.

(1) *Si padece el síndrome de Groucho Marx, empiece a formar el hábito contrario, es decir, recuerde todas las cosas buenas que haya hecho.* Cada noche escriba tres cosas que hizo bien a lo largo del día y que contribuyeron a su autoestimación. Algunos de los que presentan estos síntomas negativos tienen problemas a veces, ya que son insensibles a todo aquello que realizaron bien. Le insisto en que utilice este principio: Preste atención a lo trivial. Cuando un paciente me dice: «Hoy no hice nada bien», suelo hablarle de este modo:

—Piense. ¿Se mostró amistoso con alguien menos afortunado que usted? ¿Llevó a cabo algún acto por pura amabilidad?

(2) *Utilice la interrupción del pensamiento.* En esta técnica del AA suponemos fundamentalmente que los malos hábitos se mantienen al motivarlos. En la mayoría de los casos no sabemos cuál es la motivación. Sólo suponemos que existe y que hay que erradicarla. Si la conducta no se ve motivada, los pensamientos destructores desaparecerán. La interrupción del pensamiento está relacionada con la aserción, en el sentido de que le permite expresar sus sentimientos auténticos, liberándole de este modo para probar otras cosas en la vida.

EJERCICIO DE LABORATORIO EN LA INTERRUPCIÓN DEL PENSAMIENTO

Propósito: Aliviar sus obsesiones en la vida social.

Primer paso: Siéntese en una silla cómoda. Repase mentalmente uno de los pensamientos que desea controlar. Tal vez sea la ansiedad ante un acontecimiento futuro, o el temor de conocer a una persona determinada. Si se trata de toda una serie de pensamientos, tome cualquiera de ellos. En cuanto el pensamiento se forme en su mente, diga en voz alta: «ALTO» y, hablando consigo mismo: «Tranquilo», y entonces relaje deliberadamente los músculos de cinco a diez segundos. El propósito de esto es una interrupción, al menos momentánea, del pensamiento que intenta controlar. Si no logra esa interrupción, repita el ejercicio y diga ALTO con voz más fuerte incluso. Cuando pueda repetirlo dos veces, y conseguir al menos esa interrupción momentánea, pase al punto siguiente. Si tiene problemas para traer un pensamiento a su mente, fuércelo a venir. Al fin y al cabo, éste es un modo de conseguir el control. No sea pasivo. Algunas personas consideran que el hecho de cerrar los ojos mientras intentan traer un pensamiento a la mente les resulta de gran ayuda.

Segundo paso: Haga el ejercicio del mismo modo, pero diga ALTO mentalmente, no en voz alta. Si experimenta dificultad para lograr una interrupción momentánea del pensamiento, puede echar mano de otros condicionamientos, como *chillar* ¡ALTO! mentalmente, o darse un golpe en una muñeca a la vez que lo dice.

Al aplicar la técnica de la interrupción del pensamiento, las dos reglas fundamentales son: *en cuanto y cada vez*. Usted sabe los pensamientos que desea controlar. *En cuanto* se dé cuenta de que le viene uno de esos pensamientos, siga esas normas de: «ALTO», repetirse «Tranquilo» y relajar los músculos. Usted desea interrumpir el pensamiento. Si éste vuelve a los dos segundos, dos minutos o dos horas, *en cuanto* se dé cuenta de que ha vuelto repita el procedimiento. Yo digo *en cuanto* porque (1), si le da la oportunidad de apoderarse de usted, resultará más difícil controlarlo, y (2) existe alguna motivación que mantiene ese hábito negativo. Usted ha de lograr esa interrupción momentánea antes de que la motivación entre en juego.

Digo también *cada vez* porque (1) usted quiere lograr el hábito contrario de no ceder a los pensamientos negativos seguido de la relajación. Como ocurre con la formación de cualquier hábito, ha de tratar de practicarlo en todas las ocasiones posibles y por tanto debe realizar este ejercicio de interrupción del pensamiento hasta que las fases «ALTO», «Tranquilo» y la relajación posterior se hagan automáticas; (2) sin la motivación de la conducta, la frecuencia de ésta disminuirá y desaparecerá al fin. Si usted utiliza el ALTO unas veces sí y otras no, cae en lo que llamamos un programa de motivación intermitente y el azar, lo cual refuerza el hábito y dificulta su extinción. No se puede utilizar el método de interrupción del pensamiento sin pleno entusiasmo. *O lo utiliza constantemente, o prescinda de él.*

CASO

Peter, un joven y brillante profesor auxiliar de historia, tenía miedo de las mujeres. Lo que más temía era el simple hecho de llamar a una chica para concertar una cita. Veinticuatro horas antes de hacer la llamada, ya estaba obsesionado con pensamientos tales como: «Me rechazará» y «¿Por qué habría de querer salir conmigo una rubia tan bonita?». Cuando por fin descolgaba el teléfono, estaba tan dominado por la ansiedad que no sabía manejar la situación en absoluto e invariablemente recibía una negativa. Le enseñé la técnica de interrupción del pensamiento. Utilizándola *cada vez* que se le ocurría uno de esos pensamientos negativos sobre la futura llamada, logró evitar que le dominara la ansiedad y pudo formular su invitación con toda confianza. Empezó así a conseguir respuestas afirmativas y disminuyó su temor a concertar citas con las muchachas.

Puesto que los pensamientos negativos interfieren con los pensamientos auténticos, la utilización de la técnica de la interrupción del pensamiento no sólo puede afectar a su ambiente social, sino también a las relaciones con los más íntimos que le rodean. Al controlar esos pensamientos, con frecuencia surgen sus sentimientos más humanos y más tiernos.

CASO

Jane era una mujer muy obsesiva. Dominada constantemente por pensamientos negativos acerca de sí misma, convertía sus equivocaciones más triviales (por ejemplo, que los huevos pasados por agua se le endurecieran, o equivocarse al jugar una carta en el bridge) en prueba de «lo muy horrible que soy». Esto le producía un estado constante de ansiedad y depresión, y se reflejaba en sus difíciles relaciones con los demás.

Mediante la técnica de la interrupción del pensamiento, empezamos a controlar la obsesión de Jane. Pero una noche entró en mi despacho dominada de nuevo por los pensamientos negativos, debido a una catástrofe auténtica que le había sucedido a su hijo.

Al muchacho, de catorce años y que deseaba ser futbolista profesional, le acababan de diagnosticar un reblandecimiento de los huesos, y habría de estar cuatro años alejado por completo de todo deporte. Al oír el diagnóstico, Jane había vuelto a su obsesión: «¿Qué hice yo mal? Él me culpará por esto...», olvidándose por completo de la técnica de interrupción del pensamiento.

Nosotros insistimos en dicha técnica con el fin de controlar aquellos pensamientos centrados en ella misma y cargados de culpabilidad. En cuanto la técnica empezó a funcionar, surgieron los sentimientos más tiernos de Jane y pudo experimentar tristeza por su hijo y comprender la impresión de pérdida experimentada por él. Y empezó a actuar como una madre, y no como una víctima egoísta.

Al utilizar la interrupción del pensamiento, recuerde estos puntos:

— Si los pensamientos negativos son constantes en usted, durante los primeros días tal vez tenga que repetir el ALTO como una ametralladora. Uno de mis pacientes lo repitió 432 veces al día. A finales de esa semana había bajado a 20 veces al día y en dos semanas a cero. Apriete los dientes y siga adelante con ello.

— Inicialmente, llegará a pensar que los mismos pensamientos que intenta controlar son los que acuden a su mente con más frecuencia y mayor intensidad. Una «curva de extinción operante», que es como solemos llamarla, sube primero pero, cuando baja, lo hace muy aprisa.

— Si tiene dudas, utilice siempre el ALTO. Porque si pierde tiempo decidiendo si ése es uno de los pensamientos que quiere controlar, tal vez el pensamiento negativo se apodere de usted sin que haya intentado siquiera detenerlo.

— Los pensamientos que tal vez crea tener ya controlados pueden surgir de nuevo en tres casos: (1) cuando usted esté muy tenso, sea por la razón que sea; (2) cuando esté fatigado; (3) cuando esté físicamente enfermo. En esos casos, comprenda que es el momento de insistir en la técnica del ALTO para impedir que se establezcan de nuevo en su mente.

Mejore su conversación. En el AA dedicamos mucho tiempo a adiestrar socialmente a los pacientes tímidos en el arte de la conversación. He aquí algunos puntos interesantes:

(1) *Desarrolle el uso de la conversación intrascendente,* arte que puede aprenderse como el bridge o el ajedrez. La conversación intrascendente tal vez sea «superficial», pero sirve al propósito de ampliar su círculo social. Al hacer uso de la conversación intrascendente:

(a) Limite las revelaciones de su propio yo. Refiera a los demás cosas personales, pero no demasiado personales. Utilice el pronombre «yo» para hablar de la obra de teatro que vio la semana pasada o de su trabajo más reciente, pero no se meta en detalles acerca de sus trastornos nerviosos. Al hablar con alguien por primera vez, mantenga la conversación en el nivel superficial E, con alguna incursión en los niveles D y C.

(b) Invite a su interlocutor a hablar de sí mismo. Por ejemplo, usted refiere una aventura acaecida en un viaje. Generalmente, el otro sentirá el impulso de referir su propia anécdota. Todo lo que hará falta será una simple pregunta: «¿Ha estado usted allí alguna vez?» o incluso una pausa en la conversación.

(c) Cuando el otro le sugiera que hable de sí mismo, acepte la invitación. Conteste con su propia experiencia. Si encuentra que la conversación le aburre, o que su interlocutor da muestras de incomodidad, cambie el tema.

(d) Adquiera la técnica de terminar una conversación

del modo más adecuado y pasar a otro grupo. Es difícil dejar sola a una persona, de modo que eche mano de frases como: «Vayamos a unirnos a ese grupo», o «Les estoy oyendo hablar de los profesores. Me gustaría saber qué dicen», o «Será mejor que hable ahora un poco con la anfitriona». En un caso extremo, pruebe con: «Necesito más hielo para esta copa».

(2) *Aprenda a iniciar una conversación.* Si no es capaz de hacerlo sentirá tanta tensión a la perspectiva de un acontecimiento social que acabará por evitarlos rotundamente. O bien, si acude a ellos, acabará por no hablar con nadie. Las frases como: «Me encanta tu vestido. ¿Te importa decirme dónde lo compraste?», o «¿Es usted socio de ese club?», sirven para romper el hielo. Prepare una o dos frases que pueda utilizar con soltura.

CASO

Cuando John, recién graduado en la universidad, vino a consultarme, tenía tanto miedo a estar solo como de hablar con la gente. Durante toda su estancia en la universidad sólo había salido con chicas dos veces, y estas citas habían sido arregladas por su compañero de habitación, que era también su único amigo. Ahora, John, que incluso temía parar a alguien en la calle para preguntar una dirección, se veía enfrentado a un problema mucho más difícil. Había aceptado un puesto en el extranjero. «No conozco a nadie en la firma. La soledad acabará conmigo», me dijo.

Inmediatamente, comencé a adiestrarle en la técnica de iniciar una conversación. Durante el período de tratamiento, John fue invitado a la boda de su ex compañero de habitación, que iba a celebrarse fuera de la ciudad y en la que John sólo conocía a los novios. Así, pues, ensayamos la representación de papeles para iniciar una conversación en la boda.

En mi despacho me puse en pie y le dije: «Imagine que está en la boda. Yo estoy aquí y usted ahí. Venga hacia mí e inicie la conversación».

«Me es imposible», me aseguró John.

Le respondí: «Póngase en pie y dígase a sí mismo: ¿Voy a quedarme aquí como un estúpido, o debo intentar hablar con ese hombre? Vamos, dígalo en voz alta».

John repitió la frase en voz alta.

«¿Cómo quiere contestar a eso», le pregunté.

«Quiero hablar con él», respondió.

«Magnífico. Vuélvase hacia mí. Camine hacia mí.»

Eso hizo.

«Diga algo —insistí—. Cualquier cosa.»

John permaneció en silencio.

«Vamos, míreme. ¿Ve algo en mí, o en lo que llevo, que le guste?»

Me miró por el rabillo del ojo y dijo: «No».

«¿Le gusta mi corbata?», pregunté.

«No, realmente no me gusta —contestó—, pero sí el alfiler de corbata.»

«Pues dígamelo —le apremié—. Diga: "Me gusta el alfiler de corbata que lleva usted".»

John repitió la frase.

Me mostré satisfecho ante aquel progreso. «Bien. Establezca el contacto visual al decirlo.» John repitió la frase de nuevo. Esta vez estableciendo contacto visual, y su voz fue alta y más confiada.

Yo respondí contándole una pequeña historia sobre las circunstancias en las cuales había comprado el alfiler, y fácilmente nos vimos metidos en una conversación fluida. Ensayamos esto varias veces. Aquel fin de semana, John se fue en avión a la boda.

Cuando le vi el lunes por la tarde me dijo: «Sucedió exactamente como lo practicamos. Yo estaba allí solo de pie y otro hombre, también solo, estaba a mi lado. Me dije a mí mismo: "¿Qué prefieres: quedarte ahí como un estúpido o tratar de hablar con ese hombre? Intentaré hablar con él". Estaba tan nervioso que no vi si llevaba alfiler de corbata o no, pero le dije: "Me gusta su alfiler de corbata", sin olvidarme de establecer contacto visual. Exactamente como usted, el otro empezó a contarme una historia sobre el alfiler. Antes de que me diera cuenta, estábamos enfrascados en la conversación, y otros se nos unieron. Así se formó un grupo y conocí a una chica muy bonita. Hemos quedado en vernos en Roma».

Y de este modo aprendió John a iniciar una conversación. Utilizando la misma técnica, también usted puede hacerlo.

(3) *Aprenda a unirse a las conversaciones de los demás.* En vez de iniciar una conversación, en muchas ocasiones preferirá unirse a un grupo en el que ya se esté hablando de un tema definido. Su objetivo: hacer algún tipo de declaración que atraiga la atención sobre usted y mediante la cual los otros le consideren parte del grupo y de la conversación ya iniciada. Para lograrlo, aproveche una observación que acaban de hacer y ofrezca a la vez cierta experiencia personal. Evite el peligro que supone el preguntar algo acerca de lo que están hablando. Aunque a veces esta técnica da resultados y su pregunta puede ser muy pertinente, es posible que la consideren una interferencia y por lo general no le integrará en el grupo. Per-

manezca un poco en la periferia. Una vez haya logrado formar parte del grupo, ya puede participar en la conversación y continuar hasta donde ésta le lleve.

Por ejemplo, Patty, una joven asistente social, se regía por los principios de «relacionarse con la gente mediante un interés genuino» y de «ir donde está la acción», y en invierno se pasaba los fines de semana en los refugios para esquiadores. Sin embargo, sus veladas eran solitarias porque, según me confesó: «No sé unirme a los grupos que ya están hablando». Como la mayoría de las conversaciones se referían a los lugares en los que se practicaba el esquí, ayudé a Patty a preparar varias anécdotas sobre sus experiencias, y luego elaboramos el medio de introducirlas en una conversación. Si alguien mencionaba Aspen o Zermatt, ella podía decir: «Allí precisamente me ocurrió algo muy curioso», y seguir adelante con su historia. Si hablaban de otro lugar, siempre podía intercalar: «Yo tuve una experiencia similar en Aspen».

En su siguiente fin de semana y en la periferia del grupo, como siempre, Patty tuvo oportunidad de probar la técnica. Alguien acababa de referir lo sucedido a unos esquiadores en Chamonix, y Patty intervino casi automáticamente con lo aprendido: «Algo muy similar me sucedió en Aspen», y contó su historia.

Luego me dijo: «Mientras la contaba, ocurrió algo muy interesante. Hubo como un ligero movimiento físico del grupo hacia mí, como si se abrieran para hacerme formar parte del mismo. Cuando terminé de hablar, un hombre me hizo una pregunta sobre Aspen y, a partir de ese momento, ya fui parte del grupo».

Con esto como principio, y durante los siguientes fines de semana, Patty se integró más en el grupo, con lo que logró hacer nuevas amistades y ensanchar su círculo social.

(4) *Aprenda a mantener y dirigir una conversación.* He aquí algunas indicaciones:

(a) Mucho cuidado con el tercer grado. No empiece a interrogar a la gente con una pregunta tras otra. Siga este principio: primero diga algo personal y luego haga la pregunta. Por ejemplo, en vez de preguntar: «¿Le gusta Londres?», pruebe con: «Nunca he estado en Londres. ¿Cree usted que me gustaría?».

(b) Esté preparado. Vaya con algo concreto que decir, con ideas que desea comentar. La mayoría de la gente tiene dificultad para mantener una conversación, porque dejan que se hagan esos silencios repentinos. Como no saben qué decir entonces, se angustian, cortan la conversación o la conversación se corta sola. Un nexo de unión bastante útil es la frase: «No sé por qué, pero esto me recuerda...», y así se sigue hasta donde uno quiere llegar.

(c) Si la conversación toma un giro que le aburre, o comprende que será incapaz de mantenerla, cambie deliberadamente a otro tema en el que se sienta más cómodo.

(d) Sea usted más interesante. Lo cual significa contar historias de modo interesante. Muchos piensan que, si han preparado una historia por adelantado, nunca será espontánea. Tal vez no lo sea... pero será mejor. Una buena historia no necesita ser muy espectacular ni muy divertida. Lo que usted quiere es aprovechar una experiencia en la que se ha visto involucrado y referirla de modo apasionante, divertido o informativo.

Por ejemplo, yo tenía un paciente que trabajaba como actuario. Cuando le pregunté por primera vez qué hace un actuario, contestó de modo vago y confuso que un actuario es el que trabaja con cifras y con índices de seguros. Cuando le di instrucciones para que preparara una historia sobre un proyecto específico en el que hubiese trabajado, se mostró mucho más interesante. Me dijo que un funcionario de una ciudad del sudoeste le había consultado sobre sus planes de jubilación como empleado del estado, preguntándole cuál sería el costo, durante un período de años, si la ciudad aumentaba sus pagos de pensión en un diez por ciento. Mi paciente tuvo que calcular los índices de vida de las diversas personas involucradas y cierto número de cuestiones muy intrincadas. Entre los dos trabajamos el tema con el fin de convertirlo en una historia bastante significativa, cuyo relato duraba apenas dos minutos. Cualquier cosa puede convertirse en una historia, si uno expresa algo con ella. La técnica no es suficiente: usted ha de tener algo que comunicar a los demás.

Aprenda a defenderse ante un desaire. En el curso de las interrelaciones con los demás por fuerza habrá de sufrir alguno, ya sea porque los demás lo hagan deliberadamente o por inadvertencia. Ha de ocurrir así porque todo ser humano tiene sus limitaciones y, en un momento determinado, hasta el más sensato dirá una inconveniencia. Usted ha de aprender a manejar esas situaciones. Si no lo hace, se convertirá en el chivo expiatorio. Los amigos no le respetarán ni usted se respetará a sí mismo.

En el AA, nosotros damos dos significados a la palabra «desaire»: (1) una crítica injustificada; (2) una crítica justificada pero expresada de modo exagerado o improcedente. El criterio más seguro para saber si lo que le dicen es un desaire o no, es bien sencillo: *¿se lo parece así a usted?* No se deje atrapar en esa trampa de si era justificado o no. Si usted cree que alguien le ha hecho un desaire, responda considerándolo como tal.

(1) Si cree que alguien le rebaja con sus palabras, responda a ellas. Rechace ese razonamiento de «No quiero organizar un jaleo» y, en cambio, siga este principio: No tema herir al inocente. En otras palabras, tal vez el otro no se propusiera realmente hacerle un desaire y, por tanto, es inocente. No se dio cuenta de lo que decía. Sin embargo, si usted se siente maltratado por él, contéstele... tanto si es inocente como si no.

(2) Tómese tiempo para pensar. Los que dicen lo primero que se les ocurre son seres fundamentalmente pasivos. No es preciso dar una buena respuesta en un microsegundo. Si su respuesta es deliberada, usted ha seguido un enfoque activo. Haga, pues, una pausa momentánea y medite en una respuesta efectiva.

(3) En la mayoría de los casos, la primera frase de su respuesta no debe contener las palabras «yo» «me, mi» o «porque». Al utilizar estos términos parece que es usted el que se disculpa, o que está a la defensiva. Esto puede acarrear nuevos desaires o terminar en una pelea injustificada.

He aquí algunos ejemplos de situaciones-desaire con respuestas «equivocadas» y «correctas». Las respuestas correctas se proponen poner al otro a la defensiva. En vez de ser usted el que da las explicaciones, obliga al otro a explicarse. Recuerde que el criterio para su respuesta debe ser: ¿aumentará mi autoestimación? Las siguientes respuestas «correctas» se limitan a ilustrar esta regla y tal vez no sirvan para usted. Ha de probar por sí mismo para ver cuál le hace sentirse mejor.

Primera situación: Un amigo le pincha: «Desde luego que la chica con la que estabas anoche era bien fea. ¿Es que has perdido el gusto?».

Respuesta equivocada: «Entonces, ¿crees que yo hago el ridículo al salir con ella?».

Respuesta correcta: «¿Todavía eres tan inmaduro como para juzgar a una mujer por algo tan superficial?».

Segunda situación: Un compañero de trabajo dice: —Ya metiste la pata otra vez. Has archivado mal el informe Lesham.

Respuesta equivocada: «Yo ni siquiera tenía ese informe. Ni lo he visto».

Respuesta correcta: «Ya has vuelto a equivocarte en tus conclusiones. ¿Por qué no lo compruebas primero?».

(4) No caiga en la trampa de preguntar a otra persona qué hay de malo en usted. Si va por ahí haciendo preguntas como: «¿Estás seguro de que eso está mal?», o bien «¿Qué hay de malo en esto?», en realidad está pidiendo que vuelvan a darle en los nudillos.

(5) Apréndase alguna frase que pueda utilizar casi automáticamente, por ejemplo: «¿Y tú por qué estás enfadado?... ¿Pretendías desairarme con eso?... ¿Cómo es que hoy estás de tan mal humor?».

(6) En algunas situaciones de desaire en las relaciones íntimas, sí puede utilizar «yo», «mi, me» y «porque» en la respuesta. La razón: en este caso su intención no es contraatacar, sino intensificar la comunicación.

Primera situación: Un estudiante de la escuela superior, de diecisiete años, trae a casa la tarjeta de sus notas con una media de 95. Después de examinarla, su padre pregunta: «¿Por qué no has conseguido una puntuación mejor? ¿Crees que así vas a ingresar en Yale?».

Respuesta equivocada: «Yo lo intenté con todas mis fuerzas».

Respuesta correcta: «Me duele lo que has dicho, papá, porque no me concedes el mérito que tengo por haber conseguido una media de A».

Segunda situación: Una esposa prepara una comida bastante complicada, pero su marido dice: «Lástima que no te saliera bien. ¿Cuándo vas a aprender a guisar?».

Respuesta equivocada: «Me costó cuatro horas hacer este asado».

Respuesta correcta: «Me duele lo que has dicho, ya que tanto trabajé intentando preparar una cena mejor para ti».

Éstas son reglas de principiantes. A medida que vaya adquiriendo mayor creatividad en su expresión, puede violarlas. Como ejemplo les ofrezco la famosa salida de un gran hombre de ingenio, el británico Wilkes. Cuando lord Sandwich dijo que Wilkes moriría o bien de una enfermedad repugnante o bien en la horca, Wilkes contestó: «Eso depende, señor, de si abrazo a su amante o a los principios que usted defiende».

Aprenda a cambiar su círculo social cuando cambie su vida. Hasta este momento hemos dado énfasis a la ayuda que debe prestarse al que carece de un círculo social adecuado. Pero muchas personas que sí lo disfrutaron en un momento dado, hallarán que son necesarios ciertos reajustes debido a un cambio en su situación en la vida.

Si usted tuvo novio formal a los diecisiete años, se casó a los dieciocho y se quedó viuda a los treinta y siete, tal vez descubra ahora que no tiene la menor idea de cómo actuar al salir de nuevo con un hombre.

Es posible también que la habilidad existiera en tiempos y se haya enmohecido por falta de práctica. Un hombre maduro ya y recién divorciado, que gana más de 50.000 dólares al año como abogado de una compañía, me dijo: «He olvidado cómo se actúa al salir por primera vez con una mujer. ¿Qué es mejor: no hacer nada, besarla o tratar de acostarme con ella?».

Tal vez usted pierda a su cónyuge, por la muerte o el divorcio, y se encuentre en lo que el escritor Morton Hunt denominó «El mundo de los ex casados». O tal vez acepte un trabajo en una ciudad distante, en la que no cuente con amigos y sólo con muy pocos conocidos. En esas circunstancias quizá descubra en sí mismo temores y déficits sociales que antes jamás pensó que existieran.

CASO

Un matrimonio de mediana edad se trasladó a una ciudad extraña para ellos. No conocían a nadie, y el trabajo del marido le obligaba a estar de viaje tres semanas de cada cuatro. Atada al hogar a causa de sus tres niños pequeños, la esposa empezó a sentirse demasiado sola, y tuvo un ataque de depresión. Se repetía una y otra vez: «Nos trasladamos aquí porque el clima es magnífico y se puede jugar al tenis, y ahora no tengo a nadie con quién jugar». Un día, harto ya de sus quejas, el marido le ordenó: «Toma un libro y vámonos al club de tenis de esta ciudad». Allá se fueron y se pasaron tres horas observando cómo jugaban los otros. Durante este tiempo, el marido fue tomando nota de aquellos que jugaban más o menos como su esposa y él. Luego se acercó a ellos y les dijo: «He visto que su juego es muy similar al nuestro. ¿Les parece que alguna vez juguemos juntos?». Inmediatamente quedaron citados para jugar dos veces a la semana siguiente, y la esposa por su parte quedó con otras tres personas más durante la semana. Estos partidos de tenis llevaron a la formación de un círculo social.

Sea cual sea la situación, si tiene que reformar su círculo puede utilizar todas las reglas aquí esbozadas. Recuerde tan sólo que debe:

Partir desde el punto en que se encuentra.

Hacer experimentos constantes con su círculo social, con el fin de seguir mejorándolo.

EL PASO HACIA LA INTIMIDAD

«Sí, es magnífico establecer contactos iniciales mediante la conversación superficial, pero ¿cómo se da el paso hacia la intimidad? —me preguntó un paciente—. No quiero ser ese tipo de persona que siempre anda contando historias divertidas.»

Con el propósito de avanzar hacia una relación más íntima, recuerde estos ocho puntos.

(1) *Mantenga la relación.* No se puede intimar con una persona si sólo se la ve una vez.

(2) *Comprenda que sólo el hecho de ver a alguien con frecuencia no lleva automáticamente a la intimidad.* Usted ha de hacer un intento deliberado para demostrar qué puede y qué quiere compartir con esa persona.

(3) *Evite la trampa de avanzar con demasiada rapidez.* Hablando en términos de los círculos concéntricos, no querrá saltar de nivel E al A sin estudiar primero los niveles D-C-B. Muchas personas cometen esa equivocación, especialmente los solteros, los que carecen de un círculo social adecuado o los que lo disfrutan de un modo esporádico.

Incluso en una primera cita, tales personas tienden a evaluar al otro como un cónyuge en potencia. Pierden de vista el propósito de una primera salida juntos: el simple hecho de disfrutar de la mutua compañía para saber ambos si desean conocerse mejor. Y así, aun sin conocer de verdad al otro, suelen sentirse desilusionados, son demasiado rígidos en sus juicios y no contribuyen en absoluto a la diversión del acompañante.

En las relaciones que pasan con demasiada rapidez a una gran intimidad, por lo general usted espera más de lo debido del otro, y por eso se siente dolido en ocasiones. Además, no da a sus relaciones la oportunidad de desarrollarse.

(4) *Al pasar del nivel superficial al nivel medio en las relaciones, usted puede y debe elegir a las personas con mayor cuidado.* Al principio, tal vez no tenga siquiera la oportunidad de elegir. Si parte de una situación de auténtico aislamiento, usted ha de ir adonde sea y con quien sea. Una vez se haya creado cierto tipo de círculo social, podrá examinar las alternativas que se le ofrecen. ¿Le gustaría llegar a intimar con Jane, o conservarla como simple conocida? ¿Le gustaría salir con el Hombre A o con el Hombre B, en una noche determinada? Ya no se trata aquí de lo que debe hacerse para crearse un círculo social, sino de lo que *preferiría* hacer para mejorarlo. Ahora está en situación de elegir.

(5) *A medida que se desarrolle su círculo social, déjese*

guiar por sus sentimientos espontáneos. Todos reaccionamos con un: «Me gusta él... ella... ellos», «Me gustaría verle... verla... verlos». No permita que los pensamientos interfieran con sus sentimientos. Hay personas que se preguntan: «¿Seré una neurótica porque me gusta este hombre?... ¿Pensará la señora Jones que soy un fresco si hago el primer movimiento?». Acepte sus sentimientos espontáneos y haga algo al respecto. Incluso esta frase tan franca de: «Me gustas. Me encantaría verte de nuevo» puede resultar adecuada, siempre que usted reconozca que la otra persona es libre de decir que no.

Usted puede adiestrarse con el fin de comunicarse en un nivel de intimidad creciente. Como siempre, recomiendo el amplio uso de la conversación emocional, y también en la mayor manifestación de su propio yo.

EJERCICIO DE LABORATORIO EN AUTORREVELACIÓN

Propósito: Ayudarle a contar historias de carácter muy personal.

Primer paso: Tome una experiencia emocional importante de cada década de su vida y dígala en voz alta, a solas o con un magnetófono. Las historias pueden ser alegres o tristes, o bien un suceso trivial pero que tuviera un tremendo significado emocional para usted (como escaparse de casa a los seis años). Dedíquese a trabajarlas, de una en una.

Segundo paso: Ahora refiera cada historia a alguien con quien trate de llegar a una mayor intimidad... cónyuge, amigo íntimo o un conocido al que quiera convertir en su amigo.

Tercer paso: Cuente el trauma más importante que haya sufrido.

El hecho de referir estas historias le pone a usted en el camino hacia la intimidad, e invita a los otros a compartir también con usted sus propias experiencias significativas. De este modo, la relación se intensifica y usted llega a actuar con mayor espontaneidad.

(6) *Tenga en cuenta que, a medida que vaya desarrollándose la intimidad, se modificarán las reglas para formar un círculo social.* Por el hecho de conocer mejor al otro, la conducta será más flexible. La cuestión ya no es *si*, sino *cómo* compartir los sentimientos con mayor franqueza. Debe aprender a discutir con claridad para que no haya malentendidos y estar dispuesto a luchar por asuntos personales. De este modo compartirá más, ya que sabrá con mayor certeza qué debe compartir. Y hay reglas que cobran una nueva importancia, por ejemplo la necesidad de defenderse ante los desaires porque, si no lo hace, los desaires se harán habituales.

(7) *A medida que la relación se haga más personal, tal vez predomine su temor a la franqueza.* Usted sabe lo que quiere hacer, y dónde quiere ir, pero tiene miedo de encaminarse en esa dirección. Por eso se inhibe a sí mismo e impide que la intimidad se desarrolle.

¿Qué hacer con respecto a esos temores?

Concentrarse en los actos. Haga lo que quiera hacer, o diga lo que desea decir, y no dé tanta importancia a esos sentimientos de temor que genera el acto. Utilice la motivación oculta o el ensayo de conducta. Luego, póngalo en práctica en la vida real. El temor anticipativo puede ser mucho peor que lo que suceda en realidad.

CASO

Yo tenía un paciente de casi treinta años que era contable. Durante sus años de adolescencia, Pete había sido declarado convicto del robo de un coche y enviado a un hogar para delincuentes. Esto había supuesto una vergüenza insoportable para su familia de clase media, y Pete vivía aterrorizado por la posibilidad de que alguien descubriera su pasado. Cuando la conversación versaba sobre el crimen, la delincuencia o la ética en las situaciones sociales, Pete se sentía incómodo y pensaba: «Si ellos supieran... Ya no querrían tener nada que ver conmigo».

Durante el tratamiento discurrimos de qué modo podía Pete referir a los demás su pasado. «Es bien sabido que los críos se meten en toda clase de líos. En una ocasión, yo mismo hice algo de lo que estoy muy arrepentido.» Tras esta introducción, Pete refería lo sucedido hacía años. En general todos lo aceptaron y siguieron siendo sus amigos. Pete ya no volvió a sufrir por creer que tenía algo que ocultar.

(8) *Comprenda que, al ir creándose un círculo social, no tiene por qué apreciar a todo el mundo.* Habrá personas, en áreas periféricas de su vida, a las que simplemente puede rechazar. Otras le serán impuestas por su ámbito social (parientes políticos, compañeros del ejército de su marido) y puede aceptarlas, pero no tiene por qué darles demasiada importancia.

En ocasiones, al estudiar la situación desde un punto de vista distinto, y actuar de modo distinto también, incluso es posible crear una relación íntima donde antes no existía. Esto es lo que hizo Frank Cousins con su madre. Una vez al año, la señora Cousins visitaba a Frank y a su esposa en Nueva York. Él odiaba estas visitas, según me dijo: «Mi madre sigue tratándome como si todavía tuviera yo seis años. Me critica, y critica mi modo de educar a mis hijos, y a la esposa que yo elegí. Va pasando los dedos por los muebles en busca de polvo. Tiene la obsesión del polvo. La odio».

Frank y yo interpretamos escenas de diversas situaciones que podían surgir durante la visita siguiente de su madre, en Pascua, aunque él insistía en que nada se podía hacer ante su actitud de crítica constante. Le enseñé algunas técnicas para responder a sus desaires, por ejemplo, si se quejaba del polvo, decirle: «Sí, hay polvo bajo el piano, pero, mamá, ¡qué roja se te ha puesto la cara! ¿Qué te dijo el doctor Jones acerca de la tensión?». Pero no me detuve demasiado en esto. Le dije que descubriera más detalles de la vida de su madre, y que compartiera con ella sus propios sentimientos de felicidad con su esposa e hijos.

Vino la madre para su visita anual de cuatro días. Esta vez Frank inició la comunicación en el área que más le preocupaba a ella: su tensión. A continuación pasó a hablar de las cosas de las que ella disfrutaba —sus trabajos en la comunidad— y más tarde sacó a relucir sus propias experiencias felices. Durante todo el tiempo, trató de disculpar las limitaciones de su madre y conversó sobre temas de los que ella podía hablar y, por primera vez, se comunicaron.

Frank me participó el éxito con un: «¡Ésta fue la mejor visita! Fui realmente capaz de hablar con ella y creo que ya somos amigos. Y ¿sabe que *jamás mencionó la palabra "polvo"*?».

5

La relación íntima

A los veintinueve años, Susan tenía un historial de aislamiento emocional completo. Como su padre bebía y su madre no cesaba nunca de chillar, ni siquiera de niña solía llevar a sus amigas a casa. («Si descubren cómo son mis padres me despreciarán y me rechazarán; por tanto tengo que ocultar la situación.») De modo que se acostumbró a ocultarlo todo acerca de sí misma, temiendo la verdad. En su adolescencia, a una edad en que la mayoría aprenden a compartir los sentimientos, Susan se permitía muy pocas veces esa experiencia. Luego empezó a enamorarse del tipo de hombre con el que sería imposible cualquier relación íntima, por ejemplo un sacerdote católico. Al fin se casó Susan pero, incluso en la intimidad de su matrimonio, experimentaba la necesidad de disimular sus pensamientos y sentimientos auténticos. Desesperada, acudió a mí.

Con algunas variaciones existen millones de seres como Susan, en versiones masculinas y femeninas, a todo lo ancho y largo de la tierra. Muchos maridos y esposas no llegan a disfrutar de la intimidad en el matrimonio porque se esconden tras el telón de acero de su fachada exterior, sin descubrir su verdadero yo. Y de un modo a veces obvio, en ocasiones sutil, dificultan con ello que el cónyuge sea franco, ya que les trastorna que éste hable con sinceridad, y combaten su franqueza con insinuaciones, con pullas o, simplemente, encerrándose en su concha. Esto inicia una espiral conjunta de falsedad creciente.

A menudo, como en el caso de Susan, no se manifiestan tal como son porque jamás aprendieron a hacerlo.

Estas mismas personas son con frecuencia capaces de crearse un círculo social de tipo impersonal que les aporte compañía, estímulos e intereses compartidos. Sin embargo, el objetivo del círculo social *es* la relación íntima.

Existen muchos tipos de relaciones íntimas. Usted puede tener intimidad con un hijo, con sus padres, parientes políticos, amigos... pero la relación marital presenta unas características que la diferencian de todas las demás. La amistad se ha definido como «la intimidad compartida», mientras que el matrimonio es «la participación en la intimidad». La amistad es algo intensivo; el matrimonio es extensivo. Se trata de una relación entre dos adultos, en la que, además del sexo, hay un compromiso que se supone permanente, el hecho de que ambos están construyendo una vida juntos y que lo que afecta al uno afecta al otro. Sin embargo, el índice creciente de divorcios demuestra que cada vez hay menos matrimonios capaces de conseguir o mantener esa «participación en la intimidad».

En la relación íntima ideal, usted establece una comunión con otro ser humano, en la cual el sentimiento viene primero y en la que no se puede separar el dar y el tomar. En la relación íntima óptima, el otro es como parte de usted mismo. Al satisfacer las necesidades de esa otra persona como si fueran suyas, usted satisface sus propias necesidades. Sin embargo, continúa siendo usted mismo, como individuo. De este modo, tanto el marido como la mujer pueden llegar a disfrutar de experiencias más profundas y ricas, y en esa fusión la individualidad de cada uno se hace más fuerte.

El amor puede producir el deseo de intimidad, o puede surgir de una experiencia de intimidad. Pero el deseo de intimidad, acentuado por el amor, no significa necesariamente la consecución de una relación íntima.

En las situaciones amorosas, en la elección de marido, esposa, amante, en el modo de relacionarse con el otro, los individuos suelen con frecuencia tratar de ver cumplidas todas sus esperanzas, satisfacer necesidades infantiles que nunca han resuelto, o repetir compulsivamente situaciones conflictivas en su empeño inconsciente por dominarlas.

El moderno enfoque de la terapia de conducta afirma que la gente consigue la intimidad *porque ha aprendido a conseguir la intimidad*. El Aprendizaje Asertivo ofrece el medio de que los pacientes aprendan ese arte necesario, con el resultado de que, al ir acercándose más y más a la intimidad, surgirán los sentimientos amorosos.

En el tratamiento de los problemas maritales, el AA destaca un enfoque activo a la consecución de la intimidad. El terapeuta:

(1) *Empieza por ayudar a cada cónyuge a identificar las conductas específicas que necesitan modificarse para mejorar el matrimonio.*

(2) *Ayuda a cada uno a cambiar sistemáticamente las conductas que desean modificar, y a adquirir las que desean adquirir.*

(3) *Les enseña a ambos que el cambio en uno de ellos*

es la precondición necesaria para el cambio en el otro. Es importante que los cónyuges comprendan que probablemente están manteniendo las conductas destructoras a las que se oponen mediante la motivación constante. Al dar, o suprimir, motivaciones para las conductas específicas, cada cónyuge ejerce el control sobre el otro. El AA enseña que, en vez de decir: «Mi cónyuge debería ser distinto», usted ha de aprender a preguntarse: «¿Qué estoy haciendo yo para motivar la misma conducta que deseo evitar?».

(4) *Ayuda a cada uno de ellos a desarrollar canales de comunicación, ya sea oral o no.* Sin una buena comunicación, se desarrollará la incomprensión sobre los estilos de vida, hábitos, decisiones y sentimientos.

(5) *Les ayuda a ambos a fijarse objetivos alcanzables a corto plazo.* Esto da una impresión de avance y de logro. Es más sencillo trabajar sobre la «comunicación de los sentimientos» que sobre la tarea vaga de «mejorar nuestro matrimonio». En el AA la pareja aprende muy pronto que incluso los cambios más triviales empiezan a cambiar la relación. El enfoque activo se ve animado tanto en la sesión del tratamiento como en la realización de los ejercicios que utilizan gran variedad de técnicas del AA, desde la conversación emocional al ensayo de conducta.

Como hacen algunos de mis pacientes, seguro que algunos lectores argüirán: «Pero ¿no será eso algo prefabricado en exceso? Todo debería ser espontáneo». Sin embargo, como sabían los antiguos griegos y como han comprendido siempre todos los artistas, la verdadera espontaneidad deriva de la autodisciplina y del dominio del arte. Si usted nunca ha estudiado a fondo los problemas de dos adultos en la relación íntima del matrimonio, jamás ha dominado el arte. Aprenda el arte, y ya se desarrollará la espontaneidad.

UN PLAN DE CONDUCTA PARA QUE SU MATRIMONIO FUNCIONE MEJOR

Tanto usted como su cónyuge deben aprender el hábito de prestar atención a las conductas que desee ver aumentadas en el otro. Hay parejas que no entienden que una conducta tiene tres consecuencias posibles, las cuales la incrementarán o mantendrán.

(1) *Usted hace algo y la consecuencia es agradable o deseada.* Por ejemplo, un marido lleva flores a la esposa y ella le da las gracias con un beso. A eso lo llamamos *motivación positiva.*

(2) *Usted hace algo y, como consecuencia, se detiene una circunstancia desagradable.* Por ejemplo: una esposa fastidia constantemente a su marido, que entonces le grita. Como resultado, ella deja de importunarle, pero, la siguiente vez que lo haga, es muy probable que el marido chille de nuevo. A eso lo llamamos *huida de la aversión.*

(3) *Usted teme que algo pueda suceder y, como consecuencia de sus actos, no sucede.* Por ejemplo, un marido trabaja hasta muy tarde en la oficina. Temiendo el enojo de su esposa, cólera incluso, le compra un ramo de rosas. Como resultado, ella no se enfurece. La próxima vez que trabaje hasta tarde probablemente le comprará flores de nuevo. A eso lo llamamos *evitar la aversión.*

Esos dos métodos de huida y evitar la aversión pueden llevar a ciertos tipos de conductas aparentemente deseables... por ejemplo, o decir algo agradable. Empero, ambos adolecen de una debilidad básica. Mediante la utilización de cualquiera de ellos, la idea fundamental del matrimonio empieza a ser el evitar cosas desagradables en vez de la búsqueda del placer mutuo y de la satisfacción del otro.

Al establecer las conductas substitutivas, usted debe conocer bien las cosas que hace su cónyuge y que le satisfacen, aquellas que no le gustan y también las conductas de usted mismo que su cónyuge desearía ver modificadas. Concentrarse en aquello que *le gusta,* más que en lo que *no le gusta,* cambiará el tono de su matrimonio.

EJERCICIO DE LABORATORIO EN CONDUCTA MARITAL

Propósito: Elegir las conductas específicas que conviene modificar.

Primer paso: Evaluar las conductas en el matrimonio rellenando el cuadro siguiente tomado de *Marital Pre-Counseling Inventory* (Inventario de asesoramiento pre-marital), de Richard B. y Freida Stuart. Deben hacerlo marido y mujer, y escribir las respuestas en sus cuadernos del AA.

A. Por favor escriba diez cosas que hace su cónyuge y que a usted le agradan:

1. ______________________________
2. ______________________________
3. ______________________________
4. ______________________________
5. ______________________________
6. ______________________________
7. ______________________________
8. ______________________________
9. ______________________________
10. ______________________________

B. Por favor, escriba tres cosas que le gustaría que su cónyuge hiciera *más a menudo.* Al contestar a esta pregunta y la siguiente, sea *positivo y específico*. Por ejemplo, escriba: «Que me pregunte durante la cena cómo pasé el

1.	Fue hecha	Usted lo considera:
....	veces en los últimos siete días.	...muy importante.
....		...importante.
		...apenas importante.
2.	Fue hecha	Usted lo considera:
....	veces en los últimos siete días.	...muy importante.
....		...importante.
		...apenas importante.
3.	Fue hecha	Usted lo considera:
....	veces en los últimos siete días.	...muy importante.
....		...importante.
		...apenas importante.

día» (positivo y específico) en vez de decir: «Preocuparse menos por sí mismo todo el tiempo que estamos juntos» (negativo y vago).

1.	Lo hice...	Mi cónyuge me pidió que lo hiciera .... veces en los últimos siete días.
....	veces en los últimos siete días.	
....		
2.	Lo hice...	Mi cónyuge me pidió que lo hiciera .... veces en los últimos siete días.
....	veces en los últimos siete días.	
....		
3.	Lo hice...	Mi cónyuge me pidió que lo hiciera .... veces en los últimos siete días.
....	veces en los últimos siete días.	
....		

¿Con qué frecuencia hizo él o ella cada una de estas cosas en los últimos siete días?

¿Cuán importante es para usted cada una de estas cosas?

C. Por favor, escriba tres cosas que a su cónyuge le gustaría que usted hiciera *más a menudo;* insisto de nuevo en que sea positivo y específico.

¿Con qué frecuencia lo ha hecho usted en los últimos siete días?

Segundo paso: Al expresar aquellas cosas que le gustaría que su cónyuge hiciera *más a menudo,* asegúrese de que se muestra específico. La lista de una esposa podría incluir: «Decirme lo que te gusta de mi modo de guisar» (y no: «Dejar de decirme lo que no te gusta de mis guisos»). «Decírmelo cuando te gusta el traje que llevo.» La lista del marido podría incluir: «Mostrarse encantadora conmigo cuando vuelvo a casa exhausto», «Felicitarme cuando hago arreglitos por la casa, aun cuando los haya hecho mal».

Tercer paso: La esposa le entrega una copia de su lista al marido y le explica lo que quiere decir con cada apartado. El marido le entrega también una copia de su lista y se la explica a fondo. Las peticiones deben ser algo que se pueda esperar razonablemente del cónyuge, no cosas en las que el otro se muestre firmemente en contra. Si hay un desacuerdo, discútase ampliamente. Si el cónyuge se opone con firmeza a una conducta específica, substitúyasela por otra más aceptable.

Cuarto paso: Guarde una copia de la lista entregada al cónyuge. Cada vez que él (o ella) realice una de esas conductas deseadas, ponga una señal junto a ese apartado de la lista. O bien utilice un gráfico. De ese modo puede llevar la cuenta de las veces que el cónyuge realiza la conducta deseada.

Quinto paso: En un momento fijado de antemano (por ejemplo, cada noche antes de cenar o de acostarse), deben comunicarse las cuentas, hablando de cada episodio y de lo que ambos sintieron al respecto. Así se ayudan mutuamente a formar las conductas.

He aquí un diálogo esquemático de unos esposos en la vida real, que hablan sobre la cuenta que ha llevado ella de los contactos afectuosos, conducta que deseaba que su marido incrementara.

Marido: «¡Eh! No has contado la vez que estabas junto a la puerta principal y te oprimí el brazo afectuosamente».

Esposa: «No, me pareció algo demasiado mecánico, no un gesto de afecto. Parecías tener mucha prisa».

Marido: «¿Y aquella otra vez en la despensa? ¿Y cuando te apreté la mano al bajar del coche? Realmente, yo me sentía muy afectuoso. ¿No lo viste tú así?».

Esposa: «¿Sabes que tienes razón? La verdad es que no le presté mucha atención. Primero digo que quiero una cosa y, cuando lo haces, ni me doy cuenta. ¡Estaré más atenta en el futuro!».

Al obrar de este modo, ambos no sólo aprenden a dar gusto al otro, sino que advierten mejor los esfuerzos del marido —o la esposa— por complacerles.

Los contratos hacen que se cumplan las buenas intenciones. Con ello se evita la situación en la que un cónyuge afirma: «Yo sí que cumplo mi parte, pero ella (o él) no me da nada a cambio. Yo llevo toda la carga. No es justo». Aunque pueda parecer una forma demasiado fría y comercial para utilizarla en una relación íntima, en realidad el contrato incrementa el cariño y la franqueza.

Las reglas para redactar un contrato marital, encaminado a producir un cambio de conducta, son las siguientes:

El contrato involucra a los dos. Cada uno tiene su parte de responsabilidad y cada uno recibe la recompensa que desea al cumplir dicha responsabilidad. Tanto la responsabilidad como el premio van dirigidos a, y son recibidos por, cada uno de los cónyuges. Ambos reciben lo que desean del otro, en vez de practicar ese tipo de motivación que definimos como huida o evitar la aversión.

El contrato debe ser aceptable para ambas partes. Cada uno ha de estar dispuesto a aceptar la responsabilidad específica a cambio del premio específico.

Al negociar el contrato ninguno tiene «derechos». Cualquier cosa puede ser tema de negociación. De este modo se facilita el cambio, en vez de estancarse en una desavenencia irreconciliable.

Las conductas involucradas en el contrato son específicas, positivas, observables y contables. No se utilizan frases como «mejorar el matrimonio». Se utilizan conductas deseadas como «número de veces que él me dijo cosas agradables» o «cuánto tiempo pasa ella conmigo durante los fines de semana». Claro que no siempre es posible mencionar conductas contables, pero hay que tratar de hallarlas. Porque deben evitarse las conductas inobservables, tales como pensamienos o sentimientos. El cambio en éstas seguirá al cambio en las acciones observables. A medida que uno de los cónyuges aumente el número de veces de su comunicación de sentimientos (algo observable), ambos empezarán a sentirse más íntimamente unidos. Hay que recalcar las conductas que se desea incrementarse más bien que las que se quiere erradicar.

El contrato se debe escribir con todo detalle, de modo que queden bien claras las responsabilidades y premios de cada uno. Eso evita la confusión sobre el acuerdo original en una fecha posterior. Y debe guardarse en un lugar al que ambos tengan fácil acceso. Cuando sea posible, anótense los resultados de las conductas mediante puntos, gráficos o señales.

Cada cónyuge debe puntuar la conducta del otro.

Debe fijarse por anticipado el momento para decidir sobre la ampliación o negociación del contrato.

CASO

El matrimonio de Mary y Bob era uno de esos en lo que casi todo parece ir mal y apenas nada bien. Cuando me consultaron por primera vez, ambos estaban tan obsesionados con los «errores» que casi resultaba imposible elegir áreas específicas para iniciar el cambio. Sin embargo, en nuestras conversaciones siempre surgía un tema: Mary estaba convencida de que aquel hogar en el que vivían no era suyo. Y Bob creía lo mismo.

La acusación de Mary: «Siento un gran cariño por mi madre y deseo invitarla a cenar los domingos. Pero siempre que lo hago, Bob se va de casa, o bien actúa de un modo tan desagradable que todos estamos violentos. Así que no la invito. Entonces, ¿cómo considerar que ésta es mi casa, si ni siquiera puedo invitar a cenar a mi propia madre?».

La acusación de Bob: «Mary es tan desastrada que vivo en un estado constante de incomodidad e inconvenientes. No puedo ducharme sin retirar antes un montón de sus prendas interiores de la barra de la cortina. Con frecuencia, ni siquiera encuentro una silla en la que sentarme... todas están llenas de sus libros, papeles o paquetes. ¿Cómo creer que ésta es mi casa, si Mary no tiene la menor consideración por mis necesidades o mi comodidad?».

Entre todas estas quejas elegimos ciertas conductas deseadas. Bob quería más orden en su esposa. Mary deseaba la visita de su madre y que, cuando ésta viniera, Bob se comportara de modo «civilizado». Nos basamos, pues, en estas conductas para el contrato inicial.

Responsabilidades y premios de Mary. Tenía que ser más aseada... según las normas de Bob. Dividimos esta tarea del aseo en cuatro conductas específicas: (1) el lavabo debía estar totalmente libre de huellas de maquillaje; (2) debía tender sus prendas personales en el tendedero, y no en el cuarto de baño; (3) los libros, papeles o paquetes debían colocarse ordenadamente sobre la mesa de la salita, o guardarlos en su escritorio... y en ninguna otra parte; (4) toda la ropa debía estar metida en armarios o cajones... fuera de la vista de Bob.

Cada día que Mary realizara estas conductas a satisfacción de su marido, se ganaría un punto por cada conducta. Por lo tanto, podía obtener 4 puntos al día, o sea un máximo de 28 puntos a la semana. No se le permitiría discutir la puntuación de Bob, pero sí pedirle que le explicara de qué modo y *por qué* podía ganar más puntos. Por mucho que le costara, en cuanto hubiese obtenido 60 puntos sería libre de invitar a cenar a su madre, y Bob se portaría con el mismo agrado que si ésta fuera un invitado suyo.

Responsabilidades y premios de Bob. Naturalmente, su premio sería el aseo de Mary. Su responsabilidad: actuar de modo civilizado cuando la suegra les visitara. Si no lo hacía —según el juicio de Mary— ésta recibiría 10 puntos adicionales, y así apresuraría la siguiente invitación a su madre. Hallamos algo difícil el definir de modo específico esa conducta «civilizada», lo que nos llevó a una charla sincera entre Bob y Mary de cómo debía portarse él para darle gusto durante la visita de la madre.

Durante las dos primeras semanas del contrato, Mary obtuvo únicamente 15 puntos. Esto le hizo comprender lo muy desconsiderada que había sido con la comodidad de su marido. Por primera vez en muchos años, empezó a prestar atención a las necesidades de Bob en la casa, y se lanzó a realizar otras cosas que no cubría el contrato (como ponerse una linda *negligée* para el desayuno, en vez de un batín viejo y roto).

A medida que Mary empezó a acumular puntos, con lo que se aproximaba la visita de la madre, Bob se sintió cada vez más preocupado por su propia conducta «civilizada». Empezó a hablar con su esposa del modo ofensivo con el que actuara en el pasado —no sólo con la familia, sino incluso con las amistades de Mary— y de todo aquello que ahora podía hacer para darle gusto. Estas conversaciones se convirtieron espontáneamente en manifestaciones de sus sentimientos acerca de las respectivas familias, y luego de sus sentimientos mutuos. Sus relaciones maritales ganaron pronto en franqueza y en afecto.

Mary y Bob mantuvieron este contrato en funcionamiento durante tres cenas dominicales y luego pasaron a otros contratos. Sin embargo, para este momento el «contrato de aseo» mecánico e impersonal había llevado a una comunicación mejor, a la impresión creciente en ambos de «éste es mi hogar», y al sentimiento optimista de que habían alcanzado un punto crucial en su matrimonio.

Los contratos matrimoniales no siempre tienen que referirse a algo tan comparativamente sencillo como las cenas dominicales con una suegra. Richard B. Stuart, antes catedrático de obras sociales en la Universidad de Michigan, y hoy catedrático del Departamento de Psiquiatría de la Universidad de Columbia Británica, utilizó el sistema de contrato con premios con cuatro parejas que hacían un último y desesperado esfuerzo por salvar su matrimonio. En cada caso, la esposa expresó como su primer deseo que el marido hablara más con ella. Y todos los maridos deseaban más afecto físico.

El doctor Stuart estableció un intercambio de conversación por sexo. Cada vez que el marido hablara de modo que la esposa hallara satisfactorio, él recibiría un punto. Luego cambiaría esos puntos por afecto físico, o sexo, «pagando» 3 por un beso y caricias ligeras, 5 por caricias más intensas, y 15 por el acto sexual. Mecánico, sí. Pero los índices de conversación y sexo aumentaron notablemente tras iniciarse el tratamiento, y continuaron durante períodos de veinticuatro y cuarenta y ocho semanas seguidas. En todos los casos se evitó el divorcio.

Aprenda a comunicarse. Llevar una «máscara en público» tal vez resulte efectivo en ciertos trabajos o situaciones sociales sin complicaciones —como un cóctel— pero no sirve de nada en la relación íntima. Si usted adopta una máscara, ya no podrá comunicarse íntimamente.

La buena comunicación es la base de un matrimonio de éxito. Si usted no expresa sus sentimientos abiertamente, disminuye su participación en la intimidad. Surgen malentendidos. Cuando las cosas van mal, la buena comunicación es un factor de corrección. Sin ella, incluso un detalle irritante se convierte en un problema gigantesco. La insatisfacción se desarrolla más y más, lo que puede dar como resultado efectos destructivos. Al fin, la falta de sinceridad convierte en extraños a dos personas que un día se prometieron ante el altar «amarse, honrarse y cuidarse» hasta la muerte. La relación no sigue un desarrollo normal. Y a la pareja no le queda más que una alternativa: un matrimonio fallido, o el divorcio.

He aquí algunas advertencias sobre la comunicación que tal vez le libren de verse enfrentado a esa alternativa.

Hable con franqueza de las cosas triviales, porque la mayoría de los problemas maritales se refieren a asuntos triviales.

De este modo usted (1) impide que se convierta en costumbre algo que, en el futuro, puede ser un problema importante; (2) empieza a fijar un esquema general de franqueza en el matrimonio; (3) resuelve la dificultad a satisfacción —o insatisfacción— de ambos. Por ejemplo:

Esposa número uno: A Ruth le disgustaba la hermana de su marido. Se resentía especialmente del hecho de que ella y su marido salieran con «esa chica» y el marido de ésta todos los viernes por la noche y «...encima he de fingir que me divierto». Al fin estalló un día: «¡Estoy harta de esta salidita de los cuatro todos los viernes! No me gusta tu hermana, ni me ha gustado nunca». Mark le devolvió el golpe con una acusación: «Cuando estamos en tu casa, te pasas el tiempo hablando con tu hermana, y no me haces ni caso». Se pelearon, pero el ambiente se aclaró. Ahora Ruth sí habla con Mark cuando visitan a la familia de ella, y la salidita conjunta de los viernes se ha reducido a una vez al mes. Ruth dice: «Yo intentaba contentarle, por lo que disimulaba mis sentimientos, lo que me hacía desgraciada. Desde que hablé con él sobre su hermana con toda sinceridad, nuestro matrimonio va mucho mejor».

Esposa número dos: Como muchas esposas de profesionales y ejecutivos, Louise se sentía sola y preocupada porque el nuevo empleo de su marido le mantenía en su puesto desde las 9 de la mañana a las 11 de la noche. Cuando al fin descubrió que esto le había originado una úlcera, decidió hablar claro con Mike acerca de lo desdichada que se sentía... y ambos acordaron un compromiso. Mike contestó al relato de sus desdichas con un: «Mira, éste es mi trabajo. Si tengo un trabajo de los de 9 a 5, entonces sólo obtendré una paga de las de 9 a 5». Y luego preguntó tiernamente...: «¿Qué puedo hacer para aliviar la situación?». Entre los dos discurrieron la solución. Mike intentaría llegar a casa para las 9 de la noche, la llamaría una hora antes de salir de la oficina —para que a Louise no se le estropeara el asado— y nunca trabajaría hasta tan tarde los viernes por la noche. De lunes a jueves, Louise trataría de hallar algo que hacer en esas tardes. En ambos casos, la franqueza impidió que una situación molesta se convirtiera en un caos.

Al aprender a comunicarse, siga esta directriz: *No se trata de si debe hablar, sino de cómo y cuándo.* No es agresivo el defender los derechos de uno. Es asertivo. Usted tiene que discurrir el medio de decirle algo a su cónyuge de un modo que aumente la comunicación, no de modo ofensivo. Por ejemplo, su marido adora a su madre, pero ésta ha hecho algo que a usted la ha molestado mucho. He aquí una técnica. Usted dice: «Tenemos un problema. Tu madre me ha hecho esto y lo otro, y me ha dolido mucho». De ese modo no ataca a su madre; se limita a presentar la situación como un problema mutuo y —por supuesto— en un momento en que su marido se siente sereno y relajado, no exhausto.

EJERCICIO DE LABORATORIO SOBRE LA COMUNICACIÓN

Propósito: Promover la intimidad, no el distanciamiento, mediante la comunicación adecuada.

Primer paso: Escriba lo que quiere decir. Repáselo y mejore el «cómo». Asegúrese de que habla de lo que desea hablar.

Segundo paso: Léalo ante una grabadora y escuche luego la cinta. Haga cualquier modificación que juzgue necesaria en el «guión». Compruebe la comunicación emocional y el tono de voz. Repítalo una y otra vez hasta que le parezca correcto.

Tercer paso: Fije por adelantado el momento específico de soltar el discurso. Elija la hora con toda prudencia. Si es usted una esposa, no busque el momento en que él está enfrascado en una partida de naipes. Si es un marido, no empiece a hablar antes de la cena, cuando ella está ocupada en la cocina. Naturalmente, puede surgir algo inesperado que aconseje el dejar para más adelante la conversación, pero esto ocurre pocas veces. Si descubre que siempre surge algo inesperado, y que usted siempre está difiriendo la confrontación, dígase a sí mismo que hay en usted demasiada tensión. Siga practicando, o pruebe el cuarto paso.

Cuarto paso: Esa tensión que le paraliza puede deberse a la anticipación de la respuesta de su cónyuge. En este caso:

— Haga una lista de diversas respuestas posibles.
— Lea cada respuesta ante la grabadora, dejando un espacio de dos minutos entre ellas.

— Escuche la primera respuesta posible. Detenga la máquina e imagine qué diría usted. Luego dígalo en voz alta y pase a la siguiente hasta haberlas oído y contestado todas.

— Empiece la cinta por el principio, escuche su reacción a la primera respuesta y detenga la máquina. Piense si podría mejorarla. ¿Ha dicho lo que realmente deseaba decir? ¿Cómo puede expresarlo mejor? ¿Comunica el tono de su voz las emociones más adecuadas?

— Imagínese a sí mismo haciéndolo, del modo más vívido posible. Luego vuelva a pasar la cinta y escuche de nuevo la respuesta posible del otro. Esta vez grabe su propia respuesta en la cinta.

— Si todavía se siente insatisfecho ante cualquiera de las respuestas, repáselas por tercera vez.

— Ahora fije un momento dado para lanzar su discurso y... ¡a por ello!

Quinto paso: Si todavía no es capaz de decirle a su cónyuge lo que desea, tal vez deba recurrir a otros métodos. Puede decir tan sólo: «Mira, hay algo importante de lo que creo que debería hablarte, pero soy incapaz de hacerlo abiertamente. Así que lo he escrito (o lo he grabado). Quiero que lo leas (o que lo escuches) y luego te agradecería que habláramos de ello».

Esto suena muy mecánico. Lo es, pero también es un método científicamente demostrado para aprender a comunicarse.

Asegúrese de que el otro comprenda su mensaje. Porque a veces usted cree estar comunicando una cosa... y el cónyuge está recibiendo otro mensaje.

CASO

Tom, de treinta y cuatro años, y Wendy, de treinta, casados hacía seis años y padres de un hijo de cuatro, acudieron a mí por problemas sexuales. En realidad sólo se trataba de la comunicación.

Su problema sexual seguía siempre el mismo esquema. De modo bastante impersonal, Tom iniciaba el avance sexual. Al advertir falta de afecto y de auténtico amor, Wendy se resentía y se retiraba emocionalmente de la situación, aun cuando continuara la conducta sexual. Tom respondía a esta retirada con sensación de frustración e insatisfacción. A menudo expresaba su cólera durante el coito. Con ello Wendy se enojaba y se distanciaba todavía más. Muy poco antes de venir a verme, y rabioso por el deterioro en las relaciones sexuales en su matrimonio, Tom había iniciado un asuntillo con su secretaria. Durante seis semanas, se trasladó al departamento de ésta antes de decidirse a «volver a casa y darle otra oportunidad a mi matrimonio».

Después de la evaluación adecuada, les presenté un plan de trabajo que destacaba la comunicación y la aserción. Cuando les pedí que sacaran a relucir un problema específico, Wendy refirió un incidente que sucedió varias semanas antes de aquella separación de un mes y medio.

He aquí la versión de Wendy: «Durante varias noches seguidas, Tom cenó a toda prisa y me dijo que tenía que volver al trabajo. Ni siquiera durante la cena se interesaba por lo que yo tuviera que decirle, e ignoraba totalmente mis objeciones a que trabajara hasta tan tarde por las noches.

El resentimiento iba creciendo en mí. Una noche Tom regresó a casa después de medianoche, me despertó y, sin decir una palabra, empezó a hacer el amor. Yo me sentí extremadamente hostil. Y encima, cuando terminamos, me chilló de modo desagradable».

La versión de Tom: «Me había visto involucrado en un proyecto muy importante, cuestión de vida o muerte para mi firma. Se aproximaba la fecha de entrega y yo tenía que trabajar intensamente. Estaba sometido a una gran tensión. Necesitaba consuelo y apoyo por parte de Wendy. Y sólo hallaba frialdad en ella. La noche en cuestión, volví a casa exhausto y desanimado. Mis avances no obedecían esta vez a razones sexuales... deseaba un contacto tierno. Pero Wendy se mostró más distante que nunca, justo en el momento en que más la necesitaba. Eso hizo que me pusiera furioso, y perdí el control».

Cuando le pregunté por qué no se lo había explicado claramente a su mujer, me contestó: «Ella debía haberlo sabido». Cuando le pregunté a Wendy por qué no le había preguntado si algo le iba mal, declaró: «Ni siquiera se me ocurrió».

Ante estas revelaciones, ambos comprendieron con claridad su fallo en la comunicación. Entre los métodos que utilizamos para mejorarla figuraron los ejercicios de conversación emocional (descritos en el Capítulo III) que resultaron especialmente positivos con relación al sexo. Las declaraciones de Tom y Wendy acerca de lo que les gustaba o no en su relación sexual produjeron un incremento en el placer sexual. También utilizamos el cambio de papeles. Cuando uno de los dos advertía que su mensaje no era claramente captado decía: «Cambio». En ese punto, Wendy interpretaba el papel de Tom, y éste el de Wendy. Cada uno intentaba expresar el mensaje que, en su opinión, le había enviado el otro. Entonces se corregían mutuamente. De ese modo cortaron en seco los malentendidos y se adiestraron en la comprensión mutua.

Con el tiempo necesitaron cada vez menos los ejercicios, pero los utilizaban en cuanto surgía alguna dificultad en particular. El tratamiento oficial del AA duró cuatro meses y, al final del año siguiente, Tom y Wendy me informaron: «¡Crece la intimidad, y el sexo es mejor que nunca!».

Recuerde, la comunicación no necesita ser verbal.

Discurra planes específicos que digan las cosas sin necesidad de palabras, como una cena íntima, una noticia cariñosa, un regalito considerado. Esto es hablar sin palabras. La mejor comunicación combina actos y palabras. Abrácela, sí, pero dígale también que la quiere. Bésele, sí, pero dígale también que le ama. A la gente le gusta oír cosas, además de experimentarlas.

Aprenda a pelear, pero pelee limpiamente.

En su libro *The Intimate Enemy* (El enemigo íntimo), los autores George R. Bach, fundador y director del Instituto de Psicoterapia de Grupo en Beverly Hills, California, y Peter Wyden, escriben: «El conflicto verbal entre los íntimos no sólo es aceptable, especialmente entre marido y mujer, sino que resulta constructivo y altamente deseable. Los matrimonios que se pelean son los que siguen juntos... mientras sepan pelearse adecuadamente». En una relación íntima, la expresión de cólera es tan importante como la expresión de ternura. Un matrimonio que no tenga por lo menos una pelea de vez en cuando se convierte en una unión carente de intimidad.

Al aprender a pelear, tiene usted que conseguir tres cosas: comprender y lograr el objetivo de su pelea, expresar la emoción mediante la pelea, y controlar las peleas destructivas.

COMPRENDER Y LOGRAR EL OBJETIVO DE LA PELEA. Tal vez se sienta confuso sobre el objetivo de la pelea. Piensa en su cónyuge como enemigo, y, con los enemigos, uno lucha para ganar o para destruirlos. Esta actitud tal vez sea la correcta en las relaciones superficiales, en las que tropieza con antagonistas que desean acabar con usted, pero no en una relación íntima. Usted no pelea para ganar, sino para despejar el ambiente, para hallar una solución, para compartir los sentimientos y obtener una mayor comprensión mutua... con lo que ambos ganan. Para conseguirlo ha de tener en cuenta ciertas cosas:

Establezca reglas básicas. Atacar ciertas áreas sensibles sólo produce daño. Diga, pues, con toda claridad: «No saques nunca a relucir mis dificultades sexuales en una pelea», o «No me compares con mi padre. Di todo lo que quieras de mis defectos, pero trátame como un ser con personalidad propia». Cuando el cónyuge se pase del límite establecido, usted tiene derecho a gritar «Falta», y el otro debe parar. Si él cree que el límite es erróneo, discútanlo e incluso peléense por ello. Pero en la pelea han de ser capaces de luchar libremente sin temer la destrucción emocional.

La razón de la pelea ha de ser lo que usted cree que ha hecho su cónyuge... no la clase de persona que cree que es. Ese tipo de peleas en las que se lanzan diatribas como: «Eres un homosexual en potencia...», o «Estás obsesionado por tu padre» no resuelven nada. Aunque usted tenga razón, ¿qué puede hacer el otro al respecto? ¿Puede acaso resolver su complejo de Edipo en ese mismo instante, o incluso dentro de un mes? Estos errores en el modo de pelear sólo llevan a la frustración, la separación y al distanciamiento creciente. Lo cual no significa que el marido no pueda llamar «perra» a su esposa; ni que la esposa no pueda decirle al marido que es «un nene de mamá». Está bien llamarla perra si es una expresión de sus sentimientos y usted quiere decir: «y estoy loco por tí». No lo está si usted lo lanza como un ultimátum, queriendo decir: «y no lo conseguiremos a menos que cambies tu misma esencia como persona».

La pelea debe estar igualada. Hay personas que pelean mejor que otras. Verbalizan con mayor facilidad, chillan más o piensan con mayor rapidez. Como aquí no se trata de ganar sino de intimar más, las diferencias entre los cónyuges han de estabilizarse. Un medio: establecer la regla de que el más débil puede iniciar una pelea en cualquier momento, pero el más fuerte debe dar aviso por adelantado o comenzar la pelea sólo cuando el débil se sienta fuerte.

No acorrale a su cónyuge. Esta clase de victoria produce desesperación y deseos de venganza en el otro, más que intimidad.

Hable después de sus peleas, al modo en que habla de su vida sexual. ¿Ganó con justicia? ¿Creció con ella la confianza? ¿Fue la pelea abierta y franca? Diga lo que le gustó, lo que no le gustó.

APRENDA A EXPRESAR SUS EMOCIONES A TRAVÉS DE LAS PELEAS. Algunas personas nunca aprendieron a expresar cólera. A éstas les sugiero el uso deliberado de la frases de conversación emocional negativa. Porque son muy adeptos a decir con dulzura: «Me gustó lo que dijiste», cuando en realidad están pensando: «Me gustaría decirte que te fueras a la mierda por lo que acabas de decir, pero, si lo hago, nos meteremos en una pelea y eso es precisamente lo que no quiero». De este modo embotellan sus emociones. Empiece por decir: «No me gustó lo que dijiste», a ver qué sucede. Otra técnica para los que temen las peleas consiste en hacerlas un poco en broma. Tomen algo realmente trivial e interpreten la escena como si de verdad estuvieran peleando por ello. Al principio, tal vez se sientan falsos al respecto, pero, al irse soltando, actuarán con más espontaneidad y tal vez consigan verse metidos en una pelea auténtica.

APRENDA A CONTROLAR LAS PELEAS DESTRUCTIVAS. Existen muchos tipos de peleas incontroladas: esa pelea *repetida* una y otra vez y que nunca lleva a ninguna parte... esa *explosión* en la que un cónyuge estalla de pronto y que raramente se refiere a un problema entre marido y mujer... o *pelearse por lo erróneo,* cuando se habla y se habla de todo menos del problema auténtico... o esa pelea *interminable* en la que, al sacar a relucir todas las quejas posibles, no hay lugar a una comunicación concreta.

Si usted ha aprendido el hábito nocivo y esencialmente pasivo de la pelea incontrolada, ahora puede aprender un enfoque mucho más activo.

Prepárese para la pelea. Piense de antemano lo que espera ganar con ella. ¿Desea acaso que el cónyuge comprenda lo que usted siente? ¿O sólo quiere desahogarse? Si elige un objetivo como el de «humillarle, como él me humilla a mí», es mejor que se detenga, que lo evalúe y que vea si es eso lo que realmente desea. Le servirán de ayuda estas preguntas clave:

¿Debo pelear realmente por esto o no?

¿Puedo tolerar la tensión que me producirá una pelea?

¿Estoy dispuesto a ser sincero?

Deje de pelearse porque sí. Fije el momento más adecuado para la pelea. Dígale a su cónyuge de qué va a tratar. Pruebe algo semejante a esto: «Me enfurece el modo en que actuaste anoche en la fiesta, y no tengo más remedio que decírtelo. ¿Qué te parece esta noche, después de la cena?».

No elija precisamente el momento en que él se dirige a una reunión importante, o cuando ambos han bebido demasiado, pero tampoco reprima su cólera mucho más de veinticuatro horas. Este límite de tiempo impide que los sentimientos se diluyan y, cuando uno sabe que pronto discutirá lo que sea, se siente menos frustración.

No se salga del tema de la pelea. Si están discutiendo sobre el despilfarro y el cónyuge saca a relucir a «ese horrible tío Otto» o «¡vaya un modo de roncar que tienes!», usted tiene derecho a detenerle. El otro ha de demostrar que su observación sí está relacionada con el tema de la pelea... o retirarla.

Recuerde que una pelea no tiene por qué llegar a una resolución definitiva. Es parte del intercambio continuo de sentimientos y de la comprensión en una relación que va haciéndose más íntima. Lo mismo que hay intercambio de ternura, hay intercambio de cólera, y, de ese modo, mejora la relación.

Comuníquese para mejorar sus sentimientos sobre el hogar y tomar decisiones al respecto.

A veces usted piensa que el cónyuge no cumple con su parte. Porque usted cree que toma demasiadas decisiones, éstas han llegado a representar para usted una carga, no algo que ambos comparten. Tal vez, al contrario, se resienta de que el cónyuge es el que toma todas las decisiones. Muchos maridos creen que las esposas son las que lo deciden todo con respecto a los colegios de los niños, la vida social, a qué iglesia asistir, etc., dejándoles a ellos únicamente la decisión de cómo ganar el dinero... nunca cómo gastarlo.

La comunicación puede ayudarle a comprender el porcentaje de decisiones familiares que ahora toma, y el porcentaje que le gustaría tomar. También puede ayudarle a comprender si su percepción es exacta, qué cambios deben hacerse y qué áreas son más importantes.

EJERCICIO DE LABORATORIO EN LA TOMA DE DECISIONES

Propósito: Mejorar la toma de decisiones mediante la comunicación.

Primer paso: Trace dos líneas verticales en una página de su cuaderno del AA. Encabece las tres columnas con: ÁREA DE TOMA DE DECISIONES; PORCENTAJE ACTUAL DE CONTRIBUCIÓN A LAS DECISIONES; y PORCENTAJE CON EL QUE ME GUSTARÍA CONTRIBUIR.

A continuación del título ÁREA DE TOMA DE DECISIONES, escriba esta lista:

responsabilidades de la casa
actividades vocacionales
comunicación
independencia personal
administración financiera
relación con los parientes políticos
actividades religiosas.

Añada todo aquello que se le ocurra y que le resulte difícil.

Segundo paso: Cada cónyuge llena el formulario por separado.

Tercer paso: Compare los índices. Es de esperar una diferencia de opinión entre lo que ahora existe y lo que usted quiere. Estas discrepancias son buenos puntos de partida para una conversación.

Cuarto paso: Seleccione un área en la que usted y el cónyuge estén bastante de acuerdo sobre lo que ya existe y que cada uno quiere. Hablen de lo que ambos pueden hacer para conseguir el resultado que desean. Asegúrense primero de elegir el área en la que tengan mayores oportunidades de éxito. Después de haber empezado a hacer progresos en esta área, pasen a la siguiente y también de más probable éxito.

SEÑALES DE PELIGRO

En su trabajo por conseguir la relación íntima, hay cuatro cosas de las que debe guardarse.

(1) *No señale con el dedo,* con esa actitud de «él debería... ella debería» o bien «es culpa de él... es culpa de ella». Muchas personas que me han consultado acerca de problemas maritales son auténticos expertos en el análisis del cónyuge. Sin embargo, si yo pregunto al paciente: «¿Y de qué otro modo podía haber actuado usted?», todo lo que recibo es una mirada de desconcierto. Pues lo que en verdad no comprenden es que con frecuencia son ellos los que crean las circunstancias que mantienen la misma conducta de la que se quejan. Su cónyuge no podrá cambiar a menos que usted cambie.

CASO

Marge, vendedora de una gran compañía de computadoras, y su esposo Frank, abogado, se amaban pero no podían vivir juntos. Llevaban casados siete años pero vivían separados desde hacía cuatro. Una razón eran sus desacuerdos constantes. Cuando discutían, ambos trataban de probar que estaban en lo cierto, demostrando que el otro era el equivocado. Sin embargo, estaban muy satisfechos de esta conducta, ya que afirmaban que «buscaban la verdad». En realidad se habían olvidado por completo de la interacción de sentimientos que ambos deseaban continuara entre ellos.

Un día, Marge y Frank estaban comprando juntos en el supermercado. Él vio una lata de aceitunas y la puso en el carrito. En la cola, ante la caja, le preguntó a Marge cuánto costaba la lata. Ella contestó que valía cincuenta y nueve centavos. Frank le dio el dinero y su mujer se la metió en el bolso. Esto desmoralizó a Frank. «Siempre estoy dándole cosas. Y ella nunca me da nada», pensó para sí. Y estalló en voz alta: «¡No debías haberme aceptado ese dinero!».

Marge me dijo después: «Fue algo tan trivial... Lo hice sin pensar. Jamás se me ocurrió que él podía pagarlo. Acepté el dinero inconscientemente».

Al discutir la situación en mi despacho, los dos actuaron como abogados, subrayando todos los detalles una y otra vez sólo para demostrar que su versión era la correcta.

Cuando yo sugerí que tal vez con la expresión de un sentimiento de ternura todo habría cambiado, a ninguno de los dos se les ocurría nada que pudiera suponer una diferencia.

Les sugerí, pues, que utilizaran la conversación emocional. A partir del punto en que Marge se metiera el dinero en el bolso, Frank podía haberse vuelto a ella diciendo: «Me ha dolido y me enfurece que aceptaras los cincuenta y nueve centavos. No es que el dinero represente tanto para mí, pero sí expresa tu actitud».

Frank estuvo de acuerdo en que eso fue lo que realmente sintió. Marge aceptó que aquella declaración sí le habría llegado al alma.

Entonces pregunté a Marge qué podía haber hecho ella a fin de que Frank no se hubiese sentido dolido por el incidente. Otra vez actuó como abogado diciendo: «Nada. Él nunca debió haberme hablado así».

Insistí de nuevo: «Mire, Frank acaba de decirle que su actitud le dolió. Piénselo otra vez... ¿qué podía haber dicho, o hecho, en esa situación?».

Esta vez contestó: «Abrazarle y besarle en la mejilla... allí mismo, en la cola de la caja».

El rostro de Frank se iluminó. «Esto lo habría arreglado todo», dijo.

De modo que, una vez abandonaron ambos su actitud litigante y la necesidad de demostrar que tenían razón, y consiguieron comunicar la expresión directa de sus senti mientos, las cosas mejoraron y ellos dieron un paso hacia la intimidad.

(2) *Abandonar la propia identidad...* a veces sin saber incluso que lo ha hecho. Cuidado con ese tipo de matrimonio que utiliza constantemente el pronombre «nosotros» y nunca «yo». Están asfixiándose mutuamente. Si usted vive en relación íntima con alguien, la mutua participación en todos los detalles de la vida será muy extensa. Este constante compartir, más la proximidad física, exigen cierto grado de aislamiento emocional. Cada uno tiene derecho a su propia personalidad.

(3) *Puede que uno de ellos invada el territorio del otro sin concederle la menor libertad.* Porque hay cónyuges que no respetan el territorio del otro y se introducen en él con la idea equivocada de que «es bueno compartirlo todo». Uno se interesa por la observación de los pájaros, y el otro sale corriendo a comprarse unos prismáticos y una guía de los lugares más idóneos. A uno le fascina el Renacimiento italiano, y el otro empieza a leer a Berenson de punta a cabo. Yo tuve un caso de una viuda de mediana edad, que se casó con un viudo con dos hijos mayores y estuvo a punto de solicitar el divorcio porque decidió que ella «era la madre de aquellos hijos». Se necesitaron unas cuantas sesiones para hacerle comprender que la relación del marido con sus propios hijos era territorio exclusivamente de él.

En el matrimonio es bueno compartir... pero no una participación del ciento por ciento. Cada uno necesita su propio territorio. La unión constante se transforma en esclavitud.

(4) *El área de independencia puede resultar amenazadora, o crear un distanciamiento entre ambos.* Esto pone ciertos límites al punto tres. En la relación íntima no puede

haber una libertad total en la elección del territorio. Cualquier cosa que haga uno puede influir en la relación, aumentar la tensión o inseguridad en el otro y amenazar el destino común. El territorio exterior elegido ha de tener en cuenta esos efectos.

CASO

John y Roger, una pareja de homosexuales, llevaban doce años viviendo juntos. Se consideraban «un matrimonio» con relación permanente. Durante esos años, cada uno de ellos había tenido relaciones sexuales por su cuenta, tanto con hombres como con mujeres. John era unos diez años mayor que Roger, tenía ya cuarenta y tantos, y empezaba a sentirse extremadamente inseguro. Me dijo: «Si pierdo a Roger, me temo que terminaré siendo una solterona solitaria».

Fundamentalmente, John temía que Roger se involucrara formalmente con otro joven. Empezó a preocuparse excesivamente por los asuntos «extramaritales» de Roger, y esto creó una tensión destructora en sus relaciones. Empezaron a pelearse. La solución de John: los dos debían renunciar a las relaciones sexuales que no fueran entre ambos. Roger se negó a aceptar esta idea. «¿Por qué? —dijo—. Los dos lo hemos hecho siempre, desde que nos conocemos. ¿Por qué habríamos de cambiar ahora?»

Finalmente llegamos a un compromiso: *Roger sólo tendría relaciones sexuales con mujeres.* John sabía bien que Roger nunca le abandonaría por una mujer, de modo que dejó de sentirse amenazado. Esta solución no satisfizo del todo a Roger, pero la aceptó por el bien de sus relaciones con John.

La verdadera intimidad en un nivel profundo con otro ser humano es algo que los que no lo han experimentado encuentran difícil de comprender. Es, en realidad, un proceso cuyo desarrollo puede durar años. Consígala y comprenderá lo que quiso decir Mark Twain cuando escribió: «El amor parece el sentimiento de más rápido desarrollo de todos, pero en realidad es el más lento. Ningún hombre o mujer sabe lo que es el amor perfecto hasta que llevan casados un cuarto de siglo».

6

El enfoque activo de la relación sexual

En la unión sexual ideal, un hombre y una mujer comparten ternura, excitación y amor, con el objetivo de librarse por completo de las inhibiciones y sumergirse totalmente en los sentimientos. Sus cuerpos se funden, de modo que dos individualidades se convierten en una unidad. Según escribió Erich Fromm: «El amor erótico comienza con un estado de separación y acaba en la unidad».

La verdadera intimidad no significa exactamente un intercambio de favores, ése «Yo la excito y ella me excita a su vez». Para conseguir la esencia del cariño del otro, usted se ofrece en primer lugar para su placer. Más que actuar como un espectador no comprometido, usted comparte los sentimientos y sensaciones del otro como si fueran suyas.

Aunque *casi todos los seres humanos nacen con capacidad para la respuesta sexual normal,* hay muchas cosas que bloquean esta culminación definitiva de la relación íntima. Algunas personas opinan que el sexo es algo «malo» «sucio» o «pervertido», porque los padres, los maestros, su religión o la sociedad les grabaron esa idea en la mente durante los años de formación. Otros han aprendido a relacionar sus temores, su ansiedad y esos pensamientos de «soy incapaz de hacerlo» con el acto sexual. Y todavía hay otros que se muestran pasivos ante la cuestión de mejorar su relación sexual por *no saber* que pueden lograr una mejor actuación en el lecho marital.

Pero todas las razones se reducen a ésta: no aprendemos *el modo* de tener orgasmos. Aprendemos cómo *no* tenerlos. Ahora bien, por lo general cabe olvidar cuanto se ha aprendido a este respecto. Y este es el principio que sirve como base principal para las nuevas terapias del sexo.

El fracaso sexual no sólo surge de las disfunciones sino también de causas más comunes, tales como la falta de frecuencia, libertad y variedad sexual. Los expertos calculan que los problemas sexuales, de uno y otro tipo, afectan hoy en día a más de la mitad de todos los matrimonios en los Estados Unidos. Pero la relación sexual defectuosa representa algo más que un fallo del mecanismo biológico; repercute en todas las relaciones, impidiendo la intimidad y produciendo tensiones y desacuerdos. El simple alivio de un problema sexual puede tener un efecto profundo en el matrimonio y lograr que las relaciones en general sean más maduras, confiadas e íntimas.

LA BASE PARA EL CAMBIO

La aceptación pasiva de una situación sexual insatisfactoria es el sello de una persona insegura. Usted se engaña a sí mismo si no busca y prueba técnicas que han servido a otros y que pueden mejorar su relación sexual. ¿Por qué sufrir innecesariamente? Con este principio, el AA tiene una meta triple en el área sexual:

(1) *Dar información sobre el sexo.* Con el fin de tener un orgasmo, usted ha de olvidarse de la realidad y experimentar el abandono. Por desgracia, la falta de conocimientos o la información incorrecta o anticuada llevan a menudo a acciones inhibidas e impiden la espontaneidad y la expresión de los sentimientos.

(2) *Desarrollar una orientación activa hacia el sexo mediante el establecimiento y la consecución de objetivos sexuales.* Aunque resulta fácil decir que el objetivo definitivo del sexo en la relación íntima es el intercambio profundo de sentimientos, este concepto tal vez parezca bastante abstracto. Usted busca esta felicidad. Para la mayoría de la gente hay también otras metas presentes, ya sea de modo temporal o permanente. Puesto que el sexo sirve como medio de diversión, el disfrute y el gozo pueden ser una meta primaria. En momentos de tensión, el sexo puede servir como fuente de alivio. En otras ocasiones, tal vez quiera darse mayor relieve a la concepción. Pero también pueden desarrollarse, o existir ya, objetivos menos afortunados. Por ejemplo, el sexo puede convertirse en un deber o en una costumbre ritualista, perdiendo así su espontaneidad.

Usted puede cambiar esto.

Adoptar una actitud activa significa que usted examina y evalúa su relación sexual. Luego examina aquellas áreas en las que puede hacer algo para mejorarla, y continúa haciendo esto de modo sistemático, siempre trabajando en cooperación con el otro. Al emprender la acción se tiene la impresión de movimiento y de dominio en la búsqueda de la intimidad definitiva.

(3) *Ayudarle a aprender a comunicarse.* Muchas personas que demuestran abiertamente sus sentimientos en las relaciones superficiales, evitan dar el paso final de la sinceridad más completa en una situación sexual dentro de sus relaciones íntimas. Puesto que el sexo supone la mutua participación intensa de tantas cosas personales, temen llegar a ser demasiado vulnerables. Sin embargo, mediante el AA *pueden* aprender a comunicarse en este nivel íntimo y, en el proceso de aprendizaje, conseguir una nueva intimidad.

CONOCIMIENTO SEXUAL

Así como usted debe tener un concepto muy claro del papel de la conversación intrascendente en la formación de un círculo social, y de la importancia de una pelea limpia en la relación íntima, también debe saber todo lo referente al sexo con el fin de lograr la culminación. Hay dos dificultades muy comunes:

(1) *A algunas personas les faltan conocimientos sexuales.* En algunos casos, hombres y mujeres tienen ideas muy rígidas sobre lo que está permitido y es normal en el sexo. Existen aquellos que, con una gran cultura y conociendo todo lo referente a las diversas posibilidades para la relación sexual, se muestran ingenuos y carentes de experiencia en las técnicas del juego sexual. A menudo, ni siquiera reconocen cuán poco saben.

(2) *Otros no comprenden hasta qué punto los datos científicos y clínicos han cambiado por completo nuestro conocimiento sexual.* La obra de Kinsey y, más tarde, la de Masters y Johnson, abrieron de par en par las puertas de la investigación científica en esta área tan sensible.

Con el descubrimiento de nuevos datos se han revisado

muchos conceptos sobre la mecánica y la fisiología del sexo. Antes solíamos distinguir entre un orgasmo clitorídeo y un orgasmo vaginal. Ahora Masters y Johnson han demostrado que no hay dos clases de orgasmo: en las mujeres *todo* clímax surge del clítoris. La falta del orgasmo vaginal no se debe a los conflictos inconscientes, como postulaba Freud (por ejemplo, la envidia del pene) sino que puede obedecer al simple temor de no tener un orgasmo durante el coito, o bien ser un problema mecánico, como por ejemplo cuando la mujer no ha tenido suficiente tiempo para entusiasmarse antes del mismo. Lo que hace parecer distintos los orgasmos vaginal y clitorídeo son los factores emocionales involucrados y el significado que poseen para la mujer.

Las ideas sobre la masturbación han cambiado también. Hace pocos años se la juzgaba no sólo «neurótica» sino causa de enfermedades que iban del cáncer a los trastornos mentales. Más tarde, la masturbación fue considerada por algunos como aceptable pero, al no entender bien su carácter, todos se sentían culpables y deprimidos cuando la practicaban. Hoy en día, nosotros admitimos como buena la masturbación y, en las nuevas terapias sexuales, el enseñar a una persona a masturbarse puede ser el primer paso para mejorar el sexo. Muchas parejas encuentran divertido y excitante el masturbarse en presencia del otro.

He aquí algunas de las preguntas acerca del sexo que suelen hacerme con más frecuencia y que contestaré según los conceptos actuales en este campo en constante cambio, confiando en que mis respuestas aporten algunos conocimientos nuevos que impidan las inhibiciones.

PRIMERA PREGUNTA: *¿Cuál es la relación sexual normal? ¿Cuáles son los límites de las actividades sexuales permitidas en una relación íntima?*

Las actividades específicas en cuestión podrían abarcar toda una gama, desde el sexo oral o anal, a realizar el coito en el suelo de la salita de estar o a la ternura del intercambio de palabrotas. ¿Cómo puede usted abandonarse sinceramente si teme hacer algo «anormal» o le preocupa que el otro haga algo que considera «malo»? Su preocupación es comprensible. Incluso hoy en día muchos teóricos y practicantes de gran reputación en el área de la conducta humana siguen creyendo que la única relación sexual «normal» es la que culmina en la «unión genital heterosexual» (es decir, el coito convencional entre miembros del sexo opuesto). Para ellos, cualquier otra forma de relación sexual indica inmadurez o conflicto, o alguna desviación psíquica. Algunos recelan incluso del juego sexual anterior al acto, ya que lo consideran, al menos en parte, una regresión a la sexualidad infantil en la que no hay un escape específico para las actividades sexuales.

Es difícil aislar los datos científicos en los que se basa este estrecho punto de vista. Los estudios de otros mamíferos y de las sociedades humanas demuestran una amplia variedad de conductas sexuales que yo considero aceptables. *Casi cualquier cosa que sea anatómicamente posible ha sido probablemente aceptada en alguna parte, alguna vez y algún lugar, como normal.*

Los teóricos contemporáneos en el área sexual adoptan la posición general de que *casi cualquier cosa es normal entre adultos anuentes mientras sea aceptable para ambos. Cuanto más pueda uno abandonarse en los actos, más puede dejarse ir en los sentimientos.*

Esto no significa que no exista una conducta sexual anormal entre adultos anuentes. Significa que la etiqueta de «anormal» no se impone a causa del contenido del acto; en otras palabras: a causa de lo que usted quiere hacer o hace en realidad. El sexo oral, el sexo anal o el fetichismo no son normales ni anormales por sí mismos. El grado de normalidad está relacionado *con la libertad de elección que tiene usted.* Cuando el acto está fuera de control, se hace compulsivo, y usted carece de libertad de elección, entonces se convierte en anormal.

La relación sexual es «normal» si:

— *usted lo hace porque quiere hacerlo, ya sea por su propia satisfacción o por dar gusto al otro;*
— *se siente libre para hacer otra cosa si quiere.*

Si usted sigue estos principios, deje de preocuparse por la anormalidad. Siga adelante, déjese ir, y sea usted mismo.

SEGUNDA PREGUNTA: *¿Qué quiere usted decir con los términos adultos anuentes? ¿Cómo sé yo si hay consentimiento?*

Los adultos anuentes, o que consienten, son personas que saben lo suficiente de sus propios deseos para tomar la decisión de si quieren decir sí o no sin coerción ni restricciones.

Usted sabe si hay consentimiento mediante la comunicación, preguntando, discutiendo y hablando con franqueza de materias sexuales. Si uno de los dos ha de leer la mente del otro, saldrá con una respuesta errónea, y de ahí resultarán las inhibiciones.

Pedir algo es expresar una demanda. Usted tiene derecho a decir no. Por ejemplo, su marido desea el sexo oral, pero usted no. Si realmente le disgusta, niéguese a ello. Es mucho mejor decir no que obligarse a hacer algo que no desea. Pero que le disguste no significa que no deba hacerlo nunca. En ocasiones tal vez esté dispuesta a realizar un acto que le moleste sólo por darle gusto a él y demostrarle su amor. Pero lo hará por elección propia, no porque se sienta obligada Asegúrese también de que la emoción auténtica que siente es disgusto, no su propia ansiedad, o el hecho de que su madre le dijera que «eso era malo».

TERCERA PREGUNTA: *Usted anima la libertad en la conducta sexual pero, en mis fantasías, yo soy distinto de lo normal. Me temo que, si me abandono por completo, mis fantasías se apoderarán de mí y acabaré por ser un pervertido. ¿Cree que hay muchas probabilidades de esto?*

Si la relación sexual siempre es igual, hay un problema: o bien una actitud pasiva hacia el sexo, o la presencia de una tensión inhibitoria. Los sentimientos sexuales ganan en espontaneidad y profundidad mediante la libertad de acción, y las fantasías son un modo de conseguirlo. Tal vez las fantasías indiquen una fuente potencial de satisfacción que usted no ha probado, pero que debería probar. Compartirlas con el otro quizá dé como resultado un aumento en los estímulos físicos y en la intimidad.

Tal vez le resulten útiles estas realidades acerca de las fantasías sexuales:

Una fantasía sexual no refleja necesariamente la actuación de fuerzas inconscientes y profundas. La mayoría de ellas son simples hábitos, métodos en que usted ha aprendido a comportarse. Hay pruebas que demuestran que usted puede adquirir satisfacción de las fantasías sexuales de modo accidental, como también en otras áreas de la vida acumula conocimientos por puro accidente.

Existe una diferencia entre fantasía y acción. Sólo porque entretenga la fantasía sexual de que está con otra persona distinta en ese momento, ello no significa que desee realmente realizar el acto sexual con esa persona. El hecho de que fantasee sobre si es homosexual no implica que lo sea, o que anhele las actividades homosexuales. Por lo general, todo eso significa únicamente que usted se entregó a una fantasía y que eso le excitó. Nada más.

Las fantasías pueden crear dificultades si llegan a dominarle y a constituir el único medio para que usted experimente satisfacción sexual, o si la fantasía se interpone entre usted y el otro, originando un distanciamiento experimentado por ambos. Si así sucede, enfoque deliberadamente toda su atención en su compañero al llegar al punto en que el clímax es inevitable. De este modo empezará a asociar la excitación sexual con el otro y no con la fantasía, y al fin esa persona reemplazará a la fantasía como fuente de excitación. Una vez sea capaz de hacerlo con la consistencia suficiente, inicie el proceso de interrupción de la fantasía en un momento anterior. Al principio, tal vez sólo retenga la atención unos segundos antes de sentir la necesidad de volver a la fantasía, pero trabaje con empeño y trate de que ese período de tiempo sea cada vez más largo.

CUARTA PREGUNTA: *¿Y qué me dice de los «auténticos» problemas sexuales? ¿Y cuando el hombre no consigue la erección, o cuando se produce eyaculación prematura? ¿Y cuando la mujer no puede llegar al orgasmo, o la vagina se contrae tanto que el hombre no puede penetrarla o resulta doloroso cuando lo hace?*

Estas preguntas representan las disfunciones sexuales más comunes. Hay muchas más variaciones todavía. El modo de pensar actual acerca de las causas de las disfunciones sexuales es el siguiente:

(1) La respuesta sexual es una reacción natural al estímulo sexual. Surge espontáneamente y no puede ser forzada.

(2) Si usted se siente tenso, esta tensión interfiere con el estímulo sexual que no consigue alcanzarle. De ahí que no pueda tener lugar la reacción sexual natural.

(3) La tensión más común es el temor a la disfunción. La mujer se preocupa por si experimentará el clímax; el hombre por si experimentará la erección. Estas tensiones llegan a ser auténticas profecías. *Es muy probable que ocurra aquello mismo que temen.* Por tanto, la próxima vez todavía se preocupan más, y todavía hacen más probable la disfunción. Y así continúa la espiral sexual neurótica.

(4) Las tensiones del «no involucrado» empiezan a contribuir a esta espiral y sirven asimismo para asegurar la continuidad del problema. Como ejemplo tomemos las reacciones posibles de una mujer cuyo marido tiene ciertos problemas de impotencia.

a. La frustración de la mujer despierta en él la cólera, incluso la rabia. Ella llega a despreciarle.

b. Empieza a dudar de sí misma como mujer. Esto puede llevarla a una aventura extramarital, lo que supone tanto la búsqueda de la satisfacción sexual como de la seguridad de su feminidad.

c. Tal vez ella evite todo contacto sexual, incluso una expresión de afecto. Esto genera una tensión constante entre los dos, y garantiza asimismo que no resolverán su problema sexual.

d. Debido a la tensión, quizás ella desarrolle por su cuenta una disfunción sexual.

La persona que sufre la disfunción experimenta un gran complejo de culpabilidad y falta de adecuación. Pero el «no involucrado» también contribuye con tensiones y conflictos que destrozan la relación.

(5) La premisa más importante de las terapias sexuales

recién desarrolladas (que parten de Masters y Johnson) consiste en *reducir la tensión y aumentar la receptividad a los estímulos sexuales*. A fin de lograrlo, los terapeutas del sexo han discurrido algunas técnicas bastante complejas y, los que desean información, deben leer *Human Sexual Inadequacy,** de William H. Masters y Virginia E. Johnson, y *The New Sex Therapy* (La nueva terapia sexual), de Helen S. Kaplan.

(6) Como la mayor parte de los nuevos enfoques terapéuticos se basan en ejercicios más bien técnicos, éstos suelen parecer mecánicos e impersonales. La verdad es todo lo contrario. Aun cuando los ejercicios en sí puedan ser mecánicos, el tratamiento siempre recalca la comunicación y el intercambio de sentimientos entre los dos. Tratada con amor y con respeto mutuo, la comunicación y la negociación de los problemas sexuales es capaz de resolver muchas dificultades. He aquí unos cuantos hechos sencillos acerca de las disfunciones:

a. Sométase siempre al examen médico antes de llegar a una conclusión. La gente suele atribuir con demasiada rapidez razones psicológicas a los problemas sexuales. Cierto número de condiciones médicas pueden originar disfunciones sexuales.

b. Hable del problema. Asegúrese de que lo conoce a fondo. Muchas parejas creen que el problema sexual entre ellos es una cosa cuando en realidad es otra. Por ejemplo, un estudiante recién casado acudió a mí con el problema de la eyaculación prematura, aun cuando podía mantener la erección dentro de la vagina de la esposa durante un período hasta de media hora sin eyaculación. La investigación

* Hay traducción castellana: *Incompatibilidad sexual humana,* Editorial Inter-Médica, Buenos Aires, 1972. *(N. de la R.)*

demostró que la esposa era más bien frígida y, como él no podía aguantar lo suficiente hasta que ella experimentara el clímax, ambos le echaban la culpa a él cuando, en realidad, el hombre actuaba del modo más correcto. Terminé por tratar la frigidez de *la esposa* y así se resolvió el problema.

c. Recuerde el principio general al tratar de alterar una disfunción: reducir la tensión e incrementar los estímulos. Quite énfasis al aspecto del sexo que le causa problemas. Base el placer en otros aspectos sexuales.

Por ejemplo, si el problema es la potencia del hombre, él teme que no habrá erección suficiente para penetrar a la mujer. Durante un período de varias semanas, ambos podrían probar el juego amoroso del modo más excitante, agradable y tierno posible, pero *sin el menor intento de llegar al coito.* Cuando la mujer no llega al clímax, utilícese el mismo método, sobreentendiéndose que no se hará intento alguno por llevarla al coito. La preocupación «¿Tendré un orgasmo?» es lo que origina la tensión. De este modo se evita la tensión y se aumenta el estímulo sexual en otras áreas.

d. Preste mucha atención a las condiciones (tiempo, lugar, luces encendidas o no) con las que consigue éxito sexualmente, y utilícelas.

CASO

Un hombre de cuarenta años vino a mi despacho con el problema de la impotencia sexual. Durante el acto amoroso no podía conseguir la erección en absoluto. Sin embargo, cuando él y su esposa se acariciaban estando ambos totalmente vestidos, sí lo conseguía. Martin lo atribuía a dos cosas: la presión de la ropa en el área genital, y a que sabía que no se esperaba de él que actuara sexualmente. Su esposa comprendía que Martin sí llegaba a la erección en esas condiciones, pero ni ella ni él tenían la menor idea de cómo aprovechar esto para mejorar su problema sexual.

Les puse como tarea que imaginaran el mejor modo de aprovecharlo. En la siguiente sesión me vinieron con un plan... y resultó. Martin iría completamente vestido, desde el traje hasta los zapatos. Su esposa quería estar desnuda, pero, según él, eso le supondría una tensión, de modo que llegaron a un compromiso: llevaría el vestido, pero nada debajo. Se sentarían y se acariciarían. Cuando Martin consiguiera la erección y ella estuviera dispuesta, él se bajaría los pantalones permitiendo que emergiera el pene, y ella se sentaría en su regazo de cara a él. De este modo dieron el primer paso para resolver la disfunción.

Para tener algunas ideas sobre el modo de alcanzar mayor excitación sexual les recomiendo *Sexual Stimulation* de S. G. Tuffill.

e. Examine sus satisfacciones e insatisfacciones en otras áreas de su relación. El sexo no existe en un vacío, y con frecuencia usted puede agravar sus problemas sexuales mediante un resentimiento que no ha expresado acerca de alguna otra cosa.

f. Ambos pueden tomar la decisión conjunta de solicitar ayuda profesional. No tiene por qué sufrir, ni imaginar, un tratamiento largo e interminable de resultados dudosos. Los nuevos métodos terapéuticos para las disfunciones sexuales son relativamente breves y con frecuencia muy efectivos. Si no sabe de ningún tratamiento disponible, pregúntele a su médico.

QUINTA PREGUNTA: *¿Cómo influye en la relación sexual el concepto cambiante de la influencia del papel de la mujer?*

El papel de la mujer en el sexo ha cambiado, desde luego. Ya ha desaparecido la idea de que ella es el objeto pasivo de la búsqueda por parte del hombre de su propia satisfacción, y que está «mal» por su parte el iniciar y participar activamente en el sexo. La mujer tiene los derechos y responsabilidades que provienen de la igualdad, y por tanto ha adquirido la responsabilidad de su propia satisfacción.

Sin embargo, más de una mujer todavía echa pasivamente sobre el hombre la carga de satisfacer las necesidades de ella. Para lograr una mejor relación sexual, ella debe enseñar al hombre a satisfacerla. Lo cual significa decirle: «Eso me gustó» o «Sé más amable», o cualquier cosa que desee comunicar, intercambiando sentimientos e ideas, tomándole de la mano y demostrándole qué, dónde y cómo quiere que le haga algo. La aceptación de la responsabilidad significa también que ella ha de actuar con el fin de incrementar su propio placer, por ejemplo moviendo la pelvis de modo que aumenten los estímulos.

También la mujer ha de aceptar la responsabilidad de satisfacer al hombre. Ha de dejarse enseñar para darle mayor gusto, preguntando cuando ignore algo y atendiendo a sus explicaciones. Al desarrollar la sensibilidad hacia él y sus sentimientos, ella consigue mayor realización y ambos mayor intimidad.

Esta consecución de la igualdad sexual por parte de las mujeres ha producido problemas. Hay pruebas crecientes que demuestran que el reconocimiento de que las mujeres tienen derecho a la realización sexual ha sido experimentada por muchos hombres como una exigencia y una tensión, lo cual origina la ansiedad en el acto sexual, que puede llevar a una disfunción. Los informes indican un índice creciente de impotencia entre los hombres. Ahora las mujeres han de ayudar a evitar esta tensión mediante la comprensión y la comunicación.

LA ORIENTACIÓN ACTIVA

Al contrario de las técnicas que examinan los temores profundos e inconscientes que afectan a la libido, el método del AA utiliza gráficos, pruebas, enfoques y ejercicios para la mejora del acto sexual. Como resultado, cuando los pacientes acuden a mí por dificultades sexuales y comprenden lo que será el tratamiento, se rebelan en principio contra lo «mecánico». Dicen: «Yo quiero disfrutar del sexo cuando me apetezca. Todo ese sistema que me propone es artificial y despersonalizado. Quitará espontaneidad al acto sexual».

No comprenden la verdad. Naturalmente, el propósito es llegar al sexo libre y espontáneo. Sin embargo, si usted tiene dificultades sexuales, *ya* ha aprendido hábitos insatisfactorios. El AA se propone simplemente establecer nuevos hábitos más de su gusto. Una vez queden éstos establecidos, puede olvidarse de los informes y de los ejercicios, con lo que volverá la espontaneidad o comenzará de un modo totalmente nuevo.

¿Le gustaría disfrutar del sexo con mayor frecuencia?

¿Cree usted que el otro posee la habilidad física pero que parece siempre frío y desinteresado mientras hacen el amor?

¿Le gustaría que el otro fuera más activo en el juego amoroso?

Al enfocar activamente la mejora de su vida sexual, tiene que decidir primero dónde se halla ahora y dónde desea llegar. Luego debe dar los pasos necesarios para conseguir esta meta. Fundamentalmente, este proceso implica las tres partes siguientes:

(1) *Señale con precisión la conducta sexual que desea modificar.* Esta precisión en la conducta deseada difiere de otras que menciono en este libro, ya que aquí hay dos personas involucradas. Es importante que ambos vean el problema del mismo modo, y que formulen un objetivo mutuamente aceptable. El mismo acto de negociar dicho objetivo puede aportar una mayor intimidad y comprensión. Por ejemplo, si hablan sobre la frecuencia del sexo, esta conversación hará que se expresen los sentimientos mutuos sobre el sexo, el otro y sus propios deseos. Y aumentará el cariño entre ambos.

(2) *Organice un plan sistemático de cambio de conducta.* Deben definirse las conductas específicamente y, sobre todo, de tal modo que se las pueda contar y medir. Con el fin de ilustrar este método en el área sexual voy a ofrecer unos programas de ejercicios de laboratorio en lo referente a la toma de decisiones sexuales, la satisfacción sexual y la frecuencia del sexo. Recuerde que usted desea una serie de éxitos y el avance hacia una meta a largo plazo, por lo que los objetivos que fije para cada paso han de ser razonablemente alcanzables.

(3) *Ponga el plan en marcha.* La toma de notas es un medio efectivo para observar qué cambios tienen lugar. Como ocurre con cualquier hábito nuevo, estas nuevas conductas tal vez parezcan al principio artificiales y forzadas, pero finalmente se convertirán en parte de usted mismo. Ya las modificará para adecuarlas a su estilo personal

y continuar después con el paso siguiente. Si no consigue o no logra mantener el éxito deseado, convénzase de que hay algo erróneo en su programa. O ese paso era demasiado difícil, o usted y el otro no estaban realmente de acuerdo con respecto al objetivo o el procedimiento. Hablen de ello y busquen otra forma distinta.

AJUSTE DEL PROCESO DE TOMA DE DECISIONES SEXUALES

Hace poco, Tom y Beth Jones vinieron a consultarme por un problema sexual. Lo que se iniciara como un matrimonio feliz, había fracasado en unos cinco años. El problema fundamental era que ambos creían que el otro tomaba todas las decisiones sobre el sexo, desde dónde y cuándo, hasta la terminación del coito. Ambos se sentían constreñidos al respecto, pero jamás habían expresado sus sentimientos. Beth me dijo: «Yo no puedo hablar acerca del sexo». Y Tom repitió lo mismo.

Les hice contestar por escrito a un test sobre responsabilidad sexual marital, según el modelo ideado por Richard y Freida Stuart en la obra *Marital Pre-Counseling Inventory*. Cuando revelé a ambos las respectivas respuestas, su primera reacción fue la incredulidad. Beth dijo a Tom: «No es posible que tú creas que *yo* decido cuándo tener relación sexual. *Tú* eres el que siempre toma las decisiones». Tom dijo: «No es posible que tú creas que lo decido yo. ¡Si *tú* siempre tomas la decisión!». Hicieron comentarios similares («No es posible que *tú* creas... Así es como *yo* siento») con respecto a sus respuestas a todas las preguntas del test. De ahí pasaron a defender su caso, ambos tratando de probar que estaban en lo cierto. Les corté en seco. De pronto vieron la parte humorística de las respuestas, soltaron una carcajada y se fueron a casa resueltos a cambiar sus sentimientos modificando primero sus actos. En este caso el problema principal era el de la comunicación. Una vez definido el problema, fácilmente pudieron adoptar la acción correctiva.

LABORATORIO SEXUAL — EJERCICIO I

Propósito: Decidir la satisfacción con la actual toma de decisiones sexuales en su matrimonio.

Primer paso: Tome su cuaderno del AA, o una hoja de papel, y haga este cuadro:

Decisiones tomadas sobre	Quién las toma	Quién le gustaría a usted que las tomara	La diferencia
A. Cuándo tener relación sexual			
B. Tomar la iniciativa para empezar			
C. Dónde hacerlo			
D. El ambiente del acto sexual			
E. Iniciar el coito			
F. Las circunstancias del juego amoroso			
G. Decidir la posición para la relación sexual			
H. Terminar el coito			

Segundo paso: Bajo la columna «Quién las toma», indique quién toma la decisión (tal como usted lo ve) acerca de cada parte del acto sexual. Indíquelo utilizando la siguiente escala:

1. El hombre siempre.
2. Casi siempre el hombre.
3. Más el hombre que la mujer.
4. Los dos igual, poco más o menos.
5. Más la mujer que el hombre.
6. Casi siempre la mujer.
7. La mujer siempre.

Tercer paso: En la columna siguiente, utilizando la misma escala, diga quién le gustaría a usted que tomara la decisión.

Cuarto paso: Si los números difieren, sustraiga el menor del mayor, y anótelo en la última columna. Esto le dará una idea del deseo de su propia satisfacción en el proceso de la toma de decisiones sexuales. Por ejemplo, si en el apartado A «Cuándo tener relación sexual» aparece un 5 («más la mujer que el hombre») tanto en la segunda como en la tercera columna, usted está satisfecho con esta situación. Sin embargo, en el apartado B «Tomar la iniciativa para empezar» tal vez aparezca el número 7 («la mujer siempre») en la segunda columna, y el número 4 («los dos igual, poco más o menos») para indicar quién le gustaría usted que la tomara. Lo que demuestra que, si usted es mujer, cree que siempre toma la iniciativa y se siente insatisfecha porque le gustaría que tal decisión fuera compartida del mismo modo.

Lo importante no es quién toma las decisiones, sino si usted se siente satisfecho con ello.

Quinto paso: Una vez completado el test por usted, el otro debe responder por su parte. No se deben mirar las puntuaciones hasta que ambos hayan terminado.

Sexto paso: Comparen los cuadros. Discutan cualquier discrepancia de dos o más puntos. Si hay diferencia en la puntuación, no intenten demostrar que la suya es la mejor. Den por sentado que el otro tiene una base razonable para su puntuación, y traten de comprenderla.

Si los cuadros revelan tan solo pequeñas discrepancias, inicien la acción necesaria.

UN CASO SENCILLO

Rita y Leonard, joven pareja de solteros que compartían un apartamento en Soho, no se llevaban demasiado bien sexualmente. El test de toma de decisiones demostró que ambos creían que Leonard tomaba casi siempre las decisiones ($\neq 2$), que él deseaba $\neq 3$ (más el hombre que la mujer), que Rita quería $\neq 4$ (igualdad). Ambos estuvieron de acuerdo en que ella debía iniciar con más frecuencia la actividad sexual. El acto sexual se realizaba por término medio tres veces a la semana. Tarea que les impuse: durante el mes siguiente, Rita había de iniciar cualquier relación sexual tanto si le apetecía hacerlo como si no, y además tres veces a la semana. Esto le resultó muy difícil. Se le había grabado en la mente la actitud de su madre: —«Es malo que una mujer tome un papel activo en el sexo»— y, debido a esto, nunca había aprendido a hacerlo.

Con Leonard como maestro, aprendió a ser la iniciadora, a hablar del sexo, a comenzar el juego amoroso y a pasarle los brazos en torno y decir: «Ahora». Al cabo de cuatro semanas, Rita había aprendido lo suficiente para detener el tratamiento. En ese momento era capaz de iniciar el acto sexual con frecuencia bastante para satisfacer tanto a ella misma como a Leonard.

Si usted encuentra que existe una notable diferencia entre usted mismo y el otro en lo referente a una o más de las decisiones sexuales, tal vez haya de dedicarse primero a otras áreas con pequeñas discrepancias hasta llegar a la principal.

MEJORA EN LA CALIDAD DE LA RELACIÓN SEXUAL

En el siguiente ejercicio de laboratorio usted va a decidir el área del sexo que necesita una mejora, y a aprender la ayuda que pueden prestarle ciertas técnicas de conversación franca sobre los hechos.

LABORATORIO SEXUAL — EJERCICIO II

Propósito: El estudio de las insatisfacciones y satisfacciones sexuales.

Éste es un modo sencillo de evaluar sus propias relaciones sexuales.

Primer paso: Tome el cuaderno del Aprendizaje Asertivo o una hoja de papel, e identifique los aspectos y etapas diferentes del sexo según sigue:

A. Preliminares para el juego sexual.
B. Juego sexual.
C. Coito.
D. Poscoito.
E. Expresión de sentimientos por parte del otro.
F. Propia expresión de los sentimientos.
G. Frecuencia del juego sexual.
H. Duración del juego sexual.
I. Frecuencia del coito.
J. Duración del coito.

Segundo paso: Demuestre lo que le satisface de cada acto colocando el número adecuado junto a cada letra. Estos números representan el grado habitual de satisfacción que usted ha experimentado en el pasado próximo.

0. Terrible.
1. Malo.
2. Más flojo.
3. Muy bien.
4. Magnífico.
5. Éxtasis.

Al puntuarse, en este test adaptado de uno similar de Richard B. Stuart, cuidado con el llamado «efecto de halo», resultado muy común en puntuaciones de este tipo. Hay dos clases de «efecto de halo». Usted tiene la impresión general de satisfacción sexual y lo aplica a cada apartado. O bien permite que los sentimientos de un apartado se mezclen con los otros. Por ejemplo, usted cree que el coito es «terrible» (0), y deja que esto influya en su juicio del juego sexual, mientras que en realidad tal vez juzgue el juego sexual «muy bien» (3). Intente considerar cada acto por separado.

Tercer paso: En su cuaderno del AA, o en una hoja de papel, escriba tres cosas que usted puede hacer para que el otro se sienta más satisfecho sexualmente. Luego escriba tres cosas que el otro puede hacer para que usted obtenga mayor satisfacción. Éstas deben ser:

Específicas. No diga: «Debería ser más cariñoso». Especifique las conductas que indican cariño. Por ejemplo, «Debe decir más cosas tiernas» o «Debería besarme más».

Positivas. No diga: «No debería levantarse de la cama tan pronto después del acto sexual». Diga lo que hay que hacer: «Debería quedarse conmigo más tiempo después del acto sexual».

Cuarto paso: Tanto usted como el otro han de hacer este ejercicio por separado y luego comparar los resultados. A veces, el mismo reconocimiento de un problema específico da como resultado una conversación espontánea que luego lleva a un cambio. De este modo mejora la situación y aumenta la satisfacción y la intimidad.

Quinto paso: Tal vez necesiten estructurar la conversación. Aunque es fácil decir: «Hablen de sus problemas sexuales», muchos tienen dificultades para seguir este consejo, porque el sexo es un tema en exceso emocional. Algunos de nosotros somos incapaces de hablar de él de modo constructivo, y algunos no pueden hablar de él en absoluto.

Programe una serie de tres charlas de veinte minutos de duración. Éstas deben obedecer a dos reglas básicas. *No saque a relucir el pasado* (ya sea algo sucedido la noche anterior o hace diez años) a menos que la experiencia ilustre una conducta *deseada.* No mencione *en absoluto lo que desea que el otro deje de hacer.* Recalque las conductas específicas que desea incrementar. Frase equivocada: «¡No me des esos mordiscos tan bruscos!». Frase correcta: «Muérdeme con más ternura».

En las conversaciones, utilicen el cuestionario como base. (Doy por sentado que tienen dificultades para hablar sobre el sexo y requieren el programa paso a paso). Cada conversación no debe durar más de veinte minutos, y han de decidir por adelantado quién hablará primero. Cada uno dispone de diez minutos. Utilicen un despertador. Deben *parar* cuando suena la campanilla, aunque sea en medio de una frase importante. El propósito de esto es impedir que la discusión se vaya de la mano en la primera etapa del adiestramiento en estas conversaciones. Por supuesto, pueden durar menos incluso de los veinte minutos asignados.

Primera conversación: Uno describe un mínimo de tres actos (máximo de seis) que el otro puede hacer para mejorar la experiencia sexual. Durante esta charla inicial, el papel del segundo consiste simplemente en comprender lo que se desea. Él o ella puede hacer preguntas y observaciones, pero sólo con el fin de aclarar las cosas. Cuando el primero termina, o suena el reloj, el segundo tiene su turno y describe las acciones que él desea.

Segunda conversación: El primero revela sus sentimientos y pensamientos sobre lo que desea del segundo. Un simple «Bien» no servirá. Él, o ella, debe decir lo que realmente piensa de cada cambio deseado de conducta.

Si es adecuado, él o ella pueden hablar de fantasías. En este punto, el segundo no debe discutirlo, porque ha de comprender cómo se siente el otro. Entonces, el segundo revela sus pensamientos sobre los deseos del primero. Podría decir, por ejemplo:

—Es obvio que deseas más sexo oral, pero eso me produce tensión y ni siquiera estoy seguro de que me guste hacerlo. No creo que en esto pueda concederte lo que deseas. Pero también has dicho que te gustaría realizar con más frecuencia el acto sexual estando tú encima. Eso sí me encantaría hacerlo.

Tercera conversación: En este punto, ambos deben haber establecido ya alguna comunicación y ganado en conocimientos y comprensión de las necesidades y deseos del otro. Ahora pueden planear un curso de acción. Tal vez lleguen a un completo acuerdo. De lo contrario, pueden negociar o incluso redactar un contrato sexual.

OTROS PASOS DE COMUNICACIÓN ACTIVA

Anime el paso siguiente en una dirección positiva. Nada, es cero. Incluso si una pareja sólo obtiene satisfacciones del hecho de yacer juntos y serenamente abrazados, eso es ya un punto de partida. ¿Qué paso podría darse a continuación en la dirección adecuada? Es mejor decirse: «¿Qué podemos hacer» y no «¡Qué terrible es todo!». Y aténgase siempre a lo específico.

Limite las conversaciones sobre el sexo a la conducta, más que al modo de ser de una persona. Muchos caen en la trampa de echar la culpa a la persona y no al acto. Esas pullas: «No eres bastante mujer» o «No eres un hombre» dejan al otro impotente, herido o cada vez más indiferente. Pero la declaración: «Parece que te preocupa demasiado el sexo» puede llevar a esta pregunta constructiva: «¿Qué podemos hacer ambos para que tú te preocupes menos?»

Diga lo que le guste. La simple declaración: «Me gusta lo que haces» durante el juego amoroso puede ser una comunicación muy útil. Especifique claramente al otro aquello que él, o ella, puede hacer para excitarle, cosas que ya se han hecho, o que le gustaría probar. Si no están de acuerdo, discútanlas.

Saque al exterior las cosas que le molestan. Limitarse a decir: «Tenemos un problema» o «Lamento lo de anoche» no satisface esta condición. Insisto en que se hable de cosas específicas.

Un auténtico bloqueo en las comunicaciones tiene lugar cuando uno de los dos simula el clímax y el otro cree en el estímulo. Con frecuencia, la mujer actúa como si hubiera llegado al clímax, y engaña al hombre. Esto le lleva a él a pensar que está haciendo lo adecuado y, como resultado, no mejora el acto sexual. También los hombres simulan el clímax. En realidad, pueden llegar a la eyaculación física pero sin experimentar ningún sentimiento orgásmico. En la relación íntima, la deshonestidad impide siempre que una pareja resuelva sus dificultades sexuales.

Si usted tiene un largo historial de problemas sexuales, compártalo con el otro. Por lo menos, tal vez su revelación alivie las dudas que el otro tenga acerca de su sexualidad, con lo que reducirá la tensión. También ayudará a decidir el paso siguiente.

Preste atención a lo que pueda hacer de modo distinto. Pregúntese: «¿Qué puedo hacer para que el otro esté menos tenso? ¿Qué puedo hacer para que esto resulte más excitante para él... o bien para mí?». No caiga en la trampa de decir: «Ella debería ser distinta» o «Ella debería resolver sus fallos». Estas acusaciones no llevan a una acción constructiva.

Practique la enseñanza sin palabras. Demostrar el cómo quizá valga más que mil palabras. Por ejemplo, son mayoría los hombres que no saben estimular el clítoris. Tienden a tocar la parte superior, mientras que la mayoría de las mujeres prefièren el roce por los lados. Guíe pues la mano del otro. Muévala de modo que le cause placer, demostrándole en qué punto tocar, que presión aplicar, el ritmo que le gusta. Luego utilice términos como: «más suave», «más fuerte», «más de prisa», «más despacio», mientras él repite el movimiento.

AUMENTO EN LA FRECUENCIA DEL SEXO

Muchas personas desean modificar las conductas sexuales, en especial la frecuencia del contacto sexual. Es útil que ambos estén de acuerdo en intentar un cambio, aunque difieran en el objetivo definitivo.

¿Con qué frecuencia realiza el acto sexual?

¿Con qué frecuencia le gustaría realizarlo?

Para decidir esto, ha de definir claramente *lo que quiere decir con las palabras «acto sexual»,* distinguiendo entre el coito en sí y el juego sexual sin coito.

La distinción es importante. Muchas personas creen que todo juego amoroso debe llevar a la realización sexual, o al menos al clímax. Entonces, si por alguna razón son incapaces en determinado momento de tener telación sexual o de conseguir el clímax, evitan todo juego amoroso. De este modo se privan, tanto a sí mismo como al otro, de una experiencia satisfactoria y disfrutable. Esta insistencia en el acto sexual puede, en realidad, interferir con el aumento en su frecuencia.

Para aumentar la frecuencia del acto sexual, debe *des-*

cubrir primero con qué frecuencia lo realiza en verdad. En un área tan sensible como el sexo, resulta fácil deformar lo que sucede realmente. Hay que comprobar la realidad.

LABORATORIO SEXUAL — EJERCICIO III

Propósito: Llevar un informe de modo que, con una sola mirada, sepa usted cuándo tuvo distintas clases de actividad sexual, en qué consistieron y con qué frecuencia tuvieron lugar cada semana.

Primer paso: Compre un calendario de buen tamaño, preferiblemente uno en el que cada día aparezca en su propio recuadro, lo que da mayor facilidad a las anotaciones. Debe tener espacio suficiente para llevar los informes, y márgenes muy amplios. Se usará el margen de la derecha para los totales semanales.

Segundo paso: Utilice el código siguiente para anotar la conducta sexual que en realidad tuvo lugar.

J... significa que tuvo lugar el juego sexual.

C... significa que hubo una relación sexual en la que uno, o los dos, llegaron al clímax.

A... significa que ese día tuvo lugar el acto sexual. Da por sentado que estuvo precedido por el juego sexual.

Tercer paso: En los días en que hay conducta sexual, anote el símbolo adecuado en el ángulo superior derecho de ese día. Si tiene lugar más de un contacto sexual, escriba un segundo símbolo bajo el primero.

Cuarto paso: Al término de la semana, anote los totales

de cada acto en el margen del calendario. Para llevar buena cuenta de esta conducta, consérvense los datos durante cuatro semanas.

Por ejemplo, durante la primera semana Mark y Mary tuvieron relación sexual dos veces, y luego sexual sin clímax una vez, para un total de tres experiencias sexuales. Durante la segunda semana, hubo también tres experiencias sexuales, una de cada clase. Durante la tercera semana, hubo cuatro contactos sexuales: juego sexual sin clímax dos veces, juego sexual con clímax una vez, coito una vez. En esta semana, Mark y Mary tuvieron dos experiencias sexuales un sábado.

Les pregunté: «¿Qué me dicen de las experiencias sexuales del sábado?». Esto llevó a una explicación específica, que ambos sabían pero de la que nunca habían hablado. Los sábados por la mañana, su hijo de doce años, y su niña, de diez, salían temprano de casa para sus actividades en el club. El matrimonio no tenía nada «urgente» que hacer, de modo que, tras la partida de los niños, se hacían con frecuencia el amor. Nunca habían comprendido con qué frecuencia ocurría esto, ni sus implicaciones; Mary se sentía más cómoda al tener relación sexual con los niños fuera de casa, y Mark experimentaba mayor deseo sexual en los fines de semana, cuando estaba más relajado y descansado. *El mismo reconocimiento de estos sentimientos llevó a un cambio.* Mark y Mary empezaron a salir de la ciudad de vez en cuando, en los fines de semana... y sin los niños. El hecho de que ambos sabían que el sexo era la razón principal para estas minivacaciones, añadía excitación: «Me hace sentir deliciosamente perversa», dijo Mary.

Al llevar un buen informe de los hechos, usted puede empezar a tener una idea más clara de aquellas cosas que desea cambiar.

Al decidir sobre la frecuencia del sexo, tal vez se encuentre trabado por algún obstáculo psicológico. Como muchos de mis pacientes, tal vez se haga estas tres preguntas.

—*¿Cuál es la frecuencia normal?* Se nos ha educado para tener tales dudas sobre nuestra educación sexual, tales temores ante las desviaciones, que nos parece una amenaza el estar por encima, o por debajo, de la frecuencia «normal». Y ésta depende de su salud y condiciones físicas, de su edad, de lo que siente por el otro y de la clase de relaciones que mantienen, del ambiente inmediato y el estilo de vida en general, y otras muchas variables. No puede decidir lo que es normal, así que olvídese de la normalidad y haga *lo que quiera.*

—*¿Cómo sé yo con qué frecuencia deseo el sexo? En mis fantasías hay un coito constante, y sé que soy incapaz de eso.* Por esto, la toma de notas y el conservar los informes le harán comprender la realidad. La semana pasada tuvo relación sexual cuatro veces. ¿Le gustaría quedarse en ese nivel o mejorarlo? Pruébelo y vea qué le satisface más en realidad. Porque no lo sabrá a menos que lo decida en la acción.

—*¿De qué sirve decidir lo que quiero? El otro no estará de acuerdo conmigo.* Como con otros muchos aspectos de la relación íntima, tal vez difieran las necesidades y deseos de cada uno. Puede que usted no consiga lo que quiere, pero recuerde que la conversación activa es mejor que la aceptación pasiva de lo insatisfactorio.

—*¿Cómo se pasa de muy poca a más relación sexual?* Una técnica del AA: utilizar el método de las aproximaciones sucesivas, lo que supone que ambos fijen una fecha para el sexo y conserven los informes.

CASO

Roy, de treinta y cinco años, y Peggy, de treinta, casados hace seis años y sin hijos (ninguno de los dos los deseaba) querían aumentar la frecuencia del acto sexual. Sus dificultades maritales llegaron al colmo cuando Peggy descubrió que Roy había tenido varias aventuras breves con otras mujeres. Él afirmó que esto obedecía al hecho de que se sentía continuamente frustrado: «Peggy y yo tenemos relación sexual en muy pocas ocasiones», me dijo. Peggy se quejó de que Roy la perseguía con demasiada intensidad y frecuencia.

En ese tiempo estábamos trabajando sobre otros problemas en nuestro tratamiento, pero decidimos la frecuencia sexual mediante el uso del método del calendario durante cuatro semanas. Los informes demostraron que, durante las dos primeras semanas, Roy y Peggy habían realizado el acto sexual una vez y, durante las dos semanas siguientes, dos veces y juego amoroso con clímax una vez (ella le llevó al clímax manualmente). No podían ponerse de acuerdo sobre la frecuencia deseada. Él deseaba el coito tres o cuatro veces a la semana, y una vez era más que suficiente para ella.

Utilizamos el método de la aproximación sucesiva en forma de citas para el sexo. Cada semana habían de tener al menos una «cita» para el acto sexual, o más si ambos lo deseaban. Cada cita había de fijarse con veinticuatro horas de anticipación, y el momento elegido con discreción. Por ejemplo, no habían de fijar una cita para el día en que él sabía que había de trabajar horas extra y llegaría muy tarde a casa. El propósito de la cita no sería el coito, sino el juego sexual; toques, caricias, hablar íntimamente del sexo. Fijaron un contrato especial sobre el coito, debido a la impresión que Peggy tenía de ser explotada sexualmente y porque así era en realidad. El objetivo mutuo: que Roy despertara el deseo en Peggy. Cláusulas del contrato:

No se haría un intento por llegar al coito a menos que Peggy dijera en voz alta: «Te deseo». Si no lo deseaba, no había de ofrecer razones ni disculpas. Sin embargo, en el desayuno de la mañana siguiente, ella había de decir a Roy dos cosas específicas que él podía haber hecho y que tal vez la hubieran movido a desear el acto. No había de pronunciar una palabra sobre lo que él hubiera hecho mal.

Si no había acto sexual, pero sí juego amoroso, a la vez siguiente (si Roy lo deseaba) ella había de llevarle a él al clímax, ya manualmente, ya oralmente (la elección era suya). El propósito de esta regla de «la vez siguiente» consistía en empezar a cambiar su idea de que *todo* juego sexual había de llevar al clímax. Se fijó una excepción a esta regla: en un momento no fijado de antemano, si Peggy deseaba llevarle a él al clímax, le estaba permitido.

De este ejercicio se siguieron dos conclusiones. Roy se hizo más sensible a las necesidades sexuales de Peggy. Cesó de explotarla. Al ir cambiando él, Peggy empezó a sentirse menos explotada, defendió sus derechos sexuales en vez de retirarse del sexo y empezó a obtener un placer notable en el hecho de excitar a Roy. Ambos se respetaron más, mutuamente, y aumentó la intimidad.

Al término de dos meses y aunque todavía quedaban muchos problemas por resolver, Roy había abandonado sus aventuras extramaritales y el acto sexual tenía lugar espontáneamente y con tal frecuencia que ya no sentían las necesidades de fijar citas de antemano.

Si usted utiliza el método de aproximación sucesiva con el fin de aumentar la frecuencia sexual, recuerde bien su objetivo: una serie de éxitos.

— Fije las citas por anticipado y con un nivel de frecuencia ligeramente superior al actual.

— Aumente el número de citas poco a poco. No fije demasiadas para descubrir luego que no puede cumplirlas. Este aumento puede ser algo tan mínimo como una cada tres semanas.

— El propósito de la cita es el contacto sexual, no necesariamente el acto sexual.

— Utilice el método del calendario, antes descrito, a fin de llevar un informe.

— Cuando consiga la frecuencia deseada, continúe con el método y con los informes durante varias semanas adicionales.

— Si en algún momento empieza a retroceder, dispóngase a fijar citas de nuevo.

CONVERSACIÓN SEXUAL

En la comunicación íntima las palabras pueden tener un efecto que sobrepase a la pura instrucción o alabanza. Al resultar excitantes en sí mismas, aumentan la participación mutua en las sentimientos.

PUEDE UTILIZAR PALABRAS ESPECÍFICAS PARA MEJORAR SU VIDA SEXUAL SEGÚN ESTOS TRES MODOS:

(1) *Utilicice palabras con las que el otro comparta sus sentimientos de ternura,* como el clásico «Te amo».

(2) *Utilice palabras con el propósito de estimularse mutuamente.* Éstas van desde los simples adjetivos «magnífico» y «maravilloso» a llamar la atención a las reacciones corporales como: «Estoy temblando... Mira cómo me has puesto», expresar sentimientos: «Me siento a punto de estallar... Me vuelves loco».

Algunas palabras o frases resultan excitantes en sí mismas. Palabras como «pezón» o «vagina» o frases que las contengan intensifican la experiencia sexual. Puede resultar excitante el uso de las mismas a fin de pedir o describir algo. Por ejemplo, frases como: «Chúpame el pezón» o «¡Qué grande está tu miembro en mi vagina!» añaden una dimensión extra a su vida sexual.

Si tiene objeciones a estas palabras o frases, sustitúyalas por otras que le gusten más. Hay quienes hallan muy útil el dar nombres a distintas partes de la anatomía y tratarlas como individuos y amigos: «Hola, Johnny —dice la esposa al pene de su marido—. Me alegro de verte de nuevo. Voy a darte un besito». Algunas personas llegan a tener un lenguaje totalmente propio.

La utilización de este lenguaje sexual hace algo más que aumentar la excitación. Expresado entre marido y mujer, esta clase de conversación los aleja del resto del mundo y aumenta la intimidad entre ambos.

(3) *Compartan la experiencia más tarde.* Hablen y recuerden sus experiencias sexuales, lo mismo que hacen con otras actividades compartidas. Hablen también de lo que

podrían tratar de hacer. La simple declaración: «He oído hablar mucho de vibradores... Me gustaría probar uno alguna vez» puede llevar a un área distinta de actividad sexual.

COMPARTAN MUTUAMENTE SUS FANTASÍAS

Lo que puede llevar a una mayor intimidad y nuevas fuentes de gozo.

— Si no tiene fantasías sexuales, intente desarrollarlas. Piense en alguna una vez al día. Trate de hacerla después más larga y más excitante (situaciones de fantasía muy populares: sexo en un burdel de París, trabajar como prostituta, tener un harén, llevar ropas sensuales, disfrutar de un exceso de potencia. Al principio, tal vez las fantasías sean muy pedestres, pero es posible que al fin se vuelvan imaginativas y espontáneas.

— Si experimenta tensión al revelar sus fantasías, o si el otro parece tenso al oírlas, dígaselas poco a poco. Primero dele el esquema general y vaya descubriendo gradualmente los detalles. Al ir sintiéndose más a gusto, podrá compartir toda la fantasía.

CASO

Acudió a mí una mujer con un caso de frigidez parcial. No podía llegar al clímax durante el acto sexual. Me habló de su fantasía favorita para masturbarse, en la cual ella era una joven muchacha polinesia que copulaba con todos los marineros de un barco. Pensaba mi paciente que, al utilizar dicha fantasía durante el acto sexual, sería capaz de tener un orgasmo. Pero a la vez creía que hacerlo sería «desleal con su marido».

Animada por mí, le contó a él su fantasía de los mares del Sur. Con gran sorpresa por su parte, el marido la animó a que la utilizara durante el acto sexual, lo cual trajo el clímax. Además, él fue añadiendo mejoras, empezando a hablar, por ejemplo, durante el coito, como uno de los miembros de la tripulación. Animado por su actuación, el marido continuó con ello mucho tiempo, después incluso de que ella dejara de necesitar la fantasía para llegar al clímax.

Al modificar la conducta sexual usted puede cambiar su vida y, con ello, aportar una mayor felicidad a toda su vida y su personalidad. Como esta mujer, también usted puede enfocar la cuestión sexual activamente. Si no puede hacer pruebas con todas las ideas del AA que le he ofrecido en este capítulo, tome primero una... y luego otra. Tal vez ellas cambien su vida. Pero al ir avanzando hacia la meta de una mayor intimidad en sus relaciones, recuerde una cosa: el mejor afrodisíaco de todos es el amor.

7

Aserción mediante el dominio propio

En la *Odisea,* Homero nos dice que, después de ganar la batalla de Troya, Ulises y su tripulación pusieron rumbo a casa. En su camino hacia Ítaca habían de pasar junto a la isla de las Sirenas, donde habitaban esas criaturas crueles, medio mujeres y medio peces, que atraían a los marinos a la playa con una música encantadora y con el propósito de devorarlos. Avisado por la seductora Circe del destino que le aguardaba, Ulises decidió librarse de aquella muerte casi cierta mediante un engaño. Hizo que todos los miembros de la tripulación se pusieran cera en los oídos; todos, excepto él, que desaba oír el canto de las sirenas cuando el barco se acercara a la isla. Sin embargo, tomó la precaución de hacerse atar fuertemente al mástil. De este modo se las arregló para pasar con el barco ante aquellas criaturas letales y salvar su vida y la de todos sus hombres.

Ulises realizó esta hazaña mitológica mediante dos actos que, en lenguaje psicológico moderno, se denominan *eliminación del estímulo* y *evitación de la respuesta.* Cuando el que se somete a una dieta procura que la comida esté fuera de su vista, está practicando la eliminación del estímulo. Si encima pone un candado a la puerta del refrigerador para no poder llegar hasta la comida, ejercita la «evitación» de la respuesta.

Usted puede modificar, controlar y cambiar su propia conducta. Al utilizar una serie de técnicas de conducta, puede disponer las coyunturas (oportunidad de que sucedan las cosas), las actividades, los premios, e incluso los castigos, de modo que su conducta llegue a ser exactamente lo que usted desea. Aun cuando un hábito nocivo se haya convertido ya en su marca distintiva de toda la vida, es posible erradicarlo. Las conductas indeseables pueden cambiarse por las que se desean.

Al transformar su propia conducta, usted se muestra realmente asertivo. Porque el dominio de uno mismo, que con frecuencia se denomina dominio propio o fuerza de voluntad, es parte importante de la aserción.

Cuando usted realiza un acto que aumenta el respeto que siente por sí mismo, crece también su autoestimación. En forma de educación, podría expresarse de este modo:

Conducta deseada → Satisfacción → Aumento en la autoestimación.

Y, a la inversa, cuando usted se demora en el trabajo, o come en exceso, o lleva a cabo un acto que le hace perder el respeto por sí mismo, su autoestimación se viene a tierra. En el Capítulo I hablé de la fórmula Aserción = Autoestimación. Las conductas reguladas por uno mismo deben considerarse parte de la aserción, ya que, para ser verdaderamente asertivo, usted ha de dominarse a la perfección.

Es difícil saber qué clase de acción se debe emprender

basándose en frases tan vagas como «dominarse a sí mismo» y «tener fuerza de voluntad». Sin embargo, si usted utiliza estos términos, descubrirá que lo que ellos implican en realidad es toda una serie de hábitos específicos que pueden referirse a cualquier cosa, desde la cantidad de comida que ingiere, o a su estilo insatisfactorio de trabajar. Casi cualquier hábito puede cambiarse, eliminarse o aprenderse. Con frecuencia, el quid de la cuestión consiste en identificar el hábito específico que desea cambiar. Una vez sepa cuál es, podrá cambiarlo por el simple hecho de ordenárselo a sí mismo. Tal vez la modificación de algunos hábitos nocivos resulte mucho más difícil y exija un programa completo de adiestramiento, pero debe comprender que la alteración de un hábito, por trivial que sea (por ejemplo, dejar recogida y guardada toda la ropa antes de acostarse, en vez de tirarla sobre una silla) le dará ya la impresión de estar dominándose.

B. F. Skinner, ex catedrático de Psicología de la Universidad de Harvard, y quizás el más influyente de los psicólogos que hoy viven, escribe: «De muy poco sirve el decirle a un hombre que utilice su "fuerza de voluntad" o su "dominio propio". Él no sabrá qué hacer. Pero si consideramos los componentes específicos que forman eso que llamamos "dominio propio", tendremos la ventaja práctica de saber las medidas que debemos adoptar en nuestro intento de cambiarlos».

POR QUÉ FALLA USTED CON EL DOMINIO PROPIO

Cambiar sus relaciones consigo mismo es algo tan importante como cambiar su modo de ser con el fin de mejorar sus relaciones con los demás. A los otros no les importa la mayoría de sus conductas. No les preocupa en realidad, por ejemplo, el estado en que se hallan los cajones de su mesa, o si usted pesa siete kilos de más, o si pierde el tiempo en los ratos de ocio. Pero el control de sus propios hábitos sí le importa mucho *a usted*. Los malos hábitos pueden originar tal tensión que llegue a influir en su estado de ánimo, lo que siente acerca de sí mismo y su estilo de vida.

¿Por qué no puede transformar sencillamente los hábitos malos en buenos, mediante el hecho de tomar la decisión de hacerlo?

Usted fracasa porque jamás ha aprendido el arte de transformarse a sí mismo. Es incapaz de hacer lo que no sabe... y esta falta de conocimiento le impide incluso tratar de realizarlo. La gente suele atribuir su incapacidad de cambiar al convencimiento de que la conducta no deseada satisface alguna necesidad inconsciente.

Usted fracasa porque es pasivo. No le gusta la conducta, pero no trata de modificarla. Esta falta de acción aumenta su sensación de impotencia.

Usted fracasa porque no ha aprendido el concepto de fuerza de voluntad. La frase «utilice su fuerza de voluntad» significa que usted posee cierto control sobre sus actos, siempre que desee ejercerlo. Pero la misma frase tiene un inconveniente: no le dice lo que tiene que hacer. La fuerza de voluntad puede servir como el punto focal para que usted se transforme, sólo si hace de la *acción* un corolario.

CASO

Frank Edwards, de cuarenta años, ejecutivo de los negocios en un nivel medio de dirección, acudió a mí con un problema de «demora». Realizaba su trabajo de modo brillante, pero jamás lo entregaba hasta varios meses después de la fecha tope de entrega. Como resultado, siempre le habían pasado por alto en los ascensos y se sentía constantemente tenso y deprimido.

Durante más de veinte años, había probado diversas clases de tratamiento a fin de vencer este problema. Seis meses de terapia de conducta no le habían ayudado más que el análisis o la hipnosis.

En medio de una sesión, en el momento en que Frank hablaba de la tensión que experimentaba debido a unos informes en los que iba muy retrasado, me volví hacia él y le dije: «Mire, usted sabe que es muy capaz de terminar esos informes. Oblíguese a hacerlo. Utilice la fuerza de voluntad».

Seguí explicándole que él tenía un concepto equivocado de la vida. Pensaba que, sin la menor conducta nueva por su parte, surgiría de repente la conducta que él deseaba. Creía poder conservar su actitud esencialmente pasiva y, sin embargo, sin saber cómo, lograr que el trabajo se realizara a tiempo. «La fuerza de voluntad —le definí— significa que todo *depende de usted,* no de las circunstancias ni de una fuerza interior. Es usted el que ha de *hacer que las cosas sucedan*... en este caso terminar esos informes que ha de entregar dentro de tres semanas.»

Frank quedó atónito y dijo: «Durante más de veinte años de terapia nadie me había dicho nunca que utilizara la fuerza de voluntad. Podría probar a hacerlo». Las palabras «fuerza de voluntad» orientaron a Frank, y éste comenzó a controlar su propia vida, en este caso la entrega a tiempo de los informes. No le resultó fácil terminar el trabajo, *pero lo hizo.* La nueva comprensión de las palabras «fuerza de voluntad» y la acción que, debido a ello, llevó a cabo, resultó ser el punto decisivo de su tratamiento.

LA TEORÍA DEL CAMBIO DE CONDUCTA

Para comprender el modo de aplicar el «cómo» a la «fuerza de voluntad» hay que conocer la obra de B. F. Skinner.

Si bien Pavlov se interesaba por los procesos que tenían lugar en *el interior* de la persona (por ejemplo, los cambios en el sistema nervioso), Skinner recalca que la relación crucial es la que existe entre la persona y su ambiente. Una persona *emite* una conducta. Esta conducta *opera* en el ambiente (el mundo que le rodea). En otras palabras: la conducta tiene consecuencias y, según Skinner, la conducta «se forma y se mantiene por sus consecuencias». Estas consecuencias, que Skinner llama «motivaciones», son las que determinan la probabilidad de que un ser humano repita su conducta. Las consecuencias —sucesos que ocurren *inmediatamente* después de que usted realiza cierto acto— afectarán a la conducta por alguno de estos modos:

(1) *Motivación. Las consecuencias refuerzan la conducta y con ello hay más probabilidades de que se repita.* Esto tiene lugar con dos condiciones:

A. *La consecuencia puede ser algo que se añada a la situación.*

A esto se le llama *motivación positiva.* Generalmente, se considera el premio como un sinónimo de la motivación positiva. Puede adoptar la forma de cosas materiales, como dinero, regalos o comida. El premio puede ser un motivo social, como la alabanza, la atención, el afecto y el amor. O puede ser su propia sensación íntima de gozo o satisfacción.

Muchas personas interpretan mal los términos «motivación positiva» y creen que tiene que ser algo bueno. Pero no todas las motivaciones positivas son premios. La consecuencia de su conducta puede ser que su esposa le chille, o que usted experimente ansiedad. Si estas consecuencias fortifican y afirman la conducta que inmediatamente les precedió, deben ser consideradas como motivaciones positivas. *Han sido añadidas a la situación.*

Al cambiar su conducta en lo referente al dominio propio, esto llega a ser un punto importante. Si usted desea cambiar un hábito específico, busque las motivaciones positivas que mantienen esa conducta que no desea y elimínelas. Al buscar las motivaciones, no se limite a las que resultan agradables o le parecen un premio. Cualquier consecuencia que siga a la conducta puede ser la motivación. Si la suprime, debilitará la conducta.

Cualquier respuesta por parte de la madre ante la conducta del niño (ya sea una atención comprensiva o unos gritos) puede ser una motivación positiva. A veces, ésta será muy sutil. Un paciente tenía la costumbre compulsiva de derrochar el dinero en los restaurantes. Nos costó bastante averiguar las motivaciones que mantenían este derroche, hasta que él recordó: «Cada vez que lo hago, mi esposa muestra un gesto momentáneo de enojo». Herb no deseaba enojarla conscientemente, y cuando ella controló deliberadamente su reacción (por instrucciones mías) disminuyeron los gastos del marido. De aquí el principio para reconocer las motivaciones de una conducta que no se desea: si la conducta en cuestión disminuye eventualmente cuando usted deja de añadir una consecuencia particular a una situación, entonces esa consecuencia era la motivación.

B. *La consecuencia puede ser algo que se quite de la situación.* A esto se le llama *motivación negativa.* Muchos creen erróneamente que la negativa es algo malo, confundiéndolo con el castigo. Según Skinner, negativo significa menos... Algo que se quita de la situación y que aumenta o mantiene su conducta. Por ejemplo, usted se retrasa en su trabajo en la oficina y el supervisor le critica. Cuando usted se pone al día en sus tareas, él deja de criticarle. La consecuencia de que usted se haya puesto al corriente es la sustracción del constante: «Pero ¿qué le ocurre?» del jefe. Por tanto, una motivación negativa mantiene o aumenta su mejor conducta en el trabajo. Se ha quitado una consecuencia desagradable.

La motivación negativa mantiene muchas conductas de dominio propio. Pero, como con cualquier motivación, puede actuar en dos sentidos: bueno y malo. Tomemos el ejemplo de dos hombres a los que les molesta pagar facturas. Ambos se sienten tensos a la vista de un gran montón de facturas y esta impresión les resulta desagradable.

Tal vez uno de ellos se dirija a su mesa, se siente, empiece a escribir cheques para el Departamento de Impuestos, la Consolidated Edison y la Jason Realty, y los envíe. Con este acto le desaparece la tensión. En el futuro, es muy probable que pague más a gusto sus facturas. Se ha quitado una impresión desagradable. Se sentirá mejor con este pago de las facturas, lo que puede reforzar el hábito y su propia estimación.

Tal vez el otro se dedique a ver la televisión con el fin de rehuir la situación de tener que pagar las facturas.

También esto le alivia la tensión, pero mantiene el mal hábito de la demora. Si en realidad disfruta con el espectáculo de la televisión, esta conducta de la demora se fortalecerá todavía más, pues la equiparará con una impresión de satisfacción. Pero su impresión acerca de sí mismo será desagradable y su autoestimación bajará a cero.

(2) *Extinción. Cuando una conducta no tiene consecuencias, esa conducta se debilita y al fin desaparece del repertorio de conductas.* Si usted cuenta un chiste y nadie se ríe ni responde en forma alguna, es menos probable que lo repita en el futuro.

El no tener motivación es el único modo de extinguir una conducta dada. Si usted tiene un mal hábito, y puede identificarlo y suprimir las motivaciones, su conducta se detendrá. Si utiliza esta técnica de la extinción, técnicamente conocida como *eliminación de la motivación,* recuerde estas cuatro cosas:

a. El primer resultado tal vez sea un aumento de la misma conducta que desea extinguir. A esto sigue por lo general una baja creciente. Recuerde tan sólo que la extinción lleva su tiempo.

b. Si utiliza la extinción, el mal hábito no debe ser reforzado nunca. Si permite que esto ocurra, aunque sea sólo una vez, la conducta será más difícil de extinguir. Incluso la mínima motivación puede tener efectos importantes.

c. Una vez haya extinguido la conducta, ésta puede volver si cambian las contingencias de la motivación. Si usted se ha librado de un mal hábito, y éste empieza a volver, busque el cambio en las consecuencias del hábito. Probablemente, descubrirá que usted mismo ha restablecido antiguas motivaciones o desarrollado otras nuevas.

d. A veces pueden extinguirse hábitos *deseados* mediante la eliminación de las motivaciones hechas por inadvertencia. Al restaurar las motivaciones originales, tal vez restaure el hábito deseado.

CASO

«Antes ahorraba mucho dinero, y de pronto he dejado de ser un hombre ahorrador», me dijo Marty Wilden en una de nuestras sesiones de tratamiento. Investigué acerca de las motivaciones que antes mantuvieran su conducta del ahorro. Marty me dijo que, durante muchos años, todos los viernes a la hora del almuerzo acudía a un banco cerca de su oficina y hacía un depósito. Casi todos los empleados del banco eran lindas jovencitas que le sonreían, le daban las gracias afectuosamente e incluso flirteaban un poco con él. Luego, Marty aceptó un nuevo empleo a unos cinco kilómetros de esta sucursal en particular. Empezó a enviar por correo sus depósitos. De pronto dejó de ahorrar. Con el fin de restablecer las motivaciones y restaurar la conducta deseada, y ahora extinta, de ahorrar dinero con una base semanal, hice que Marty transfiriera su cuenta a un banco cerca de su nuevo despacho. También en éste las empleadas eran lindas, corteses y coquetas. Ahora, Marty se dirige al banco todos los viernes a mediodía y ahorra su dinero.

(3) *Castigo,* la supresión de la conducta. Esto ocurre en condiciones que son directamente opuestas a la motivación. O bien se quita de la situación una motivación positiva, o se añade a ella una consecuencia desagradable *inmediatamente a continuación de la conducta. En otras palabras: algo bueno deja de suceder, o bien empieza a suceder algo malo.*

El castigo no extingue la conducta deseada (sólo consigue esto la eliminación de la motivación) sino que simplemente la suprime. Quítese el castigo, y probablemente se repetirá la conducta, de lo que se deduce que el castigo es un modo bastante inefectivo de cambiar hábitos. Utilícelo y, tan pronto empiece a surgir de nuevo la conducta no deseada, habrá de echar mano del castigo para suprimirla otra vez. Se verá obligado a castigarse constantemente.

Hay una circunstancia en la que el castigo puede resultar extremadamente efectivo: cuando la supresión del hábito permite el desarrollo de otra conducta alternativa. Usted castiga la conducta no deseada,

CASO

Un médito psiquiatra residente, al que yo estaba enseñando, se sentía trastornado porque estaba aumentando demasiado de peso. Chuck analizó su propia conducta y al fin redujo el problema a su ingestión extraordinaria de postres. Por desgracia, era incapaz de reforzar la conducta contraria —no tomar postre— porque jamás lo hacía. Así que decidió utilizar el castigo con el fin de suprimir su pasión por los dulces de muchas calorías.

Hizo una lista de las organizaciones que realmente odiaba (como el Ku Klux Klan) y escribió una serie de cheques de veinticinco dólares y también las cartas que los acompañarían y en las que explicaba que deseaba contribuir para «mantener su buena labor en marcha». Le entregó la colección de cheques y cartas a otro residente con estas instrucciones: «Te llamaré cada mañana para comunicarte que no comí postre la noche anterior. Si no te llamo, puedes dar por sentado que he fallado y enviar la primera carta. Y sigues con todas ellas».

Como odiaba a esas organizaciones, consiguió controlar su conducta durante dos semanas. Luego se tomó dos pedazos de tarta de manzana después de la cena. No hizo la llamada telefónica de la mañana a su amigo, e inmediatamente éste envió la primera carta de Chuck con su contribución al Ku Klux Klan.

Y eso funcionó. Chuck me dijo: «Con esa carta al Ku Klux Klan me pusieron en la lista de correos de una serie de organizaciones que odio. Ahora, cada vez que veo un postre, pienso también en ese correo que tanto odio».

Recuerde: el único modo de aumentar una conducta es motivarla. El único modo de librarse de una conducta es extinguirla. El castigo tiene usos muy limitados.

FALTA DE CONTROL DE MOTIVACIÓN

Existe una situación especial de conducta en la que no tiene el control sobre las motivaciones. Por ejemplo, el niño con una madre de comportamiento ilógico o irracional jamás sabe si su conducta será premiada, ignorada o castigada. No hay relación entre lo que hace y las consecuencias que se siguen de ello. Otro ejemplo podría ser el del empleado con un jefe neurótico. Una obra maestra le gana las alabanzas hoy, y pasa desapercibida al siguiente. En situaciones similares, las víctimas aprenden a sentirse impotentes ante lo que les sucede. No pueden controlar las motivaciones. Algunos teóricos afirman que esta «impotencia aprendida» es uno de los mayores motivos de la depresión.

Lo que resulta más interesante es que esto encaja con una de las teorías psicoanalíticas de la depresión avanzada por el doctor Edward Bribing. Éste da, como razón fundamental de la depresión, la comprensión por parte del ego de su impotencia y debilidad, refiriéndolo a un trauma de su primera infancia. Tanto si se debe a un trauma de la infancia como si no es así, la persona insegura tiende a sentirse impotente y débil, y de ahí proviene la depresión. A medida que va sintiéndose más asertivo, gana en «competencia aprendida», lo que alivia la depresión.

ESTÍMULOS DISCRIMINADORES

Digamos que tiene usted un pichón en una jaula. Si se enciende una luz roja y el pichón aprieta una barra, recibe la comida. El pichón aprenderá muy pronto a apretar la barra cuando se encienda la luz roja. Si enciende una luz blanca y el pichón aprieta la barra, no recibe comida alguna. Con la luz blanca, sólo la recibe si camina en círculos. De modo que el pichón aprende a distinguir entre las dos situaciones. Aprende que, cuando se encienda la luz roja y apriete la barra, será premiado con la comida, y que, cuando se encienda la luz blanca, sólo recibirá el premio si da vueltas en círculo. La respuesta diferente a las luces se llama *discriminación.* Las luces en sí son estímulos discriminadores, *porque señalan qué conducta será premiada.*

Los seres humanos adultos se pasan gran parte de su vida bajo la influencia de estímulos discriminadores, que les señalan qué conductas tendrán consecuencias... con un premio o un castigo. De este modo usted aprende a comportarse de modo distinto en situaciones diferentes. Aprende una serie de estímulos discriminadores que le dicen que, si usted grita en un estadio de fútbol, recibirá cierto tipo de premio, como sentirse parte de la multitud, o que el vecino que está sentado a su lado inicie una conversación amistosa. Del mismo modo aprende una serie de estímulos discriminadores que le indican que, si chilla en la iglesia, será castigado con miradas de desaprobación y con instrucciones de que se calle. Por lo tanto, usted chilla en el partido de fútbol y se queda callado en la iglesia.

Y tendrá problemas si ha aprendido mal los ED (símbolo de Skinner para los estímulos discriminadores) de conducta. Si usted equipara la sola visión de la comida —un pastel en un escaparate de una pastelería, una fuente de patatas en la mesa— con un ED para comer, quizás acabe con exceso de peso y con problemas de dieta, aparte de decirse a sí mismo que carece de fuerza de voluntad.

Los ED inadecuados pueden dominar su vida. Una situación de trabajo o estudio tal vez contenga algunos ED que le digan que, si se dedica a hablar por teléfono con los amigos, se sentirá mejor. Así que usted se pone a hablar con los amigos... conducta incompatible con el trabajo o el estudio. Pronto se culpará a sí mismo por ser perezoso, por ir retrasado y por tener malos hábitos de trabajo. La diferencia no consiste en su conducta o en las motivaciones, sino en las insinuaciones a las que usted responde. Para establecer el dominio propio, debe modificar los ED.

Observará que no me he referido al inconsciente, ni a los conflictos emocionales, ni a los impulsos instintivos. Skinner no se preocupa de ellos. Él afirma que basta la comprensión de la interacción entre el individuo y el ambiente para cambiar la conducta. Señala que la ciencia no avanzó mientras los científicos anteriores a Galileo trataban de averiguar qué pasaba *dentro* de las piedras que caían por la ley de la gravedad. La ciencia no avanzó hasta que Galileo tomó únicamente en cuenta las fuerzas *exteriores* que actuaban sobre la piedra, determinando así que todos los cuerpos que caen, sea cual sea su peso, caen a la misma velocidad.

A partir de la década de 1930, Skinner formuló una ciencia de la conducta basada en la relación entre la frecuencia de la conducta y sus consecuencias. Al fin llegó a descubrir que, al controlar las motivaciones, podía incluso enseñar a los pichones algo tan complicado como jugar al ping-pong.

Skinner trabaja sobre la conducta que «opera en el ambiente para producir efectos», y a ésta la denomina «conducta operante». Cuando la conducta operante de los pichones cumplía las exigencias de Skinner, él los motivaba (positivamente) con la comida. Controlaba su conducta al fijar «contingencias de motivación», circunstancias según las cuales una conducta deseada particular se ve premiada, con el fin de asegurarse de que se repetirá. Es interesante observar que no sólo es más humano entrenar a los animales, niños o personas, premiando la conducta deseada antes que castigando la conducta no deseada, sino que es más afectivo.

Skinner demostró de este modo que la conducta podía modificarse de modo predecible, puramente por el hecho de controlar las consecuencias externas de esa conducta, y sin referencia alguna a lo que ocurriera en el interior del animal. Él y otros han demostrado que la conducta humana puede formarse también del mismo modo predecible. Los partidarios de Skinner afirman que todas las conductas están sometidas a esas consecuencias.

Sus oponentes dicen que «las personas no son pichones». Ellos creen que el enfoque de Skinner es limitado, y que ignora las conductas características únicamente de los seres humanos, especialmente en las áreas en las que está involucrado el pensamiento (tan influido por la capacidad del hombre de utilizar el lenguaje) y la voluntad (término psicológico que se refiere a los impulsos, deseos, voliciones y propósitos).

Tanto si Skinner tiene razón o no acerca de todas las conductas, desde luego pueden aplicarse sus técnicas de motivación, extinción y castigo a fin de mejorar el hábito del dominio propio. Si no le gusta su modo de comportarse ahora, no se culpe a sí mismo por carecer de fuerza de voluntad, disciplina o impulsos. Considere que éstos son hábitos. Decida qué cambios desea efectuar y láncese con deliberación a un programa destinado a llevarlos a cabo.

8

Una guía para los hábitos en proceso de cambio

¿Cómo puede crear nuevos hábitos mejores, y acabar con los viejos y malos?

¿Es posible empezar a ser puntual en las citas, cuando toda la vida ha llegado usted media hora tarde?

¿Puede aprender a someterse con éxito a una dieta, si los informes demuestran su fracaso constante en la resistencia a la comida?

¿Le será posible convertirse en un hombre ahorrador, cuando ha despilfarrado siempre el dinero?

Existen muchos tipos de hábitos en los seres humanos. Algunos son personales, tales como la falta de aseo, morderse las uñas sin control, o el hábito tan desagradable de sentirse siempre tenso. Algunos tienen relación con el trabajo, tales como la demora, la falta de puntualidad crónica o la incapacidad de concentrarse. Otros son sociales. Éstos incluyen el sarcasmo, la costumbre de hacer siempre el payaso o la incapacidad de recordar nombres.

Sea cual sea el hábito, hay que seguir estos cinco pasos si se quiere asegurar su modificación:

I: IDENTIFIQUE EL HÁBITO QUE DESEA TRANSFORMAR

Este procedimiento esencial incluye también la identificación de las condiciones según las cuales tiene lugar la conducta (falta de estudio o desaliño, por ejemplo). Al cambiar estas condiciones, se obtiene un mejor control y de este modo se va cambiando la conducta en la dirección deseada.

(1) *Señale las conductas involucradas en el hábito que quiere transformar.* A menos que conozca exactamente las conductas que quiere cambiar, tendrá dificultad para transformarlas. Regla: *Exprese las conductas de tal modo que pueda contarlas o medirlas.*

Por ejemplo, David Martin, de veintinueve años, acudió a mí con un problema de desaliño. Su falta de aseo había llegado hasta el punto de que jamás invitaba a los amigos a visitarle en su apartamento e incluso odiaba la idea de estar en él. David quería «ser aseado», pero el hecho de ser aseado es un conjunto de muchas conductas. Le ordené que tomara notas durante una semana, y he aquí algunas conductas específicas que observó:

— No se hacía la cama antes de salir de casa.

— Dejaba los platos sucios de la noche anterior sobre la mesa del comedor.

— Guardaba en cualquier sitio y sin orden la ropa interior, calcetines, camisas, incluso sus papeles, con lo que jamás podía localizar nada con facilidad.

— Siempre dejaba sucio el lavabo, con restos de crema de afeitar y pasta dentífrica.

Una vez vio David con claridad las conductas precisas involucradas en su desaliño, pudo fijarse un curso de acción encaminado a establecer el hábito del aseo. Una técnica que resulta en extremo útil es la de que siempre le acompañe una libreta de notas durante una semana. Cada vez que tropiece con algo relacionado con el hábito que desea cambiar, anótelo. Recuerde que es más fácil aprender a hacerse la cama antes de salir de casa, que «ser aseado».

(2) *Mida la conducta señalada, para ver con qué frecuencia tiene lugar, antes de fijarse el programa.* Esta frase de «antes de» le dirá en qué punto empezó usted, de modo que le sea fácil comprobar sus progresos más tarde. Existe cierto número de modos de medirla: la frecuencia con la que ocurre la conducta, el índice en el que ocurre en un tiempo fijado, y la duración de la conducta.

(3) *Estudie toda la sucesión de la conducta.* Tal vez no sea capaz de controlar el acto final, pero eso no sucede porque sí. Generalmente, ese punto final viene precedido por toda una serie de actos. Tal vez le resulte posible transformar un hábito al principio, o en el punto medio de toda esa sucesión de actos, antes de que cobre verdadera fuerza.

CASO

Cuando vi por primera vez a Stan Block, me reveló que era un jugador compulsivo y que ya lo había probado todo, desde la terapia a los Jugadores Anónimos, en su esfuerzo por controlar el vicio de apostar a los caballos.

Su conducta seguía siempre el mismo esquema. Cada mañana, al vestirse, se prometía a sí mismo: «Hoy no apostaré». Durante el desayuno repetía la promesa a su esposa. En el camino hacia su oficina o después del desayuno en los fines de semana, leía el periódico, hasta que llegaba por último a la sección de deportes. Entonces se enfrascaba en las carreras de caballos y empezaba a pensar en aquellos que podían ganar, quedar colocados o perder. Así iba creciendo en él el impulso hasta que, poco antes de las carreras, perdía el control y, echando mano de todo el dinero a su disposición, hacía una apuesta.

Me pregunté si no sería más fácil intervenir antes en aquella cadena de acontecimientos que precedían a la apuesta, de modo que pedí a Stan que dejara de leer el periódico de la mañana. Dejó de hacerlo. Y se acabaron las apuestas, y los acreedores desaparecieron de su vida. Insatisfecha, la señora Block me telefoneaba con regularidad: «Pero, doctor —decía—, Stan aún no comprende por qué jugaba antes. No tiene una visión clara». Ella creía que, sin esa comprensión, el problema retornaría. Seguí las comprobaciones durante tres años seguidos. Stan no hizo en todos ellos una sola apuesta. El único diario que lee ahora es el *Wall Street Journal,* que no tiene sección deportiva.

II: HAGA UN CONTRATO DE INTENCIÓN, DECLARANDO QUE QUIERE CAMBIAR SU CONDUCTA. Hágalo consigo mismo, o con alguien más.

(1) *Esta declaración de intención ha de ser extremadamente específica.* Prometer: «Estudiaré más» resulta demasiado vago. ¿Cómo puede contarse o medirse eso en verdad? Es mucho mejor decir «Estudiaré dos horas al día», porque usted puede contar el número de días en los que ha estudiado esas dos horas. Incluso la frase: «Llegaré puntual al trabajo» es demasiado vaga, porque, si llega sólo dos minutos después de la hora, ¿será eso «ser puntual»? ¿Y si son diez minutos? ¿Y si llega tarde y el supervisor no se da cuenta? Es mucho mejor declarar algo

específico, como: «Llegaré a la oficina cada mañana no más tarde de las nueve en punto». Incluso ese término «llegaré» queda todavía un poco vago. ¿A qué momento se refiere exactamente: a la entrada en el vestíbulo del edificio... al ascensor... o al momento de sentarse ante su mesa?

Esto subraya la necesidad de especificar las diversas conductas involucradas en «ser más rápido en el trabajo», «ser más ordenado», «vestirme mejor», «utilizar mejor mi tiempo», etc.

Sin una declaración específica de intención, uno puede engañarse fácilmente y convencerse de que ha cumplido su promesa. El doctor Allen Marlatt, de la Universidad de Washington, y el doctor Burt E. Kaplan, de la Universidad de Florida, comprobaron que eso era cierto al estudiar el cumplimiento de las resoluciones de Año Nuevo. Cuanto más vagas eran las resoluciones, con mayor frecuencia se informaba de su cumplimiento. Resulta más fácil creer que uno «tiene un contacto más auténtico con el mundo» que creer que ha perdido cinco kilos cuando el peso le demuestra que ha ganado kilo y medio. *Escriba la intención para no cambiarla por inadvertencia.*

(2) *Diga su intención a otra persona o, mejor aún, preséntesela por escrito a esta persona que estaría en posición ideal para comprobar el cambio.* Si quiere cambiar de conducta en la oficina, revele lo que se propone hacer a un compañero de trabajo, no a un amigo con el que va a la bolera los jueves por la noche. Pero si la conducta se refiere a los bolos, dígaselo al que va a la bolera con usted, no a un amigo de la sala de copias. Sea específico. El otro no puede saber si usted ha «dejado de tener malos pensamientos», pero sí podrá advertir si usted termina sus tareas a tiempo.

Cuidado. El amigo no debe premiar la intención con sus alabanzas. Ni usted debe alabarse a sí mismo por tener tal intención. Sin embargo, no se vaya al extremo opuesto y comunique su intención a alguien que con seguridad vaya a desaprobarle, con lo que a usted le resultaría más difícil desarrollar su intención en el futuro.

(3) *Limite la intención a algo que pueda realizar en el futuro próximo.* Prometer el día de Navidad: «Nunca me emborracharé otra vez en la fiesta de Navidad en la oficina» no sirve de nada, ya que la oportunidad de cumplir esa promesa es demasiado remota.

(4) *Programe toda una serie de éxitos.* Elija una conducta en la que tenga mayores oportunidades de éxito y dedíquese por entero a ella, porque estos éxitos le animarán a lanzarse a la acción en otras conductas, y le facilitarán la formulación de otras intenciones como base para proyectos de transformación personal. Por ejemplo, usted siempre se demora en las tareas de la casa. Es tonto decirse: «Debo pasarme todo el sábado trabajando en la casa» y vale más establecer una serie de metas, tales como: (a) trabajar en la casa durante una hora cada sábado por la mañana; (b) cuando ya haya logrado este hábito, la nueva meta será trabajar en la casa dos horas cada sábado por la mañana; (c) a continuación, dos horas por la mañana y dos horas por la tarde. Y siga este esquema hasta cumplir todo su objetivo.

III: EXAMINE LA SITUACIÓN Y TRATE DE QUE LA CONDUCTA A TRANSFORMAR LE RESULTE DIFÍCIL DE REALIZAR, Y, EN CAMBIO, LE SEA MÁS FÁCIL CUMPLIR LA CONDUCTA DESEADA

(1) *Controle los estímulos que anulan la conducta no deseada.* Esto es lo que hizo Ulises al poner cera en los oídos de la tripulación para que no oyeran los cantos de las sirenas. Anuló el estímulo.

Con frecuencia, el ambiente del área en la que usted se desenvuelve le comunica un mensaje erróneo.

a. Si usted no tiene suficiente espacio en armarios y cajones, la situación física le está diciendo que el tenerlo todo guardado y aseado es un verdadero problema, lo que no motivará en absoluto su conducta hacia el aseo. Por lo que cada vez habrá menos probabilidades de que usted arregle armarios y cajones.

b. Si un estudiante trata de estudiar física mientras su hermano pequeño contempla la televisión en el mismo cuarto, tal vez sea más susceptible a los estímulos discriminadores que le dicen que también él se divertiría más viendo el programa (motivación positiva) o que el programa le aliviaría la tensión de aprenderse la Ley de Boyle (motivación negativa). Así que el chico dejará de estudiar física y se dedicará a ver la televisión.

Disponga el ambiente con el fin de eliminar todo lo que favorezca la conducta que quiere transformar, y en cambio refuerce todo aquello que favorezca la nueva conducta. Por ejemplo, el hecho de disponer de mayor espacio en armarios y cajones tal vez le envíe ED de que el aseo le resultará más sencillo. Ponerse a estudiar a solas en una habitación, sin el televisor, le priva del estímulo nocivo que supone el mismo y en cambio predominan los ED para el estudio.

(2) *Impida que tenga lugar la respuesta que no desea.* A veces no es posible controlar los estímulos, pero, al disponer el ambiente, sí cabe impedir la respuesta no deseada. Por ejemplo, un escritor tenía la costumbre de empezar a telefonear a los amigos en vez de trabajar. Su solución: cada mañana le ponía un candado al disco del teléfono y le entregaba la llave a su esposa. Ella lo abría de nuevo a las dos de la tarde, hora en que él solía dar fin a la tarea del día. Por último dejó de necesitar el candado y la llave, y se sintió muy orgulloso de «los progresos en el dominio propio».

(3) *Suprima la conducta que no desea, castigándose a sí mismo.* Repito que el castigo no es, por lo general, la técnica más efectiva para el cambio de conducta. Es mucho mejor efectuarla mediante la motivación, o la eliminación del estímulo. Sin embargo, a veces se tarda demasiado en lograr la conducta apetecida, o no se la puede motivar si el hábito contrario está demasiado arraigado, o no se descubren los estímulos que mantienen el hábito y, por tanto, no puede extinguirse. En estas circunstancias, el castigo puede ser útil.

También lo será si usted necesita un cambio *inmediato* de conducta. Quizás el hábito nocivo le ponga en peligro de perder su empleo a menos que lo rectifique de inmediato. En este caso, tal vez el castigo sea la única técnica posible. Recuerde que ha de ser fuerte, y administrado en el instante en que haya realizado la conducta que quiere suprimir.

CASO

Debido a la falta de cortesía de Alan Wood con los clientes, había perdido ya tres empleos y, en su opinión, estaban a punto de despedirle de su trabajo actual: vendedor en unos grandes almacenes. Como había de pagar muy pronto una hipoteca, tenía que controlar esta mala costumbre y de inmediato.

Por lo tanto, le apliqué la técnica del castigo. Le indiqué que fuera a una tienda de novedades y comprara un aparatito muy parecido a un encendedor pero que, en realidad, y al ser oprimido, propinaba una descarga eléctrica bastante fuerte. Estaba concebido, por supuesto, para gastar bromas pesadas, pero yo llevaba otra idea. Alan tenía que metérselo en uno de los bolsillos de la chaqueta. Cada vez que advirtiera que había dicho algo que un cliente pudiera considerar una grosería, había de meter la mano en el bolsillo, apretar el encendedor y administrarse una descarga eléctrica. Repito que ésta era bastante fuerte. Al cabo de pocos días, Alan observó un cambio en su conducta. En unos cuantos días más empezó a recibir alabanzas de su jefe por este cambio y también de sus compañeros de trabajo, lo cual motivó su conducta cortés. También los clientes le ayudaron a motivarla. Al cabo de una semana, pocas veces necesitaba utilizar el encendedor, pero lo llevó en el bolsillo durante algún tiempo. «Sólo con saber que lo llevo, dejo de ser grosero», me dijo.

(4) *Vaya formando la conducta que desea.* Si tiene problemas para llegar directamente a la conducta deseada, empiece en el punto en que está y vaya cambiando gradualmente hasta donde quiere llegar. A veces se logra esto con la «técnica del calentamiento». Por ejemplo, una escritora tenía problemas para ponerse a trabajar. Como ejercicio de

calentamiento, eligió el repaso de todo lo hecho el día anterior. Se enfrascaba de tal modo en la lectura de lo ya escrito y en las ideas que esto le sugería para mejorar el borrador siguiente, que empezaba con facilidad su nueva jornada de trabajo.

Tal vez a un estudiante le resulte más fácil estudiar matemáticas que historia, o viceversa. Y un ejecutivo puede considerar más fácil el principio de la jornada de trabajo con una conferencia, o un dictado, debido a los estímulos sociales que suponen estas situaciones, que organizando el inventario de fin de año.

Aviso. Persevere en cada paso sólo hasta que pueda pasar al siguiente. Si se estanca en uno de ellos demasiado tiempo, quizá se quede allí para siempre.

IV: DESCUBRA QUÉ CONSECUENCIAS DE LA CONDUCTA QUE QUIERE SUPRIMIR SIRVEN PARA MOTIVARLA. HA DE BUSCAR CONSECUENCIAS INMEDIATAS DEL ACTO. Pero éstas no tienen por qué ser agradables. Sea lo que sea, dé por sentado que son las motivaciones.

Considere siempre la consecuencia inmediata. Una persona sometida a dieta se queja de las consecuencias negativas que supone el comer con exceso. Quiere llevar una talla menor de la que ahora viste. Sabiendo esto, ¿por qué esas consecuencias desagradables no evitan que ingiera tantas calorías? Porque experimenta tanto goce —por momentáneo que sea— o un alivio tal de la tensión al devorar un plato de albóndigas o espaguetis que olvida el resultado definitivo: la obesidad.

En teoría sabemos que:

Una conducta seguida por la motivación (ya sea negativa o positiva) lleva al aumento en esa conducta.

Una conducta seguida por un castigo lleva a la disminución de esa conducta.

¿Qué sucede entonces si a una conducta sigue primero una consecuencia motivadora y después un castigo? *Que la conducta se mantendrá o aumentará incluso.* Sólo importa la consecuencia que sigue *de inmediato* al acto. Lo demás no cuenta. Por ejemplo, un alcohólico se atiza una serie de vasos de whisky. Se siente menos tenso, más animado, en magnífica forma. Más tarde vendrán las náuseas. Pero esta consecuencia secundaria no importa. Sigue bebiendo porque la primera consecuencia le hace sentirse mejor.

(1) *Tal vez tenga usted que cambiar la conducta de las personas que le rodean para evitar las consecuencias que mantienen o incrementan el hábito.* Por ejemplo, Teodora Ayllon y Jack Michael, dos experimentadores de importancia en el campo de las operaciones, cuentan la historia de Lucille, paciente mental hospitalizada, cuyas visitas a la salita de las enfermeras interferían de continuo con el trabajo de éstas. Durante dos años Lucille había estado estorbándolas, y las enfermeras le habían manifestado su desagrado de todas las formas posibles. Como no sirviera de nada, las enfermeras llegaron a convencerse de que ella era demasiado torpe para entenderlas.

Cuando los terapeutas de conducta entraron en el caso, decidieron que era preciso cambiar la conducta de las enfermeras. Les dieron instrucciones de que no prestaran la menor atención a Lucille cuando viniera a visitarlas, que la ignoraran por completo. Eso hicieron. Durante los dos años anteriores Lucille había hecho dieciséis visitas al día, por término medio, al cuarto de las enfermeras. En cuanto éstas dejaron de motivar su conducta con diversos comentarios, sus visitas se redujeron a dos al día.

En la vida diaria hallamos un ejemplo familiar para todos aquellos que hayan intentado seguir una dieta. Cuando alguien sucumbe a la tentación y toma algo de muchas calorías, todos los que le rodean le dicen: «No deberías comértelo» o bien: «¡Vaya! ¿Qué hiciste con la dieta?». Al prestar atención a la costumbre de quebrantar la dieta, la motivan. Sin embargo, cuando cumple la dieta a rajatabla los demás tienden a ignorarlo, retirando así la motivación del hábito de obediencia a la dieta, con lo que tiende a decrecer la frecuencia de esa conducta. De modo que sus comentarios son todo lo contrario de lo que se necesita para mantenerle en la dieta.

(2) *Elimine las motivaciones que conserven la conducta no deseada.* Usted ha de identificar las consecuencias que siguen *inmediatamente* a la conducta que no desea y, o bien ha de suprimirlas de la situación, o ha de dejarlas inefectivas. Sin esta motivación, la conducta decrecerá y acabará por desaparecer.

a. Suprima la motivación por completo, de modo que no pueda funcionar en absoluto. De este modo cambia la situación con el fin de que no tengan lugar esas consecuencias actuales que no desea.

CASO

Una universitaria de veintiún años acudió a mí con el problema de los tirones de cabello (costumbre muy corriente entre los jóvenes). Mientras estudiaba, llegaba a arrancarse mechones de su hermoso cabello rubio. Siempre seguía el mismo esquema: tomaba dos o tres cabellos y se los enrollaba en torno a la uña del índice de modo que le apretaran bien el dedo. Me informó de que «le encantaba aquella sensación de presión», por lo que decidimos suprimir esa impresión, que era en realidad la motivación... Le ordené que se pusiera una tirita en torno al índice, para que no sintiera la presión agradable. Tras cierto número de semanas con el dedo vendado, Dina llegó a controlar el hábito.

b. Si no puede suprimir la motivación, tal vez consiga vencerla añadiendo una consecuencia diferente, algo más importante o más fuerte, con objeto de que la consecuencia pierda importancia.

CASO

Un hombre que trabajaba como pianista en un club nocturno acudió a mí con este problema: se mordía las uñas. Y le preocupaba, ya que sus manos, horribles ahora, estaban siempre a la vista. Le sugerí que hablara con el farmacéutico, a ver si éste le ponía algo en las uñas de modo que, al mordérselas, le resultara desagradable. Existen algunos preparados que producen un gusto fuerte, y definitivamente desagradable, si se pintan con ellos las uñas y después se muerden. Lo hizo y eso fue el final. Varias semanas más tarde telefoneó para decirme: «Ya me han empezado a crecer las uñas», y seis meses más tarde informó: «Ya no necesito el preparado; lo tengo bien controlado».

c. Utilice la imaginación para controlar las motivaciones. Según la técnica de sensibilización desarrollada por Joseph

R. Cautela, catedrático de Psicología en la Universidad de Boston, y ex presidente de la Asociación para el Avance de la Terapia de Conducta, usted imagina una escena muy desagradable (como estar vomitando, ser mordido por un perro rabioso, o que las ratas le corran por todo el cuerpo). Entonces, cuando va a realizar la conducta no deseada, comienza a *imaginar la escena.* Ha de hacerla lo más vívida posible, y seguir imaginándola hasta que *deje de realizar lo que no desea.* En cuanto lo haya hecho, pase de inmediato a imaginar una escena agradable (exactamente lo opuesto de la escena que le produce aversión). En el despacho del terapeuta, el paciente lleva a cabo tanto el acto que desea corregir como la imaginación de la escena desagradable, y luego pone en práctica este método en situaciones de la vida real. Aunque las escenas puedan resultar desagradables tanto para el paciente como para el terapeuta, son extremadamente útiles para lograr un cambio.

V: ESTABLEZCA EL HÁBITO DESEADO. Para esto necesita un conocimiento exacto de la conducta que desea, y un sistema de motivaciones que funcionen para usted. Aun cuando parezca lógico que algo pueda ser una motivación, e incluso sus amigos lo consideren una recompensa maravillosa, tal vez no cumpla esa función para usted. La persona que detesta el invierno y todos los deportes, no juzgará una recompensa la promesa de un fin de semana en un refugio para esquiadores. Elija motivaciones que le vayan a usted.

(1) Al elegir estas motivaciones positivas, distinga tres aspectos:

a. Motivaciones de tipo social. Como ya he dicho, sus amigos pueden animar el progreso con sonrisas, atención, interés y alabanzas.

b. Cosas que le causen placer. Puede ser algo que desea mucho, como un vestido nuevo, una salida nocturna o un viaje de pesca. O adoptar la forma de algo que le encanta, como un martini a la hora del almuerzo, o una buena sesión de lectura de novelas policíacas.

c. Algo que tiene mucha costumbre de hacer. Cepillarse el cabello, ahuecar los almohadones, ponerse maquillaje, mirar escaparates. Si no consigue imaginar una motivación, recuerde lo que hace con frecuencia y úselo como recompensa. Esa ley de conducta se denomina Principio de Premack (por el doctor David Premack, que la formuló). El doctor Premack ha demostrado que aquello que se hace con más frecuencia y con toda libertad, puede utilizarse como motivación. Para incrementar una conducta que apenas se realiza, llévela a cabo e, inmediatamente, repita la conducta que realiza con más frecuencia. Por ejemplo, a usted le cuesta iniciar su programa matutino de gimnasia. Usted *siempre* escucha las noticias de la mañana por la radio. En cuanto empiece a hacer los ejercicios, ponga la radio.

(2) *Utilice motivaciones positivas:*

a. No puede alcanzar aquello que le motiva antes de realizar la conducta deseada. Podríamos compararlo con la obtención de una recompensa. No hay conducta, no hay premio. Por ejemplo, si usted tiene la mala costumbre de llegar siempre tarde al trabajo, no puede tomar el desayuno hasta estar completamente vestido y dispuesto a salir para la oficina a las ocho en punto de la mañana.

Mi esposa Jean afirma que, con esta técnica, e incluso

trabajando la jornada completa, ha conseguido escribir cuatro libros. Si se levanta a las seis cada mañana para trabajar en el libro, se premia con un filete con salsa tártara en el almuerzo del sábado. Si consigue levantarse a las seis de la mañana incluso el sábado, sale a almorzar fuera de casa. Todo a condición de levantarse a las seis. Si no se levanta, no hay salsa tártara, ni almuerzo en un restaurante.

Mucho antes de Skinner, Benjamin Franklin puso en obra este principio de la dependencia de la motivación. Cuando Franklin era presidente de la Sociedad Filosófica Americana, aconsejó al capellán de la sociedad, «un celoso ministro presbiteriano, Mr. Beatty», el cual no conseguía que los miembros acudieran a las reuniones a tiempo para las plegarias. Como a cada miembro se le daba su ración diaria de ron (cuatro onzas), Franklin sugirió al capellán Beatty: «Si usted se lo diera en el momento justo de acabar las plegarias, los tendría a todos a su alrededor». Beatty obedeció esta sugerencia y «jamás hubo una asistencia más general y puntual a las plegarias». El comentario de Franklin es: «Juzgué preferible este método al castigo que infligen algunas leyes militares por la falta de asistencia al servicio divino».

b. Recuerde que la conducta inmediatamente anterior a la motivación es la que tiende a incrementarse. Si usted espera demasiado antes de premiar su buena conducta se interpondrán otras de menor importancia, y éstas, y no aquélla, resultarán motivadas. Por supuesto, no tiene por qué recibir la recompensa concreta en el mismo momento en que realiza la acción deseada. Un símbolo, o sencillamente el conocimiento de que ha vencido, resulta igualmente efectivo. Jean sabe que se premiará con ese Bloody Mary el sábado si se levanta a las seis de la mañana toda la semana.

c. Llévese bien la cuenta. La anotación de los informes puede servir también de motivación. Hágalo con cuadros, gráficos o cualquier clase de notas que a usted le resulten útiles. Cuente el número de veces que lleva a cabo el acto cada día. Por ejemplo, si es algo que sólo realiza una vez al día, como levantarse para ir a trabajar a las nueve, puede llevar un cuadro muy sencillo.

El mismo acto de vigilarse y llevar la cuenta puede cambiar la conducta. Un contador de los utilizados en el golf es un modo sencillo de hacerlo. Por ejemplo, si tiene la costumbre de distraerse en el trabajo, cada vez que se sorprenda a sí mismo mirando por la ventana o entregado a sus fantasías cuando debía estar concentrado en el trabajo, oprima el contador. Lleve la cuenta y, al término de la jornada, transfiera el total a un gráfico o carta colocada donde pueda verla. Un gráfico suele ser mejor, porque a simple vista se advierte lo sucedido. No se sorprenda si advierte un cambio inmediato en cuanto empiece a vigilarse.

Yo he descubierto que esta autovigilancia es un método muy efectivo para vendedores, corredores de bolsa, y otros hombres y mujeres que tienen que hacer muchas llamadas telefónicas para desarrollar su negocio. Con frecuencia les cuesta emprender la tarea de hacer esas llamadas y, en consecuencia, se sienten deprimidos, disgustados consigo mismos y preocupados por la pérdida de comisiones... e incluso la posible pérdida del empleo. Por lo general, saben muy bien el número de llamadas que deben hacer al día. Cuando me consulta un paciente con este problema, le digo que se compre un cuaderno. Cada vez que hace una llamada a un cliente en potencia la anota en él, utilizando una página distinta para cada día de trabajo, y sumando el total al final de la jornada. A veces, sólo el hecho de vigilarse le lleva a actuar a su propia satisfacción.

d. Usted puede premiarse mentalmente por desarrollar cierta conducta. Ésta es la técnica de la motivación oculta perfeccionada por Joseph R. Cautela y que apliqué a las situaciones sociales en la pág. 149, en el Capítulo IV. Usted toma la conducta que desea incrementar, se imagina haciéndola y motiva su actuación mediante su imaginación. También puede aplicar este método a los hábitos. Con el fin de recordárselo:

— Piense en la conducta que quiere realizar.

— Imagínese haciéndola.

— Luego dígase: «Motivación» y pase a una imagen que le motive.

— Haga esto una y otra vez, en series de diez motivaciones. De ese modo introduce una motivación positiva en el acto que desea establecer, y todo en la imaginación. Recuerde que tal vez haya de hacerlo cientos de veces.

Un universitario que se había estancado por completo en la tarea de escribir su tesis sobre el teatro irlandés, tuvo gran éxito con esta técnica. La escena imaginada: todos los pasos que había de dar con el fin de terminarlos. La motivación imaginada: ¡besar a su novia!

e. Haga que las recompensas sean más difíciles de ganar. Eleve su meta cada vez más. Por ejemplo, inicialmente se concede un premio cada vez que llega puntual al trabajo. Luego, con la finalidad de ganar la recompensa, tiene que llegar puntual a la oficina tres días seguidos... luego una semana... más tarde dos semanas. En cuanto haya ganado tres premios sucesivos, aumente la dificultad. Le sugiero este método: *establezca un sistema de puntos.* Cada realización de la conducta deseada le gana puntos, pero debe sumar una serie de puntos antes de ofrecerse el premio. Otro método: *la motivación intermitente.* A veces se concede el premio, y a veces no. Decídalo echando una moneda al aire. Tercer método: *el sistema progresivo.* Se van concediendo premios en tanto se aproxime a la conducta deseada. Primero si sólo llega veinticinco minutos tarde, luego si son quince minutos, luego si son cinco. Insisto: lo importante es no permanecer en un paso preliminar de la conducta durante demasiado tiempo.

f. Comprenda que la sensación de que está haciendo algo por su propio bien puede servirle de motivación poderosa.

Traté en una ocasión a un joven abogado de gran éxito. Su problema: no podía ahorrar dinero. Fijamos un programa de adiestramiento bastante complejo utilizando motivaciones tales como la aprobación de su secretaria, un programa de autovigilancia y la vista del aumento en la cuenta del banco. Al fin Ken estuvo seguro de haber vencido su despilfarro y desarrollado el hábito del ahorro que tanto deseaba. En este momento me dijo: «La mejor motivación no fue ninguna de esas cosas en las que pensamos. Lo que más me motivó fue el hecho de que, cada vez que iba al banco, me sentía orgulloso de mí mismo. Ahora sé que controlo mi propia vida».

9

Falta de motivaciones. Depresión

Por carecer de motivaciones positivas en su vida, algunas personas sufren un estado crónico de depresión.

Tal situación nace, por lo general, de una de estas tres condiciones:

(1) *Tal vez usted se haya formado un estilo de vida en general que permite pocas oportunidades para la motivación.* La depresión bien puede ser entonces la reacción natural a un modo de vida tan yermo. He conocido a muchas personas que trabajan en empleos que detestan, que tienen pocos amigos, o contactos sociales, y no poseen ningún interés o afición. Sólos, sin amigos, noche tras noche, un fin de semana tras otro, se sientan en casa a ver la televisión, que encima les aburre, y se odian a sí mismos. Hay quienes no se han tomado vacaciones en años. Claro que ofrecen sus razonamientos para esta inactividad, pues declaran: «No hay ningún sitio al que me apetezca ir» o bien: «No deseo hacer nada». Es natural que su tristona existen-

cia les parezca irremediable si no les gusta su trabajo, ni la vida social, ni el hogar, ni los amigos, ni su estilo de vida, si ni siquiera se gustan personalmente *y no hacen nada para modificar todo esto.* Debido a una existencia aburrida y carente de significado, se han creado una situación en la que nada bueno puede suceder.

(2) *Tal vez usted haya tenido motivaciones positivas en su vida... y las ha perdido.* Cierto número de situaciones en la vida real eliminan las motivaciones positivas o las fuentes potenciales de motivación positiva. Muere un marido, y la esposa queda deshecha. A los cincuenta y cinco años, un ejecutivo pierde el empleo al que consagró «su vida entera durante treinta y tres años de trabajo». Un viejo se jubila, sin la debida preparación, y se enfrenta con una existencia vacía. Un hijo único se casa y se va a vivir a cinco mil kilómetros de los padres. Una madre, siempre ocupadísima cuando los hijos eran pequeños, se encuentra ahora con demasiado tiempo libre y dedica muchas horas a las ideas depresivas. Puede tratarse de la pérdida de una parte del cuerpo —una pierna, un seno—, de la pérdida de algo más efímero, como la juventud.

Muchos teóricos afirman que el *significado* de las motivaciones que usted pierde es lo que le produce la depresión. Según el síndrome de vacío, la madre comprende que ya no es necesaria... el hombre despedido de su empleo comprende que profesionalmente es inadecuado... la desfiguración personal significa que «ningún hombre (o mujer) me querrá ya»... la muerte de un ser íntimo significa la falta de afecto y la amenaza de la soledad.

Aunque este «significado» al que aludíamos es la interpretación más obvia, no siempre es imprescindible que produzca depresión. La pérdida de oportunidades de motivación puede producir una reacción depresiva en la que no aparezca involucrado significado alguno. Por ejemplo, tomemos mis propios sentimientos el día en que obtuve mi título de Doctor en Filosofía.

Después de muchos años de cursos, estudios y exámenes, me reuní con el comité de la facultad para el último paso de aquel largo proceso: la exposición de mi disertación. Después de dos horas de preguntas, el presidente me miró, sonrió y dijo: «¡Enhorabuena, *Doctor*!». Mi reacción a la consecución definitiva del doctorado fue una depresión corporal que me duró varios días. La razón: había desaparecido ya una fuente de motivaciones a lo largo de muchísimos años: estudios, títulos, aceptación por parte de los profesores, admisión de los papeles para mi tesis. Una reacción similar suele surgir con frecuencia en el caso de hombres y mujeres tras sus licenciamientos de las Fuerzas Armadas. Vuelven a casa y se sienten deprimidos al faltarles la motivación ya tan familiar de la vida de cuartel, los deberes establecidos y los símbolos de la autoridad.

(3) *Usted centra su vida en torno a motivaciones negativas.* He explicado que la motivación negativa tiene lugar cuando algo, generalmente desagradable, se elimina de la situación, *o se impide que suceda.* Si este tipo de motivación se hace dominante, usted se fija una meta: evitar que la situación empeore, minimizar las pérdidas en vez de obtener ganancias. Su motivación no surge de las cosas buenas que puedan sucederle, sino *de evitar que las malas empeoren.* Por desgracia, esta situación es la base desafortunada de muchos matrimonios. Lo más que pueden conseguir es no poder, y con ello establecen un esquema en el que nada bueno puede suceder. En esta situación —que no tiene en cuenta las ganancias— usted llega a creer que el modo de evitar mayores pérdidas es hacer cada vez menos. Y empieza a sentirse apático y carente de motivaciones.

Tanto si la falta de motivaciones positivas nace de un estilo de vida, como de un cambio en su situación en la vida, o del predominio de motivaciones negativas, con el fin de conseguir la motivación positiva usted ha de buscar *deliberadamente* nuevas fuentes de placer que le den una visión positiva (más que negativa) del mundo que le rodea, de usted mismo y del futuro. Ha de hacer cosas que le supongan una fuente de satisfacción, y prestar gran atención a todo sentimiento de placer que se derive de ellas. Ese tópico de la mujer que se sintió deprimida y salió y se compró un sombrero nuevo, tiene mucho mérito en teoría.

Claro que resulta muy fácil insinuarles esto a los deprimidos, pero a ellos les es difícil cumplirlo. Una de las características de la depresión es la incapacidad de emprender la acción. Mis pacientes me dicen una y otra vez: «No se me ocurre nada satisfactorio que hacer. Y aunque se me ocurriera, ¿de qué serviría? No sería capaz de disfrutarlo. Seguiría sintiéndome deprimido».

Sin embargo, como en la mayoría de los programas del AA, es posible hallar un punto de partida. Aunque usted sea incapaz de emprender una acción exterior para la búsqueda de motivaciones, tal vez pueda hacerlo en su imaginación.

EJERCICIO DE LABORATORIO PARA LA DEPRESIÓN — I

Propósito: Proveer de motivación positiva mediante la imaginación, como el primer paso para aliviar la depresión.

Primer paso: Haga una lista de aquellas cosas que le producen impresión de satisfacción *si las imagina.* Vaya examinando sistemáticamente las áreas siguientes: comida, bebida, un *hobby,* entretenimientos, deportes, vida sexual, trabajo, interacción social, viajes o cualquier otro campo que se le ocurra. Porque ahora está buscando actos específicos que le produzcan aunque sólo sea una sensación mínima de placer. El acto puede ser algo tan sencillo como chupar un helado de chocolate, escuchar música clásica, o leer una novela policíaca. O puede ser algo mucho más complejo, como el que los demás busquen su compañía, o mantener relaciones amorosas con otra persona. Al elegir su acto, no se limite a la realidad. Pruebe con todo aquello que pudiera darle satisfacción, como la idea de ganar el Premio Nobel. Por deprimido o feo que se sienta, casi todo el mundo es capaz de encontrar algo que le produzca, por lo menos, una pizca de placer.

Segundo paso: Elija uno (o varios) de los actos seleccionados con un nivel relativamente alto de placer (tal vez tenga que elegir entre un placer mínimo y otro infinitesimal). *Imagínese* realizándolo e intente captar todas aquellas sensaciones agradables que obtiene de la fantasía. Practíquelo varias veces. En cada ocasión trate de hacer la imagen más clara y detallada, y disfrutar de todas las sensaciones agradables que se presenten. Repita el proceso con cada acto imaginado.

Tercer paso: Haga este ejercicio a diario. *Porque usted trata ahora de buscarse la motivación positiva que no obtiene de su actividad en la vida real.* El propósito del AA: aliviar lo suficiente la depresión *para que usted emprenda alguna acción en la vida y no sólo en su imaginación.*

Tal vez pueda empezar la cura de depresión con un enfoque más activo que la motivación fantástica. En este caso, su meta será crear *el hábito de hacer más cosas que le produzcan cierta satisfacción.* Siga las reglas para el establecimiento de nuevos hábitos.

EJERCICIO DE LABORATORIO PARA LA DEPRESIÓN — II

Propósito: Establecer un plan para incrementar la actividad, de modo que al fin encuentre usted nuevas fuentes de motivación positiva.

Primer paso: Haga una lista de actividades específicas con cierto potencial de motivación. Pueden abarcar una gama muy amplia: desde visitar un museo, a ir de compras, telefonear a un amigo, cenar en un restaurante favorito, o bien ir a pescar. La acción debe ser algo que usted pueda realizar y que no haya llevado a cabo en los últimos seis meses. Si se siente extraordinariamente deprimido, puede ser algo tan sencillo como ir a dar un paseo de media hora por el parque.

Segundo paso: Escriba el día y hora en que va a realizar la acción. Cuando llegue ese momento, *ha de poner en obra el acto elegido.* Insisto especialmente en esto. No hay excepciones.

Tercer paso: Empiece por realizar al menos un acto a la semana. Al ir pasando el tiempo, aumente la frecuencia. Lleve la cuenta de su conducta con un gráfico en el que anote una señal *cada vez* que realiza la acción.

Cuarto paso: Recuerde que está haciendo este ejercicio para aumentar la actividad. El disfrute *no es el propósito de la tarea.* En principio, tal vez no sienta placer. Sin embargo, para lograr esa meta eventual de la motivación positiva, usted ha de prestar atención a cualquier reacción de placer, aunque sea muy ligera y pasajera. Por tanto, al término de cada tarea anote la cantidad de sensación agradable que experimentó al hacerlo. Con este propósito, utilice una escala numérica en la que 0 representará la carencia total de satisfacción, y 100 el éxtasis completo. Esto servirá para reavivar su comprensión de las sensaciones agradables que ha aprendido a ignorar. También introducirá una orientación activa, porque con ello usted aprende a responsabilizarse de sus placeres, en vez de esperar que éstos surjan porque sí.

Yo no pretendo que estos planes sean fáciles de seguir. Sé que crecen en dificultad cuanto más grave es la depresión. *Éstos son para una depresión ligera.* Sin embargo, en mi consulta he visto que la práctica de estos ejercicios tan sencillos ayuda a toda clase de personas deprimidas a recuperar el ansia de vivir.

Un punto más. Tal vez tenga usted motivaciones en su vida y, en cierto modo, se haya hecho insensible a ellas y se sienta deprimido. Por ejemplo, una muchacha soltera puede concentrarse en el hecho de no tener marido hasta el punto de ser incapaz de ver todo aquello que sí tiene: un rostro agradable, un buen empleo, una colección de amigos y amigas. O el hombre de treinta y cinco años que pierde a su esposa y se entrega a un largo período de dolor. Mucho después de aquella muerte, aún centra su vida en esta pérdida e ignora la amistad y preocupación de los que le rodean y las cosas buenas que permanecen. La pérdida es real, pero también lo es el hecho de que existen muchas cosas agradables en su vida. Si él les cierra la puerta será la depresión —y no la tristeza— lo que aumentará.

Si usted es incapaz de comprender que, en realidad, sí hay placer en su vida, tal vez la mejor motivación para usted será el conocimiento de que está empezando *a controlar su depresión.*

CASO

A los cuarenta años, Jack Phelan, distinguido biólogo australiano, tenía una esposa que le amaba y tres hijos perfectos, y además todos alababan sus labores de investigación. Abandonó su tierra natal y se trasladó primero al Caribe, luego a Londres y, finalmente, a Nueva York, consiguiendo oportunidades cada vez mejores para la investigación. Sin embargo, todas estas cosas buenas no tenían efecto alguno en lo que Jack llamaba su «depresión mortal y creciente».

Cuando acudió a mí, su trabajo se había visto afectado por esta continua depresión y no podía hacer acopio de las pocas energías que necesitaba a fin de alcanzar la brillantez que caracterizara a sus investigaciones en el pasado. Había dejado de disfrutar del sexo, y empezaba ya a evitar a la gente. Almorzaba siempre, o casi siempre, solo.

Al principio, probé con él el programa de la fantasía. En mi despacho sí podía experimentar satisfacción mediante la imaginación, pero eso no afectaba a su depresión en la vida real. Como esto fallara, le ordené que hiciera aquellas cosas con las que había disfrutado en el pasado, y otras nuevas que nunca había probado. Pero la mortal depresión aumentaba.

Finalmente, le ordené que se autoobservara. Había de llevar la cuenta de lo muy deprimido que estuviera cada día. Esto resultó atractivo para la mente científica de Jack.

Al cabo de unas cuantas semanas, descubrió que deliberadamente podía empezar a reducir el nivel de su depresión a un ritmo lento, pero firme. «Cuando advertía que me dominaba la depresión —dijo—, lograba, no sé cómo, hacer acopio de energías y sentirme vivo de nuevo por un breve período de tiempo.»

En mi opinión, lo que había sucedido era que Jack se había entregado al hábito nocivo de la depresión, mostrándose cada vez más pasivo y permitiendo que se apoderara de él. En vez de hacer algo al respecto, buscó refugio en los medicamentos, en la lectura de toda la literatura psicoanalítica y en las visitas a una serie interminable de terapeutas. Al trasladarse de un país a otro, con frecuencia buscaba a un terapeuta antes de buscar casa. La técnica de la autoobservación (o autovigilancia), un método muy efectivo para transformar hábitos, le permitió asumir un papel más activo y establecer el hábito contrario de sentirse vivo e involucrado.

Al término de diez semanas, el problema de Jack había desaparecido, y acabó el tratamiento. Poco más o menos año y medio más tarde, telefoneó para decirme que, en ocasiones, aún le dominaba la depresión, pero que consigue vencerla con la autoobservación

10

Cómo adelgazar... y seguir estando delgado

Aunque existen millones de seres humanos desgraciados, en todo el mundo, que sufren problemas de desnutrición y hambre, el mejor problema de la nutrición en este país es la obesidad. La dieta se ha convertido en el deporte más popular de la nación.

Sin embargo, las estadísticas demuestran que, de los millones de americanos que guardan dieta cada año, *menos del 10 por ciento consiguen rebajar su peso*. Sea cual sea el plan que sigan, tal vez les permita adelgazar temporalmente, pero *no siguen estando delgados*.

El que se somete a una dieta sigue siempre el mismo esquema. De pronto, las ropas le vienen apretadas. Un amigo, o el cónyuge, le critica: «¡Estás demasiado gordo!». También él se *siente* gordo y poco atractivo. Preocupado, se lanza a seguir una dieta rígida que, probablemente, dura de sesenta a noventa días. Pierde peso. ¡Y seis meses después ya lo ha recuperado todo! Esto sucede porque no cambia sus hábitos básicos de comida. Para conseguir un cambio permanente, hay que alterar los hábitos de alimentación y prepararse un plan para el resto de la vida, no sólo para un breve período de tiempo.

La gente sigue una conducta de falta de control de peso por tres razones principales:

(1) Los gordos viven bajo el control de los estímulos exteriores (la vista y el olor de la comida). Si hay comida cerca, se la toman; la disponibilidad, más que el hambre, motiva su ingestión. La visión de un anuncio en una revista (esos que inducen a que a uno «se le haga la boca agua») los envía corriendo al refrigerador. Otros estímulos indirectos les sirven también de indicaciones para comer. Asocian la comida a la contemplación de la televisión, o a la lectura, y se dedican a comer cacahuetes mientras ven las noticias de la noche o leen un libro.

(2) En algún momento de su vida aprendieron malos hábitos de alimentación. La costumbre de comer con exceso se ha convertido para ellos en un estilo de vida que conservan porque disfrutan con ello, se sienten inseguros sin ello, o les alivia temporalmente de la sensación de ansiedad, cólera o depresión. Algunos comen para evitar la tensión. Al ser demasiado gordos, pueden evitar ciertas circunstancias que les producen tensión... como la intimidad con el sexo opuesto.

(3) Algunas personas están gordas debido a sus hábitos de ejercicio. Tal vez no coman demasiado, pero no queman lo que comen. En ocasiones, su actividad restringida les lleva a comer más y más.

El enfoque del Aprendizaje Asertivo para el control de peso le ayudará a dominar esas áreas. Usted no se somete a una dieta rígida. Porque ésta se propone cambiarle el peso, no la conducta. Se necesita tiempo para establecer un nuevo hábito permanente, y la pérdida rápida de peso raramente se puede mantener durante el tiempo suficiente para este propósito. *Por tanto, el propósito consiste en una pérdida media de peso de medio a un kilo por semana, y un cambio a largo plazo en los hábitos de alimentación.*

Con este fin hay que aplicar los principios del dominio propio. Usted identifica los estímulos que le obligan a comer lo que no quiere, y los elimina. Elige la conducta específica de comida o ejercicios que desea transformar. Elimina las motivaciones que mantienen habitualmente su ingestión excesiva de alimentos, y sustituye o refuerza las motivaciones que incrementarán su conducta deseada.

Los experimentos controlados, especialmente en la Universidad de Michigan, Universidad de Columbia, y en el Colegio Médico de la Universidad de Pennsylvania, han demostrado el éxito de este enfoque. Según el doctor Albert J. Stunkard, experto en obesidad, ex director de psiquiatría en la Universidad de Pennsylvania, y ahora presidente del Departamento de Psiquiatría en la Escuela de Medicina de la Universidad Stanford, la aplicación de la conducta de terapia al peso «...representa el primer avance significativo en años... Los programas anteriores de reducción de peso sólo le pedían a uno que sufriera y aguantara; esto le da la oportunidad de trabajar intensamente y tener éxito».

CAMBIAR LOS HÁBITOS DE COMIDA: UN PROGRAMA DE CINCO PUNTOS

Primer punto: Examine sus hábitos de alimentación. No podrá cambiarlos a menos que sepa cuáles son. Prepare un diario de dieta. Llévelo durante una semana y anote allí el quién, qué, cuándo, por qué, dónde, etc. que motiva la ingestión de comida. Hágalo de la forma siguiente: en su cuaderno del Aprendizaje Asertivo tome una hoja distinta para cada día de la semana, y prepare unas columnas con los encabezamientos siguientes:

Hora en que comió	Dónde comió
Comida que tomó	Con quién comió, o si lo hizo a solas
Cuánta tomó	
Qué hacía cuando comía	Cómo se sintió al comer.

Llevar esta cuenta le permitirá comprender lo que come realmente, y los estímulos ambientales y psicológicos asociados con la ingestión de alimentos. Un ama de casa de treinta años, después de dos semanas de autovigilarse por primera vez, comprendió que la cólera la estimulaba a comer. En cuanto lo comprendió, y tan pronto se sentía furiosa, dejaba la cocina y escribía cómo se sentía, con lo que menguaba su cólera y abortaba el impulso de comer. Otra mujer tenía una hermana desgraciada y deprimida que siempre la telefoneaba a la hora del almuerzo para contarle sus problemas. Después de esas llamadas, mi paciente siempre comía con exceso. Una vez comprendió lo que estaba sucediendo, le dijo a su hermana que hiciera la llamada diaria después de la cena.

Segundo punto: Controle los estímulos. La gente de peso normal come cuando tiene hambre, no porque la comida esté allí. Por cierto número de experimentos de laboratorio sabemos que, en el caso de los gordos, la misma disponibilidad de la comida motiva su ingestión. Como la tienen a su alcance, en muchos momentos y en muchos lugares, comen constantemente: en la mesa de trabajo, en las cafeterías, en la calle, delante del televisor, en el dormitorio antes de acostarse, etc.

Como la comida tiene lugar en muy diferentes condiciones, hay muchos estímulos distintos asociados con el acto. Éstos se convierten en estímulos discriminadores (estímulos que sañalan consecuencias) que dicen: «Adelante.... ¡come!» El televisor puede darle la señal, o el hecho de sentarse a su mesa de trabajo, o de leer, o de conducir el coche, o tal vez el de llegar al dormitorio.

Se necesitará una fuerza de voluntad sobrehumana para resistir todos los impulsos. Es mucho más fácil debilitar las señales que envían esos estímulos. El primer paso es la reducción del número de estímulos que usted asocia con el acto de comer. Esto no exige que usted deje de comer, pero sí que controle dónde y cuándo come.

(1) En casa puede comer lo que quiera y en cualquier momento, *pero siempre debe tomarlo en el mismo lugar.* Si elige la mesa del comedor, eso significa que jamás debe comer en la salita, en el dormitorio, o de pie ante el mármol de la cocina.

(2) *Cuando come no puede realizar ningún otro acto.* No puede leer, ni hacer punto, ni ver la televisión. Si está viendo el *show* de Johnny Carson y siente el impulso irresistible de comerse una barra de chocolate, debe apagar la televisión, tomar la barra, comerla en la mesa del comedor y, cuando termine, volver a la televisión.

CASO

Cuando Jane Jones acudió a mí me confesó: «Soy una adicta a las chocolatinas». Soltera, de casi treinta años, Jane creía que los diez kilos de más que pesaba estorbaban sus relaciones con los hombres. «Me siento gorda y no tengo confianza en mí misma. No puedo mostrarme tal como soy, y por eso evito salir con hombres», me dijo con ojos tristes. Jane comía de modo normal a las horas habituales y sólo tomaba un cóctel de vez en cuando, pero la pasión por las chocolatinas le impedía librarse de los diez kilos de exceso de peso. Cada tarde, a las tres en punto, dejaba el despacho, bajaba al kiosco, compraba seis o siete barras de chocolatinas y, antes de terminar el trabajo, se las había comido. A veces aún hacía otro viajecito, compraba más y se las metía en el bolso para tomárselas en el autobús.

Cuando le sugerí aunque sólo fuera una pequeña reducción para empezar, afirmó: «No puedo. Me es imposible prescindir de ellas».

Era obvio que había muchos estímulos que le impulsaban a «comprarse unas chocolatinas». Me propuse debilitarlos; de modo que preparé un programa para Jane. Podía comer tantas chocolatinas como quisiera, pero con tres condiciones: (1) sólo podía comprar las barras de una en una; (2) sólo podía tomárselas en el lugar destinado a comer; (3) había de llevar la cuenta de cada una que se comiera.

Por ejemplo, en la firma donde trabajaba había una cafetería de la compañía, y en ella una máquina automática de chocolatinas. Cuando Jane sentía el impulso irresistible, tenía que bajar a la cafetería llena de gente (no al kiosco), comprar una sola barra, sentarse a una mesa, anotarlo en la hoja donde llevaba la cuenta, y comérsela. Si sentía necesidad de otra, había de volver a la máquina, comprar la barra y repetir todo el proceso. Si sentía ese impulso mientras viajaba en el autobús, había de bajar, buscar una cafetería, entrar en ella, comprar una barra de chocolate, sentarse a una mesa, anotarlo en su cuenta y devorarla.

Como Jane deseaba realmente acabar con aquel hábito, cooperó plenamente. Al saber que podía tomar un número ilimitado de barras perdió el temor a la privación. Se necesitaron casi dos meses antes de que Jane advirtiera que estaba tomando mucho menos chocolate. Luego comprendió que, cuando estaba en el despacho, o viajando, raras veces sentía el impulso de comer. Empezó a acudir con menor frecuencia a la cafetería. Al reducir los estímulos, establecimos un control sobre su vicio. Se necesitaron cuatro meses para que éste desapareciera por completo. Si volvía a aparecer, ya sabía el modo de tratarlo. Si Jane no hubiera podido obedecer el plan de control de estímulos, yo habría tenido que utilizar el plan paso a paso, es decir, eliminar sólo un estímulo tras otro, lo que nos habría llevado mucho más tiempo.

(3) *Evite la compra de comidas ricas en calorías.* Los estantes del supermercado están rebosantes de muchos artículos prohibidos y apetecibles, ricos en almidón y azúcar. No se los lleve a casa. *Compre con una lista y vaya de tiendas sólo con el dinero justo para comprar los alimentos que necesita.* De este modo evita la tentación de dulces, pasteles y pasta. Si un pastel de chocolate supone su ruina, no lo compre. Su marido y los hijos estarán por lo general dispuestos a olvidarse de él en beneficio de su dieta. Deles otra cosa que no le resulte a usted tan apetecible.

(4) *Haga siempre la compra después de haber tomado una comida completa.* El doctor Richard B. Stuart, profesor de la Universidad de Columbia Británica y autor de *Slim Chance in a Fat World* (Oportunidad de adelgazar en un mundo de gordos), estudió la conducta entre las mujeres obesas y descubrió que aquellas que compraban después de comer, adquirían un 20 por ciento menos que las que hacían su compra antes de comer.

(5) *Utilice platos más pequeños.* Haga que su ración parezca mayor de lo que es en realidad. La misma cantidad de comida parece mayor en un plato de postre que en un plato llano. Utilice aquél para su comida principal. Los experimentos han demostrado que las personas gruesas obtienen mayor satisfacción con el plato pequeño, aunque ellas mismas hayan medido las cantidades idénticas de comida en los dos platos.

O bien, si le enloquecen los dulces, no lleve la caja a la mesa. Tome dos o tres, póngalos en un plato, y cómalos en la mesa. Tres bombones en un plato parecen más que si se limita a sacarlos de la caja y comérselos. Se sentirá más satisfecho con un número menor de dulces si los toma de un plato, que si los saca de la caja.

(6) *No sirva condimentos o salsas ricas en calorías con las comidas.* Esto obedece al principio de eliminar el estímulo de la situación. Si los niños desean más jarabe para sus tortitas, que vayan y se lo sirvan ellos mismos.

(7) *Haga las comidas aceptables y lo más decorativas posible.* Un rábano deliciosamente recortado también resulta tentador. Use un mantelito especial, un plato decorativo, la mejor cristalería.

Tercer punto: Cambie su conducta de comida. Porque usted desea desarrollar técnicas especiales que le ayuden a controlar el mismo acto de comer.

(1) *Coma despacio.*

a. Tome sólo un bocadito y deje el tenedor mientras lo saborea.

b. Mientras come, cuente cada bocado. Después del tercer bocado, deje cuchillo y tenedor sobre la mesa hasta haberlo masticado y tragado todo.

c. En algún momento, durante la comida, deje de comer por completo y tómese un descanso de uno o dos minutos. O suelte los cubiertos durante cinco segundos de reloj varias veces durante la comida. Esto ayudará a romper la naturaleza automática de la comida a toda prisa. Un paciente consiguió comer más despacio utilizando palillos finos.

d. Si ha descubierto que todavía come más aprisa que los demás, asegúrese de ser el último en sentarse y el primero en levantarse de la mesa. Intente apartarse de la presencia de la comida.

(2) *Deje siempre algo de comida, aunque sólo sea un bocadito, en el plato.* Esta técnica empieza a quebrantar el hábito nocivo de comer sólo porque la comida está allí. El propósito es: comer si tiene hambre; dejar de comer si ya se siente saciado.

(3) *Dificulte cuanto pueda la ingestión de comidas ricas en calorías.* El doctor Stanley Schacter, de la Universidad de Columbia, demostró que los obesos están menos dispuestos a derrochar energías con el fin de asegurarse la comida, que los delgados. En uno de los experimentos del doctor Schacter, sólo uno de veinte obesos comió almendras cuando había que pelarlas.

Aplique esta teoría a su conducta de comida. Si le gusta el pan, siempre debe tostarlo. Cuando lo tueste, prepare solamente una rebanada cada vez. Vuelva a meter el pan en el refrigerador antes de comerse la rebanada.

Y ya que hablamos de ello, asegúrese también de que los alimentos que engordan sean los más difíciles y pesados de preparar. Por ejemplo, si quiere un pastel ha de ser un pastel casero y cuyos ingredientes se hayan de mezclar a mano, no con una batidora. Esta alteración en la conducta puede tener un beneficio adicional: si ha de emplear tantas energías, tal vez no coma.

(4) *Controle lo que toma entre horas.* Al controlar conductas específicas, que tal vez le parezcan triviales, controlará esos tentempiés entre horas.

a. Reserve alimentos de las comidas para los tentempiés. Guárdese el pedazo de pan del desayuno para tomarlo con el café de las 10.

b. Establezca conductas incompatibles con la comida. Si suele permitirse un bollo o un *croissant* a las 10, dedique ese momento a lavarse el pelo o a escribir una carta. Si trabaja, cítese con alguien fuera de la oficina para ese momento.

c. Prepárese el tentempié como hace con la comida: en un plato. Esto aumenta el esfuerzo involucrado y ayuda a establecer el control del estímulo.

d. Tenga a mano cierta cantidad de alimentos sin calorías, como zanahorias crudas, apio, rábanos y pepino, para tomarlos entre horas. Téngalos ya dispuestos para comer, las zanahorias peladas, el apio en palitos, los rábanos en rodajas y bien a su alcance.

(5) *Descubra sus propias debilidades en las comidas y modifíquelas.* Muchas amas de casa aumentan de peso porque suelen acabarse lo que queda en los platos de los niños. Si usted es aficionada a hacerlo, vacíe directamente los platos en la basura. Si su hijo le pide una chocolatina y usted se come otra cada vez que se la da, que él mismo vaya a buscarla. Usted está investigando conductas que cambiar. Tal vez muchas le parezcan triviales, pero el control de esas trivialidades en la comida anima el enfoque activo y específico —no vago— de la dieta.

(6) *Vigílese.* Naturalmente, el propósito de los cambios en los hábitos de comida es reducir la toma de calorías. El doctor Jean Mayer, profesor de nutrición de la Escuela de Salud Pública de Harvard, dice: «Usted puede engordar

comiendo tan sólo un uno por ciento más de lo que necesita al día». Esa rebanada extra de pan y mantequilla por la mañana puede sumar cinco kilos al año.

Fije una meta razonable de la cantidad de calorías que quiere consumir al día. Con frecuencia, no podrá llegar directamente a esa meta, y habrá de hacerlo por etapas. Por ejemplo, usted consume 3.800 calorías a diario, y desea reducirlas a 1.200. Quizá deba progresar mediante una serie de metas secundarias: primero a 2.500, luego a 1.600, y por fin a 1.200. Recuerde: usted desea una serie de éxitos.

a. Lleve la cuenta de las calorías diarias. Cada vez que tome algo calcule el número de calorías y vaya sumando a diario los totales en una tarjeta. De ese modo, en cualquier momento del día, sabe dónde está en relación con su meta. Al final del día pase el número total de calorías a un gráfico que debe tener bien a la vista.

b. Compruebe su peso. Este programa de cambio de conducta se propone la pérdida media de peso de medio kilo a un kilo por semana. Si después de cierto número de semanas el peso no revela esta pérdida, o bien se ha fijado usted un nivel de calorías demasiado alto y debe rebajarlo, o está subestimando el número de calorías en su comida. Compruébelo y haga los ajustes necesarios.

(7) Dé los pasos necesarios para controlar los sentimientos desagradables que le produce el exceso de comida. Tal vez esté manteniendo una conducta que no desea porque cree que, al hacerlo, reduce ciertas reacciones emocionales. Las notas que escribió bajo el título: «Cómo se sintió cuando comió» en su cuaderno del AA demostrarán si esto puede aplicársele a usted. He aquí algunas sugerencias para controlar estos sentimientos:

a. Privación. Tome siempre tres comidas regulares y planeadas al día. Los que comen en exceso suelen saltarse el desayuno, toman un almuerzo ligero, y por la noche, porque han pasado hambre, creen que se han ganado el derecho a una cena pantagruélica, e incluso algo más a medianoche. Por lo general, esto supone una ingestión mucho mayor de calorías que si planearan sus comidas para todo el día.

b. Soledad, aburrimiento o depresión. Cuando usted experimenta estos sentimientos y el impulso concomitante de ir a saquear la nevera, tenga preparado un programa de actividades que pueda realizar fácilmente. Tenga una lista de los amigos a los que pueda telefonear. Escriba también otra lista de cosas que hacer. Mi esposa se pone a repasar la ropa. Una paciente tiene colgado en un gancho de la cocina un jersey a medio hacer. Otra se dedica a su *hobby,* la jardinería. Sus actividades pueden ser sociales, vocacionales, tradicionales, pero no deben estar relacionadas con la comida.

c. Cólera. Pruebe el darle puñetazos a un almohadón en vez de comer. O mejor aún, si es posible, tome medidas asertivas acerca de aquello que le enfurece.

d. Fatiga. Las personas cansadas creen que recuperarán las energías comiendo. Para mantener controlada la comida hay que controlar también el sueño. Duerma lo suficiente con el fin de encontrarse siempre bien y con energías.

Tal vez parezca peculiar el hablar del sueño y de un *hobby* en un programa de control de peso, pero la experiencia clínica demuestra que la mayoría de hombres y mujeres que comen en exceso y que se programan buenos hábitos de comida, pueden cambiar con mayor facilidad el papel de la comida en su vida.

Cuarto punto: Cambie su conducta de ejercicio. La gente tiene ideas extrañas acerca del ejercicio. Muchos creen que hay que realizar una cantidad enorme de caminatas, carreras, levantar pesos, boxear o lo que sea para quemar las energías suficientes y conseguir una reducción de peso. También creen que hay que hacerlo todo en seguida. Ellos razonan que se necesitan catorce horas de paseo para perder medio kilo, y catorce horas es demasiado. Sin embargo, si usted camina con bastante rapidez una hora al día, puede perder medio kilo cada dos semanas. En un año, eso significa una pérdida de doce kilos y medio.

La gente tiene también la idea de que el ejercicio aumenta el apetito. No es cierto. Los estudios han demostrado que, si se impedía que las ratas hicieran ejercicio, comían y engordaban. Si se les dejaba hacer ejercicio comían menos y conservaban su peso normal. Este descubrimiento se aplica también a los humanos. En su obra *The Thin Book by a Formerly Fat Psychiatrist* (El libro de los delgados, por un psiquiatra que antes era gordo), el doctor Theodore Rubin señala: «Yo he experimentado, tanto conmigo mismo como con los pacientes, que el índice de pérdida de peso aumenta en un 10 por ciento con el ejercicio».

Hay que hacer del ejercicio un hábito.

(1) *Calcule qué ejercicio hace ahora y auméntelo en un valor extra de 500 calorías al día.*

Los ejercicios se agrupan en tres clasificaciones: ligeros, moderados y pesados.

El ejercicio ligero quema 4 calorías por minuto. En esta categoría figuran el baile lento, la jardinería, el golf, el ping-pong, y caminar a unos cinco kilómetros por hora.

El ejercicio moderado quema 7 calorías por minuto, e incluye el baile rápido, los trabajos intensos de jardinería, la natación, el tenis, y caminar a 7 kilómetros por hora.

El ejercicio pesado quema 10 calorías por minuto e incluye subir y bajar escaleras, los ejercicios intensos de gimnasia, la bicicleta a 18 kilómetros por hora, el trote rápido, y saltar a la cuerda. Recuerde, 3.500 calorías equivale a medio kilo de grasa.

Antes de añadir un valor extra de 500 calorías de ejercicio al día, debe saber su índice habitual de ejercicio.

a. Prepare una tarjeta para cada día de la semana o utilice las páginas de su cuaderno del Aprendizaje Asertivo. Divida cada tarjeta en tres secciones: ejercicio ligero, moderado y pesado. Cada vez que calcule que ha realizado quince minutos de esa clase de ejercicio —no tiene por qué ser continuo— ponga una señal en la sección adecuada. Cada señal en la columna de «ligero» equivale a 60 calorías (quince minutos multiplicado por 4 calorías por minuto), en la de «moderado» equivale a 105 calorías (quince minutos multiplicado por 7 calorías), y en la de «pesado», 150 calorías (quince minutos multiplicado por 10 calorías).

Ligero (cada señal supone 60 calorías)	Moderado (cada señal supone 105 calorías)	Pesado (cada señal supone 150 calorías)

b. En otra hoja del cuaderno del AA anote el número total de calorías que ha quemado con el ejercicio de cada día.

c. Siga llevando esta cuenta a diario durante dos semanas, para comprobar su esquema de ejercicios... y luego añada otros adicionales.

(2) *Elimine los estímulos a la inactividad.* Por ejemplo, meta el coche en el garaje en vez de dejarlo en la calle. Así no lo utilizará para ir a casa de los Brown, que sólo está a dos manzanas.

(3) *Refuerce los estímulos a la actividad.* Empiece a practicar un deporte nuevo. Visite los gimnasios y matricú-

lese en uno. Comprométase para hacer algo con los amigos. Esto le ayudará a poner en marcha y continuar un programa de ejercicios. Aviso: elija el tipo de deporte o ejercicio con el que disfrute. Recuerde: usted quiere tener éxito.

Quinto punto: Prepare un sistema de motivaciones positivas. En otras palabras: prémiese a sí mismo.

Primero debe definir claramente la conducta que desea motivar. Tal vez sea la disminución de calorías ingeridas en un día. Quizás el número de calorías quemadas con una hora de ejercicio. O alguno de los actos específicos, como dejarse comida en el plato. También querrá motivar la consecución de unas metas de peso específicas.

Motivará cualquiera de estas conductas, u otras, utilizando los métodos que describí en el Capítulo VIII. Seleccione los premios que más pueden satisfacerle. He aquí algunos avisos.

(1) *Repito: no utilice la comida como premio.*

(2) *Utilice a sus amigos y familia con este fin de la motivación.*

Hábleles de las diversas conductas en las que está trabajando —comer siempre en el mismo lugar, hacer ejercicio adicional— y deles las instrucciones siguientes:

a. Cuando usted realice la conducta, el amigo, hijo o cónyuge deben hacer comentarios, animarlo o motivarlo socialmente. Cuando usted no realice la conducta, deben ignorarle por completo, sin dar señales de haber advertido el lapsus.

b. Si usted vive solo y nadie puede vigilarle, lleve un informe escrito de la comida y ejercicios y enséñelo a un amigo en particular con toda regularidad. El amigo debe motivarle según se ha dicho anteriormente.

c. Si está casado, pídale ayuda al cónyuge, pero ¡cuidado! Tal vez él, o ella, no esté de acuerdo en ayudarle a perder peso. Por ejemplo, en la Universidad de Michigan, el doctor Richard B. Stuart llevó a cabo entrevistas con cincuenta maridos que deseaban que sus esposas adelgazaran. Sin embargo, sólo veintisiete de ellos estaban dispuestos a ayudar al programa de pérdida de peso, temiendo consecuencias desagradables para ellos mismos, como la pérdida de la comida a título de actividad compartida, la pérdida de una situación de vencedor en las discusiones, el divorcio o una posible infidelidad.

(3) *Recuerde ese principio que dice que las motivaciones han de ser más y más difíciles de ganar.* Al principio, usted se promete a sí mismo que, si va a pie al trabajo (kilómetro y medio), podrá telefonear a Bob para quedar con él en jugar al póquer el viernes por la noche. Pronto habrá de hacer esa caminata tres días sucesivos antes de ganar el premio.

(4) *Pruebe el sistema de símbolos o puntos como técnica de motivación.* Por ejemplo: usted gana 3 puntos si cumple la dieta en una comida, o 40 puntos si sigue la dieta durante tres días sucesivos o 150 puntos por toda una semana de dieta. Necesitará diversas puntuaciones para distintos premios: 25 puntos suponen una salida al cine, 1.500 puntos le ganan un viaje de fin de semana.

CASO

Por mucho que lo intentara Lucille Crandall, de veintiocho años, corredora de bolsa de gran éxito, no lograba seguir la dieta, y esto la preocupaba: «Soy un éxito en todo lo demás; me molesta no poder controlar esta parte de mi vida», me dijo. Decidida a controlarla, Lucille estaba dispuesta a utilizar su retiro de fin de semana («ese lugar que renueva mi espíritu») como motivación.

Su comida diaria le suponía 3.800 calorías. La meta que se propuso: 1.200 calorías al día. Establecimos un sistema de puntos para ayudarla a conseguirlo en varias etapas.

— Menos de 3.500 calorías al día sería un punto. Menos de 3.000 calorías al día supondría un punto adicional.

— Con objeto de pasar el fin de semana en su refugio colonial, tenía que ganar 8 puntos durante la semana. Lucille creía poder hacerlo. Habíamos establecido aquel total de 8 puntos con objeto de que, al menos una vez a la semana, tuviera que bajar de 3.000 calorías si quería poder ir al campo ese fin de semana. Quedamos también en que, si fallaba un día, compensaría la pérdida obteniendo 2 puntos al día siguiente.

Lucille se ganó los 8 puntos la primera semana e inmediatamente rebajamos la cuenta de calorías a 3.300 y 2.800 para que ganara los puntos deseados. Lucille necesitó cinco meses para alcanzar su meta de 1.200 calorías al día y, para entonces, ya creía controlar la comida. Continuó con el sistema de puntos durante tres meses más y todavía lo utiliza si ve que empieza a fallar.

(5) *Utilice motivaciones creativas.*

a. Eche una moneda en la hucha cada día que cumpla la cuenta de calorías. El premio debe ser algo que usted desee realmente.

b. Regale a un niño esos kilos de más. Tome un dólar por cada kilo que haya perdido y envíe ese dinero a una obra de caridad digna, como la Unicef. Retire un dólar por cada kilo que recupere. Tendrá una impresión muy desagradable de usted mismo si ve que les está quitando dinero a los niños hambrientos.

c. Inicie una competición con algún amigo obeso. Cada día que no cumpla la dieta, meta un dólar en una caja. El ganador se lo lleva todo a fin de mes.

d. Dé espectacularidad a sus éxitos. Sea creativo. Una mujer compró dos bolsas enormes de plástico. Cuando perdía, echaba un kilo de harina en el saco de «peso perdido». Cuando lo ganaba, echaba un kilo de harina en el de «peso ganado». La vista del saco de «peso ganado» se le hizo tan aborrecible que conservó el peso ideal con toda firmeza.

e. A veces, la vida misma le provee de la motivación necesaria.

CASO

Mary Paparella pesaba casi 100 kilos. Unos treinta y cinco de más. Aunque a ella no le preocupaba demasiado, sí molestaba a su marido, el cual se negaba a dejarse ver con Mary en público. Durante cinco años, jamás la había acompañado a ninguna parte, ni siquiera a la iglesia en Nochebuena.

Preparamos un programa de control de peso para Mary, con el fin de que la familia la motivara si ella mantenía la cuenta de calorías al límite primitivo. Paparella se negó a participar en absoluto en ese programa de dieta de Mary, pero los niños sí la ayudaron con cumplidos como: «¡Oh, mamá! ¡Eres maravillosa! Te dejaste la mitad de los espaguetis en el plato».

Mary siguió con el régimen. A los seis meses había reducido su peso a ochenta kilos, y el marido empezó a llevarla espontáneamente a los sitios. Con esto Mary perdió su motivación para adelgazar y empezó a recuperar peso, en cuyo momento, y sin instrucciones por mi parte, su marido le dijo: «Ya estás engordando otra vez. No saldré más contigo». Mary recuperó el control y volvió a los ochenta kilos. Ahora, cada vez que empieza a ganar peso, su marido corta en seco toda su vida social conjunta. Aunque Paparella cooperó muy poco en nuestro programa y Mary jamás llegó a los 65 kilos, él hizo exactamente lo más adecuado en términos de motivación.

El cambio de conducta en sus hábitos de comida le permitirá *adelgazar y seguir estando delgado.*

El control de los hábitos de comida hará también que aumente su autoestimación. Al cambiar el modo de comer, usted hace algo más que perder peso. Se libra de la cólera, la vergüenza y el disgusto consigo mismo que le obligan a odiarse. Un paciente me dijo: «Toda mi vida he estado engordando, adelgazando, engordando. Ahora he controlado el peso y me siento feliz conmigo mismo».

11

Los problemas de las variaciones sexuales

Temiendo que, si descubren su homosexualidad, no sólo perderá el empleo sino que hasta sus mismos padres le despreciarán, John se encierra cada vez más en sí mismo. Sólo tiene una pesadilla: ¿y si el jefe empezara a llamarle mariquita o cualquier cosa por el estilo?

Chris sólo tiene impulsos sexuales cuando fantasea a propósito de zapatos. En la cama, con su amiga, se muestra distante, extraño e inseguro de su masculinidad. Sus fantasías sobre zapatos de tacón alto se interponen entre ellos.

Bill es un travestí. Aunque lleva diez años felizmente casado y es un buen padre, le encanta ponerse el traje de noche de su mujer y pasearse por todo el apartamento con él. Ésta le suplica horrorizada: «Si me amas, ¿por qué haces una cosa tan horrible?». Para salvar su hogar, ¿ha de renunciar a su fetichismo?

Aun cuando John, Chris y Bill difieran en edad, credo político, gustos y estilos de vida, todos comparten una cualidad: son variaciones sexuales. Temen el ridículo, la humillación, la pérdida del amor de sus congéneres, de sus compañeros de trabajo y familiares, y hasta tal punto que *han perdido la capacidad de decidir qué quieren hacer con su propia conducta.* En vez de preguntarse: «¿Qué me hará más feliz?», se preguntan: «¿Ser o no ser?... ¿Decir o no decir?... ¿Cambiar o no cambiar?».

IDEAS EN TRANSFORMACIÓN SOBRE LAS VARIACIONES SEXUALES

Para comprender los conceptos sobre las variaciones sexuales que tanto y tan rápidamente se han modificado, usted debe saber:

Lo que es la conducta de variación sexual. Por definición contemporánea, una variación sexual es un individuo cuyo objetivo final para la actividad sexual es *distinto de la unión genital con una persona del sexo opuesto.* Esta definición incluye dos grupos importantes: (1) homosexuales, cuya meta es la relación sexual con miembros del mismo sexo; y (2) otras variaciones que dirigen su interés sexual en primer lugar hacia los objetos, hacia actos sexuales que por lo general no se asocian con el coito, o hacia el coito realizado en circunstancias curiosas, como la necrofilia, le pedofilia, el fetichismo, el voyeurismo, el travestismo y el masoquismo.

La actitud de otras sociedades. Durante siglos, otras sociedades han aceptado libremente estas formas de sexo. Por ejemplo, los koniags, en la península de Alaska, educan a algunos niños desde la infancia para que representen el papel femenino. Estos chicos aprenden habilidades típicamente femeninas, llevan ropa de mujer y se instruyen en los deberes de la esposa. Los chuckchis de Siberia, en la península nordoriental de Asia, consideran al hombre que asume el papel femenino como un poderoso «hechicero» (especialista religioso del que se cree que posee poderes sobrenaturales). Este individuo lleva ropas de mujer, adopta modales femeninos y puede llegar a ser la «esposa» de otro hombre. La pareja copula, interpretando siempre el hechicero el papel femenino. Además de esta «esposa», el marido tiene generalmente otra con la que practica el coito heterosexual.

Los solteros kerakis, de Nueva Guinea, practican universalmente la sodomía, y los hombres más viejos inician a los muchachos en la relación sexual anal en el curso de los ritos de la pubertad. Entre los arandas australianos, las mujeres se estimulan mutuamente el clítoris. En África, las mujeres mbundo y namu utilizan un pene artificial en la masturbación mutua.

Actitudes en transformación. Aunque gentes de muchos países han practicado conductas de variación sexual durante cientos de años, sólo hace poco empezaron a cambiar los valores profesionales y sociales en el mundo occidental para aceptar la idea de que *cualquier acto sexual es permisible mientras se trate de adultos que estén de acuerdo con ello* (esto excluye la pedofilia y el exhibicionismo). En 1973, la Asociación Psiquiátrica Norteamericana declaró que la homosexualidad no es una enfermedad mental, y un conferenciante declaró que la homosexualidad «no es ni normal, ni anormal».

Problemas básicos. Aunque muchos han sembrado la semilla del modo de pensar victoriano, según el cual el único sexo «normal» es la unión heterogenital en una situación determinada, no así otros. Para las mismas variaciones, los problemas se dejan sentir sobre todo en dos aspectos: (1) cuando la variación no tiene control sobre su conducta y la práctica de modo compulsivo, carece de libertad de decidir si realmente quiere o no realizar el acto; (2) cuando no puede aceptar su propia conducta.

¿Cómo sabe lo que quiere la variación sexual? En este campo la influencia de la opinión de la sociedad —aunque ya se vaya transformando— sigue siendo tan fuerte que a menudo el individuo responde a ella más que a sus propias necesidades y deseos. Por ejemplo, en una conferencia en la Asociación para el Avance de la Terapia de Conducta, Charles Silverstein, director del Instituto para la Identidad Humana en Nueva York, presentó la cuestión de que, si un homosexual va a un terapeuta y le pide que le transforme en un heterosexual, el terapeuta no puede dar por sentado que ésta sea la auténtica meta del paciente. Con objeto de que el homosexual haga una elección sincera, el terapeuta debe librarle primero de las tensiones y temores creados por la sociedad.

Objetivos de la terapia con las variaciones. Muchos de estos seres que buscan ayuda psicológica están tan turbados y temerosos del ridículo y del mundo que los rodea, que por lo general no piensan más que en cómo librarse de la conducta de modo permanente.

Ésta no es la única opción.

Para saber lo que realmente quiere hacer, la variación sexual debe seguir cuatro pasos:

(1) Si realiza la conducta compulsivamente, ha de recuperar el control deliberado de la misma. Al sentir el control de su propia conducta, sus sentimientos tal vez cristalicen y pueda actuar por elección más que por compulsión.

(2) Deliberadamente debe desarrollar conductas alternadas con el fin de decidir cuál de ellas le satisface más.

(3) Si decide que desea conservar su conducta de variación, debe aprender a sentirse cómodo con ella y aceptar sus derechos a la misma. Dentro del marco de esa conducta ha de aprender a actuar asertivamente. Por ejemplo, si elige el homosexualismo, tal vez decida salir de su cascarón y manifestar a todos con claridad su estilo de vida.

(4) Si decide que no desea la conducta de variación, debe eliminarla y establecer la forma de conducta que más desea *(por sí mismo)*.

Si se dominan estos cuatro pasos desaparecerá mucha confusión existente sobre los objetivos.

EL HOMOSEXUAL

¿Cómo sabe usted si debe tratar de dejar de ser homosexual?

A pesar de la nueva libertad sexual, tal vez haya de enfrentarse con algunas decisiones. ¿Es usted realmente normal y, por la razón que sea, se ha visto lanzado al homosexualismo? ¿O es un homosexual convencido y su problema consiste en aprender a manejar las presiones ejercidas por la sociedad?

Existen muchas clases de homosexuales. El bien ajustado, ya sea puramente homosexual o bisexual, ha hallado un estilo de vida que le hace sentirse feliz y realizado. Muchos homosexuales no tienen más que los problemas corrientes de ganarse la vida, pagar los impuestos y seguir adelante en este mundo tan turbado y difícil. Han encontrado su camino.

Otros tienen problemas psicológicos.

(1) *El hombre* (y digo «hombre» porque los homosexuales masculinos son los que sobre todo buscan ayuda terapéutica, y yo mismo he visto muy pocas mujeres homosexuales que iniciaran por esa causa el tratamiento) *que es básicamente normal, pero teme que pueda ser homosexual.* Ha desarrollado fantasías de relación sexual con hombres. De vez en cuando, se siente atraído por un hombre en la calle, o incluso por la visión de un poster en una revista. Probablemente ha probado uno o dos encuentros sexuales con otros hombres. Para él, las mujeres se han convertido en estímulos cargados de tensión, debido con frecuencia a problemas de aserción o a un temor de su ineptitud sexual. Tiende a evitar esas situaciones provocadoras de ansiedad, y empieza a obtener el gozo sexual a partir de fantasías con el mismo sexo. En este grupo, los retrasados en madurar suponen un tipo interesante. No desarrollan vello púbico hasta la edad de dieciséis años. Durante la adolescencia, cuando sus compañeros aprenden el arte de relacionarse con el sexo opuesto, ellos sólo aprenden a sentirse inadaptados. Un estudio demuestra que, a los treinta años, estos retrasados en madurar tienen problemas muy graves con la aserción y las mujeres.

(2) *El hombre que básicamente es normal, pero cuya ansiedad acerca de las mujeres es tan intensa que se ha forzado a sí mismo a un estilo de vida homosexual.* Ésta es una extensión decididamente neurótica del primer tipo. Experimenta síntomas tales como la depresión, la ansiedad y la infelicidad por ocupar un lugar que no desea. La situación puede compararse a la de la persona que decide permanecer en el tipo de trabajo que no le va, por ejemplo el extrovertido que trabaja de nueve a cinco en estadísticas, él solo en un despacho individual.

(3) *El hombre que básicamente es homosexual, pero*

que se ve forzado al modo de vida heterosexual. Éste es la contrapartida del anterior. En ambos casos hay mucha confusión sobre su propia orientación sexual.

(4) *El homosexual que no está seguro de lo que es o lo que desea.* ¿A qué campo pertenece, o es que pertenece a ambos? ¿Actúa por sus propias necesidades, o debido a las presiones de la sociedad?

(5) *El homosexual al que le gusta su estilo de vida, pero que odia permanecer oculto.* Le gustaría hablar franca y sinceramente de sus actos homosexuales, pero teme el posible desprecio del mundo normal. Esto hace que se sienta solitario y extraño.

GUÍA DE CONDUCTA PARA EL HOMOSEXUAL

Propósito: Ayudarle a decidir lo que quiere.

Al intentar descubrir lo que usted desea realmente, el fin primordial es la expansión de su experiencia sexual. Con esta amplificación, tal vez usted se halle en mejor situación para adoptar una decisión. Al hacerlo, usted sigue las reglas generales del Aprendizaje Asertivo. Parta del punto en el que se halla ahora. Decida dónde quiere llegar. Vaya hasta allí paso a paso. Con el fin de cumplir este programa:

(1) *No empiece con ideas fijas.* Usted trata de descubrir si prefiere el modo de vida homosexual, bisexual o heterosexual. No tome decisiones antes de haber intentado la expansión de sus ideas. No empiece con el propósito de llegar a ser exclusivamente heterosexual.

(2) *Comprenda que su ansiedad puede enmascarar el placer real que recibe de las relaciones homosexuales.* No ignore las satisfacciones que éstas entrañan. Dese más

cuenta de ellas. Recuerde buenos momentos pasados. Fantasee sobre excitaciones futuras. Mire lo que tiene ahora y piense también en que la ansiedad le impide disfrutar de su homosexualidad, y lo que puede hacer para que ésta le resulte más remuneradora.

(3) *Expansione su experiencia sexual con el sexo opuesto.* A menudo esto resulta más fácil de decir que de hacer. A veces, la ansiedad intensiva genera la evitación. La ansiedad puede estar directamente relacionada con el sexo o adoptar la forma de ansiedad social general. Importante: identifique las ansiedades principales y trate de reducirlas.

a. Si sus fantasías homosexuales le turban, láncese a un programa para librarse de ellas. Generalmente, una dificultad de aserción con las mujeres precipita la fantasía. Con frecuencia, los muchachos jóvenes, preocupados por fantasías homosexuales, tienen problemas para pedir una cita, llevar la conversación y otras conductas heterosexuales. Incluso después de un programa del Aprendizaje Asertivo, durante el cual cambiamos estas conductas, los pensamientos homosexuales persisten porque, en este punto, se han convertido en un hábito con vida y existencia propias, o bien las fantasías resultan tan molestas que impiden que el individuo desarrolle la adecuada conducta asertiva. En cualquier caso, la interrupción del pensamiento resulta una técnica efectiva para controlar las fantasías. Éste es el truco que subrayé en el Capítulo IV donde, *tan pronto como* y *cada vez* que tiene un pensamiento obsesivo que controlar, usted se dice a sí mismo ALTO, y luego: «Tranquilo» y relaja los músculos.

b. Involúcrese en una relación heterosexual. Con el maestro adecuado, la ansiedad por el sexo será vencida.

CASO

Cuando Charles Shur, universitario y programador de computadores, de veintiocho años, acudió a mí, me dijo: «Soy homosexual, pero no quiero serlo». A lo largo de los años, había salido con cierto número de chicas pero, como él decía: «Son como hermanas». Ninguna de ellas esperaba el menor intento por su parte. No había tenido una cita auténtica en muchos años, y jamás había tenido relación sexual con una mujer. Necesitaba un desahogo emocional, pero no un amante homosexual permanente. Una o dos veces a la semana Charles visitaba un bar de invertidos, elegía a un hombre y se iba al apartamento de éste —nunca al suyo propio— para el acto sexual. No se relacionaba dos veces con el mismo hombre.

No sólo nunca se había acostado con una mujer, sino que jamás había experimentado una fantasía sexual relacionada con ellas. Su ansiedad nacía sobre todo de la impresión de que, si salía con una chica, ésta esperaría de él que se acostara con ella, y él no tendría una actuación demasiado lucida. No concebía una relación hombre-mujer en la que la chica no tuviera esperanzas sexuales por lo menos para la segunda cita.

Esto es lo que hicimos. Le di a Charles instrucciones de que buscara una prostituta para que actuara de maestra. Eso hizo. Luego preparé y dispuse un programa, paso a paso, a fin de reducir su tensión sexual.

Primer paso: Debía sentarse y hablar con Jenny de asuntos sexuales. Lo hizo varias veces hasta llegar a sentirse cómodo.

Segundo paso: Jenny le dio una serie de lecciones sobre anatomía femenina. Ella servía de maestra. No le tocaba. No se esperaba acción alguna por parte de Charles, y esto le aliviaba parte de la tensión.

Tercer paso: Siguiendo el modelo de Masters y Johnson, Jenny le daba masaje, con cuidado de no tocarle los genitales. Cuando Charles empezó a experimentar placer con este proceso, ella pasó entonces a darle masaje en los genitales, pero no con la intención específica de motivarle sexualmente. Al principio, Charles no experimentaba sensación alguna en los genitales, pero pronto empezó a lograr impresión de placer y, finalmente, la erección.

Cuarto paso: Jenny pasó entonces a la masturbación manual (de ella a él), al sexo oral y, eventualmente, al acto sexual. Durante este período, ella conservó su actitud de maestra, con la esperanza de reducir la tensión. También utilizó su considerable experiencia con el fin de enseñarle a ser un buen amante. Se necesitó cerca de un año pero, al término de ese período, Charles funcionaba bien con Jenny.

Quinto paso: Durante la segunda mitad del año comencé el Aprendizaje Asertivo con Charles, en lo referente a las citas. Aprendió a conversar de hombre a mujer, y a flirtear. Luego tuvo varias citas en las que practicó dicho arte. Establecí como regla que no había de invitar a las chicas a una segunda cita.

Sexto paso: Luego pasó Charles a la etapa de la segunda salida, en la que se le permitían caricias más o menos íntimas. Experimentó un gran nerviosismo al respecto, pero le aliviaba el conocimiento de que yo había puesto un límite:

no había de pasar de esto. Pronto empezó a disfrutar con el juego amoroso.

Después de un año de tratamiento, en el que vi a Charles una vez por semana y de vez en cuando conferencié con la prostituta por teléfono, aquél hizo acopio de valor y se fue por su cuenta a un bar. Allí, violando todas mis instrucciones, conoció a una rubia atractiva y se acostó con ella. Todo salió bien. En este momento Charles vive la vida de un soltero alegre en la ciudad.

c. Intente experimentar la sensación de excitación sexual producida por el mismo sexo (hombres) y transfiérala al sexo opuesto (mujeres). Esto se hace tomando la impresión de la excitación sexual y asociándola a otro estímulo. Eventualmente, este segundo estímulo despertará la sensación sexual. Recuerde: *para cambiar la conducta homosexual ha de haber una conducta alternada y satisfactoria en el repertorio.* Reprimir simplemente una respuesta homosexual sin proveerse de una respuesta alternada, de nada sirve. Volverá la homosexualidad. Existen dos métodos con resultados probados, para cambiar el impacto de los estímulos en los homosexuales:

— *La transformación de imágenes.* Esto requiere la presencia del terapeuta y nadie puede administrárselo a sí mismo. Por ejemplo, en el caso de un hombre homosexual, el terapeuta expone la fotografía de un hombre atractivo en la pantalla. El paciente experimenta una respuesta sexual. Entonces el terapeuta va transformando la fotografía del hombre en la fotografía de una mujer. Si la técnica tiene éxito, con unas cuantas pruebas el paciente responderá sexualmente a la fotografía femenina. Esta respuesta en la sesión terapéutica se traslada al mundo exterior, y él empieza a encontrar a las mujeres sexualmente estimulantes.

— *El aprendizaje del orgasmo.* Esto sí puede autoadministrarse. Gran parte del tiempo el atractivo del mismo sexo se ve constantemente reforzado mediante la fantasía de la masturbación. En otras palabras, el homosexual se masturba con fantasías homosexuales, y así sigue asociando constantemente el placer con estas fantasías. O bien las fantasías homosexuales llevan a consecuencias positivamente motivadoras: el orgasmo. En este punto, las fantasías sobre el mismo sexo pueden ser el único modo de conseguir la respuesta sexual. Nuestra meta: cambiar las cosas de modo que el estímulo del sexo opuesto excite también. Para el aprendizaje del orgasmo, siga estos pasos:

Primer paso: Cuando el clímax se haga inevitable al masturbarse, cambie deliberadamente la fantasía de modo que involucre a un miembro del sexo opuesto, *no del mismo.* Utilice a alguien que conozca: una estrella de cine, una cantante popular. Si tiene dificultad para evocar una imagen, tenga siempre una chica del *Playboy* pegada en la pared, delante de usted. Hágalo cierto número de veces.

Segundo paso: Una vez practicado el primer paso lo suficiente, haga una serie de cambios deliberados a una fantasía heterosexual en un momento anterior en el proceso de masturbación. Pase de una a otra, y viceversa. Al principio, tal vez sólo pueda retener la fantasía heterosexual en la mente un breve período de tiempo. Con la práctica logrará conservarla más y más tiempo. Con buenos resultados, usted podrá conservarla y sentirse excitado exclusivamente por fantasías heterosexuales, y a esto seguirá un aumento en la respuesta sexual ante los miembros del sexo opuesto en la vida real.

d. Aprenda a ser asertivo con el sexo opuesto. Esto

puede suprimir la dificultad que produjo esa homosexualidad que no desea. Así sucedió en el caso de Polly Wright, en el que estudiamos la dificultad asertiva que la obligara a evitar a los hombres, y la vencimos.

CASO

Polly no sabía decir que no a los hombres, y el temor a la promiscuidad la llevó a la homosexualidad. En sus años de universidad salió con varios muchachos, y cada cita acababa con los dos en la cama. Un día oyó a un par de jóvenes que decían de ella: «está siempre dispuesta a acostarse», y esto la turbó tanto que empezó a evitar al sexo opuesto. No quería ser una chica fácil. Su solución: nada de hombres. En los últimos años de la universidad hizo amistad con otra estudiante, y también aquí terminaron en la cama. Esta primera experiencia lesbiana fue algo forzada. Como buscaba desesperadamente cariño y ternura, Polly los encontró en la relación sexual con una mujer.

Después de graduarse se trasladó a Manhattan, hizo amistad con otra mujer y pronto se convirtieron en amantes, viviendo juntas. Pero Polly se sentía desgraciada. Me dijo: «Quiero a Sally, pero la verdad es que deseo amar a un hombre y que él me ame».

Le preparé todo un programa. En primer lugar le hice seguir los ejercicios de adiestramiento para decir que no (ver Capítulo III). En mi despacho procedimos al ensayo de conducta para las situaciones que pudieran surgir. Polly era muy linda y no tenía dificultad en conocer a hombres en su trabajo como ejecutivo ayudante de contabilidad en una agencia de publicidad. De modo que la animé a que tuviera una cita y saliera una vez con un hombre, pero le di instrucciones: ni siquiera había de darle un besito de despedida, aunque él insistiera. Polly lo cumplió, y se sintió motivada al verse capaz de negar ese besito de despedida. Paso a paso, Polly fue tomando parte en más y más citas sin promiscuidad. El momento más difícil fue cuando su vida heterosexual llegó a ser tan exigente que Polly decidió que debía romper con Sally. Fue una decisión penosa para ambas, pero Polly insistió: «Debo hacerlo para conseguir lo que deseo». Al fin Polly se casó y me dijo: «Soy feliz ahora, pero no lamento mis días de homosexual».

A medida que fue dominándose mejor mediante el AA, pudo fijar su estilo de vida por elección propia, no por la necesidad de evitar la ansiedad.

(4) *Aprenda a ser asertivo sobre su estilo de vida homosexual.* Tal vez la dificultad no esté en el sexo opuesto, sino en los problemas de aserción del homosexual. Por una parte, éste teme revelar su modo de vida; por otra experimenta la carga constante de vivir oculto y sintiéndose un fraude. En su presencia otras personas hacen bromas y chistes de maricas, y utilizan términos peyorativos. Vive en un estado constante de tensión.

La razón para esta dificultad de aserción es que tiene la idea equivocada de lo que es manifestarse. Cree que la alternativa de ocultarse consiste en subirse al tejado y anunciar a todo el mundo: «Soy un marica. Soy un marica». No es éste el caso. Generalmente, la cuestión de manifestarse con sinceridad surge de una situación específica en la que suele estar involucrado un amigo íntimo o un pariente.

GUÍA EN LA ASERCIÓN PARA LOS HOMOSEXUALES

Manifestarse con franqueza

a. Espere lo peor y tome su decisión sobre esa base. Decida cada situación por separado. ¿Debe decírselo a sus padres… a un compañero de trabajo… a un amigo íntimo? En cada caso, decida si prefiere permanecer oculto antes que arriesgarse al rechazo, y tome la decisión sobre esa base.

Por ejemplo, usted es homosexual y tiene un amigo íntimo que es normal. ¿Debe ser franco con él? En primer lugar, ha de hacerse la pregunta de si será mejor continuar ocultándose o correr el riesgo del rechazo. Porque a veces lo habrá. O cambiará el carácter de la amistad. Generalmente, sin embargo, el amigo responderá: «Lo he sospechado desde el primer momento». En estos días, a causa de las transformaciones en la escena social y de la creciente libertad sexual en nuestra sociedad, a muy pocas personas les importará si lo es o no. Sin embargo, siempre existe el riesgo.

Con frecuencia surge el problema especial al decírselo a los padres, y a la madre sobre todo. Sin embargo, con el impacto del movimiento de liberación de los homosexuales, cada vez son más los que de éstos, especialmente los jóvenes, revelan su estilo de vida a los padres. Y muy a menudo surge una mayor intimidad entre madre e hijo tras el disgusto inicial.

b. Comprenda que la revelación de su homosexualidad en el empleo puede dar por resultado la pérdida del mismo. Tal vez el jefe no le despida directamente por la homosexualidad, pero hallará otra excusa para hacerlo.

c. Comprenda que tal vez no importe la revelación de su homosexualidad en el empleo. Una vez enfrentados a esta situación, a la mayoría de los jefes no les importa. Por ejemplo, un homosexual, ejecutivo en una firma de corretaje de bolsa muy importante, buscaba un secretario nuevo. Un socio mayor de la firma estaba algo involucrado en dicha contratación. Entre la serie de solicitantes, el ejecutivo eligió a un joven de aspecto ligeramente afeminado. Después de conocerle, el socio dijo al ejecutivo: «No podemos contratarle. Tenemos una regla contra el contrato de homosexuales», a lo que el ejecutivo respondió: «Entonces será mejor que decida si quiere conservarme o no. Yo soy homosexual». Siguió una larga pausa antes de que el socio declarara serenamente: «Bien, si cree que él puede llevar a cabo el trabajo, contrátelo». Ya no se volvió a hablar del tema.

d. Comprenda que el manifestarse le evitará la melancolía de las vacaciones. Muchos homosexuales abandonan su refugio en la gran ciudad, en las vacaciones, para ir a visitar a sus padres. Allí sienten la necesidad de ocultarse, de simular. Echan de menos el afecto y la relación sexual con su amante. Los que han hablado a sus padres de su homosexualidad, pueden llevarse al amante con ellos.

e. No se manifieste con toda sinceridad en una relación superficial si esta revelación ha de resultar muy incómoda para el otro. Esto sucede con mayor frecuencia en las situaciones de negocios. Por ejemplo, Peter Fairmont, homosexual, trabaja en un empleo de alto nivel en el que debe acompañar a cenas y espectáculos a los compradores de fuera de la ciudad y a los ejecutivos de otras compañías. Sus superiores saben lo que él es, pero no desean que su amante le acompañe a ninguna diversión a cuenta de gastos. Peter se resiente de esto, razonando: «Si estuviera casado, me llevaría a la esposa a cenar. ¿Por qué no he de llevar a Phil?». Aquí el principio consiste en no sacar a relucir temas en exceso personales con los que los demás se sentirían violentos. En las relaciones superficiales (y las cenas de negocios con extraños entran, desde luego, en esta categoría), ni el homosexual ni nadie más debe hacer, deliberadamente, algo que produzca violencia o tensión en las demás personas.

f. Una vez haya tomado la decisión de manifestarse con sinceridad, la siguiente pregunta es cómo debe comunicárselo a la persona a quien desea decírselo. No existen reglas fijas. Todo depende de usted, de la persona involucrada, de la clase de relaciones que tenga con él, o ella, y de la situación. El mejor modo de contestar a esta pregunta: háblelo y ensáyelo con un amigo que sepa ya que usted es invertido. Luego haga la revelación en el momento más oportuno.

Saber enfrentarse a un desprecio por ser homosexual

Hay una regla: *hágalo con fuerza.* Muchas personas tienen el concepto erróneo de que el homosexual es una persona débil, pasiva e indefensa. Si usted habla con firmeza, se aleja tanto de esa idea estereotipada, y su conducta es tan inesperada, que el otro no sabe qué decir. Usted puede enfurecerse y atacarle a su vez, devolverle la pulla con otra más grave, o mostrarse extraordinariamente firme. Recuerde la técnica básica para contestar a los desaires: no use el «yo», el «me, mí» o el «porque» en la primera frase de su contestación. Demasiado defensivo. Por ejemplo, si usted es hombre y un amigo que le desprecia le dice: «¿Qué tal estás, *Mary*?», ¿cómo responderle? Tal vez se sentirá mejor si contesta: «¿Y eso por qué te produce tensión?», o bien: «¿Es que te sientes *tú* amenazado?».

A lo mejor, a nadie se le ocurre hacer semejante comentario, pero eso es lo que temen muchos invertidos. Si tiene dificultades de aserción porque teme un desaire por homosexual, ensaye alguna posible respuesta con un amigo hasta que comprenda que cuando surja la situación, si surje, podrá enfrentarse con ella. Esto reducirá la ansiedad en general.

Conocer gente

Usted conoce a la gente como hacen las personas normales... en fiestas, en el trabajo, en los bares, en el club. No tiene por qué aceptar a nadie como amigo, simplemente porque también él sea invertido.

Decir no a una petición de relaciones sexuales

Por ejemplo, usted entra en un bar de invertidos y un hombre muy agresivo se acerca a su mesa, empieza a hablar con usted y al fin le sugiere: «Vayamos a mi apartamento». Usted no quiere ir. Se siente mucho más atraído por otros en el bar, pero no tiene la seguridad necesaria para decir no. Se hace este razonamiento: «No quiero herir sus sentimientos». De modo que se va con él y tiene una experiencia muy insatisfactoria, perdiendo el propio respeto por haber accedido a algo que no quería. Practique el decir que no con unas frases sencillas, como: «Realmente, me gusta hablar con usted, pero no deseo ir a su apartamento», o «Lo siento, ya estoy comprometido» (como veremos en los ejercicios para decir que no en el Capítulo III). Esto puede ayudar a resolver su pasividad.

Recuerde: tiene derecho a vivir su vida del modo que quiera vivirla

Póngase en la situación de elegir este derecho, y actúe según él, pero sepa que, en este momento, la sociedad no está completamente de acuerdo con la homosexualidad.

APRENDIZAJE ASERTIVO DE LAS VARIACIONES HETEROSEXUALES

Al contrario que en la homosexualidad, que incluye muchas conductas complejas, la conducta de la variación heterosexual (y utilice este término «variación» en vez de «desviación», por el significado peyorativo de este último) se enfoca generalmente en un área relativamente pequeña y pocas veces afecta a todo un estilo de vida. A causa de esto, la variación heterosexual tiene problemas menos importantes en la conservación del empleo, la relación con los demás, e incluso la consecución de una feliz vida familiar.

Hay dos excepciones a esta declaración. La primera cuando la conducta de la variación no se limita a actos realizados a solas o entre adultos anuentes, sino que se impone más bien a otras personas. Un hombre que exhibe públicamente sus órganos sexuales obliga a los demás a aceptar su conducta. Una persona que involucra a un niño en sus actividades sexuales se impone de modo similar, porque el niño no está en situación de dar su pleno consentimiento. Este tipo de conducta de variación puede meter a la persona que lo practica en muchos problemas, tanto con los que le rodean como con la ley, ya que la sociedad, con todo derecho, actúa para proteger a los demás de las acciones de la variación.

Segundo, aun cuando se limite a algo realizado en privado o entre adultos anuentes, con frecuencia la conducta de la variación heterosexual crea problemas dentro de la persona. A menudo, el que tiene una sencilla conducta de variación cree que hay algo «malo» en él, que es «anormal» o «monstruoso», y que será objeto de desprecio y ridículo si alguna vez le descubren.

Existen hoy en día gran número de variaciones sexuales, la mayoría identificadas en términos del acto.

Los *fetichistas* son personas sexualmente atraídas por los objetos, como zapatos, abrigos de piel, almohadas o partes no sexuales del cuerpo, como los pies. Éste es su principal interés sexual. O bien masturban esos objetos, o tienen relación sexual en presencia de los mismos, e incluso, si tienen relación sexual con miembros del sexo opuesto, fantasean sobre esos objetos o partes durante el acto.

Los *travestís* se visten al revés. Llevan ropas del sexo opuesto. Puede ser un solo artículo, o bien vestirse de mujer de pies a cabeza, incluso el maquillaje, joyas, sostén, faja, zapatos de tacón alto, etc. Con frecuencia salen a la calle con este aspecto de mujer, y esta conducta no se limita a momentos de acción sexual. Generalmente, el disfrazarse se asocia con fantasías masoquistas, que a menudo revelan que se ha visto sojuzgado por una mujer dominante. A no ser por esta conducta, y en todos los demás aspectos, la gran mayoría de los travestís son completamente normales y heterosexuales.

Los *exhibicionistas* exponen sus genitales en público. En el proceso suelen experimentar una erección, y la encuentran muy excitante. Pueden masturbarse al mismo tiempo.

Los *voyeurs* (mirones) se sienten excitados sólo por

mirar. Son los que andan espiando por ventanas o cerraduras, utilizando con frecuencia prismáticos para espiar a los vecinos. La observación crea un clima de excitación sexual y muy a menudo les lleva al clímax sexual. Con frecuencia se masturban ante lo que ven.

Los *pedófilos* (o pervertidores de menores) van tras los niños. Buscan niños o niñas pequeñas, y tratan de tener relación sexual con ellos. Pueden ser o no homosexuales.

Los *sado-masoquistas* obtienen excitación sexual en el hecho de causar o sufrir dolor. Pueden utilizar látigos, palos o cualquier suerte de instrumento inventado a este efecto, o bien hacer que el otro camine con un peso atado a los brazos, o llevar un corsé apretado con papel de lija, o algo irritante.

Éstos son algunos de la lista interminable que lo incluye todo, desde la *bestialidad* (relación sexual con animales —según el folklore, las ovejas figuran en el primer lugar de la lista, pero los cerdos y ponies también son populares... lo importante parece ser la disponibilidad)— a la *necrofilia* (relaciones sexuales con los muertos). Cualquier cosa que la anatomía humana sea capaz de llevar a cabo ha sido realizado en algún lugar y en algún momento.

Excepto en el caso de que se haga daño a otros, estas conductas no tienen por qué ser necesariamente patológicas. En su libro *Sexual Stimulation* (Estimulación sexual), el doctor S. G. Tuffill habla de la creciente sensibilidad y confianza que surge entre los que usan instrumentos para el sado-masoquismo, como cadenas, manillas y mitones. También habla del cariño e intimidad que puede desarrollarse al compartir un fetiche o travestismo (una mujer escribe acerca de su marido: «Debo decir que él resultaba una mujer muy atractiva cuando se maquilló, y que disfrutó con ello. Y yo también»). Esto no significa que la conducta nunca sea neurótica. Si este tipo de conducta es el modo exclusivo de satisfacción sexual, o si es compulsivo y descontrolado, entonces probablemente es neurótico.

El psicoanálisis considera invariablemente estas conductas como patológicas. Las teorías psicoanalíticas de lo que las causa varían, pero la mayoría se centran en torno a la situación de Edipo, y generalmente interpretan estas conductas de variación como modos distintos de enfrentarse con una ansiedad de castración inconsciente.

Por ejemplo: un fetichista ve que las mujeres no tienen pene y de ahí deduce que han sido castradas. Razona así: «Si esto le sucedió a una mujer, también puede sucederme a mí... Pueden castrarme». La solución consiste en asegurarse de que las mujeres no han sido castradas en realidad. Para lograrlo, este hombre toma un objeto, como un zapato y, en su mentalidad inconsciente, lo convierte en el pene de una mujer. Entonces sigue su pensamiento: «Si las mujeres tienen pene, no han sido castradas... entonces no necesito preocuparme por si me castraran». Al mismo tiempo, como el objeto simboliza los genitales de una mujer, lo encuentra sexualmente excitante.

Tanto si tienen razón como si se equivocan las complicadas teorías psicoanalíticas para la explicación del fetichismo, el hecho es que el tratamiento psicoanalítico de las conductas de variación no tiene generalmente éxito. J. R. Ewalt, D. L. Farnsworth, en su *Textbook of Psychiatry,* (Manual de psiquiatría), recomiendan el psicoanálisis, pero declaran: «Será largo, difícil y con frecuencia sin éxito». El examen de toda la literatura psicoanalítica sólo encontró tres informes de éxito en el tratamiento de fetichistas.

La técnica de terapia de conducta, en cambio, ha tenido un éxito notable en el tratamiento de las variaciones sexuales. Los terapeutas de conducta tienen muy poco interés er formular teorías sobre la génesis y la conservación de la conducta de la variación heterosexual. En cambio, al tratarla, adoptamos la posición (al igual que con la homosexualidad) de que cualquier cosa realizada entre adultos anuentes es aceptable. Como el voyeurismo, la perversión de menores y el exhibicionismo no involucran a adultos anuentes, crean problemas especiales.

Nuestra preocupación es conseguir que la conducta de variación *esté controlada por la persona, de modo que ésta pueda realizar o no sus actos sexuales por elección.* Al acercarse a estas conductas de variación en términos de autocontrol, muchos problemas pueden ser rápidamente controlados por el individuo... *siempre que éste tenga la motivación para hacerlo.* Según mi experiencia, la mayoría de los que tienen una conducta de variación compulsiva desean cambiar, con excepción de los travestís.

Para establecer el control sobre la conducta de variación, *usted debe asegurarse de que existe otro desahogo sexual aparte de la conducta disponible.* Si es un fetichista que no sale con mujeres y que sólo alcanza el impulso sexual masturbándose con zapatos, antes de detener tal conducta debe establecer relaciones sociales, y posiblemente sexuales, con mujeres. Si ya posee esta conducta social en su repertorio, entonces no tiene por qué trabajar para establecerla. Sea cual sea su conducta de variación, debe establecer la conducta sexual deseada en otras áreas, a fin de tener libertad para hacer una elección.

Puede utilizar tres métodos posibles con objeto de controlar la conducta de variación compulsiva.

(1) *Interrupción del pensamiento.* Ésta es la técnica de la que hablé en el Capítulo IV, y que he mencionado anteriormente en este mismo capítulo. Yo la he hallado muy efectiva para adiestrar a la persona en el control de su

conducta de variación. Para su efectividad, el paciente debe poseer autodisciplina y fuertes deseos de cambiar. Cuando este método funciona, el paciente obtiene, por lo general, el control de su conducta de variaciones en cinco sesiones o menos, y, aunque mis informes demuestran que la conducta puede reaparecer, el paciente tiene a su disposición un método que puede emplear por sí mismo.

El estudio de la cadena de conducta del paciente demuestra que generalmente existe un punto en el que un ansia, una fantasía o un acto, ponen en marcha la conducta de variación. Éste es el punto en el que se debe intervenir. Cada vez que el paciente se da cuenta de que esta conducta específica está presente, la corta diciéndose con firmeza ALTO, luego: «Tranquilo» y relajando momentáneamente los músculos.

En ocasiones, el paciente debe decir ALTO cientos de veces, literalmente, durante los primeros días de la utilización de la interrupción del pensamiento. Por ejemplo, yo traté a un exhibicionista de treinta años que se había exhibido por última vez hacía diez años. Sin embargo, sentía constantemente el ansia de mostrar sus genitales, y le aterraba el llegar a hacerlo, enfrentándose así con la ruina de su matrimonio y un posibe arresto. Durante los primeros días del tratamiento, tuvo que decir ALTO cuatrocientas veces en un solo día. A finales de la primera semana había bajado a veinte veces al día y a la semana siguiente a cero. Un mes más tarde, se encontró en una situación de tensión extrema y reapareció el impulso, pero, utilizando la interrupción del pensamiento, lo controló en veinticuatro horas. Durante dos años no ha sentido el menor impulso.

En muchos casos, las fantasías ponen en marcha la conducta desviada. Por ejemplo, un travestí se sienta solo en casa a ver la televisión. Empieza a pensar en vestidos y fantasea con transformarse en una mujer. La fantasía sigue creciendo. Pronto se va al baúl cerrado con llave en el que guarda todas sus ropas de mujer; se pone las bragas, sostén, un vestido bonito, un abrigo de piel, y se va a la calle creyéndose un modelo del *Vogue*. La mayoría de la gente no tiene problemas para identificar la fantasía que pone en marcha su respuesta sexual. Yo les digo a las variaciones que, *tan pronto como* y *cada vez* que se den cuenta de que entretienen esa fantasía, deben decir ALTO y relajarse. Al cortar la cadena de conducta en ese punto, con frecuencia se logra controlar rápidamente la naturaleza compulsiva del acto de variación sexual.

Sin embargo, existen personas que *no* experimentan fantasías. Se ven enfrentados por la situación u objeto que los transforma y lo primero que advierten es la sensación de transformación. Por ejemplo, un travestí puede ir por la calle, ver una tienda de ropa interior y hallarse de pronto muy excitado al mirar el escaparate. Ahí tiene que introducir el ALTO a la primera señal de impulso, antes de correr a casa para vestirse de mujer. Lo importante es decir ALTO en el momento exacto. Elija el momento con cuidado. Generalmente, es el principio de una fantasía, pero también puede ser la respuesta excitada a un estímulo.

CASO

Cuando Roger Kane, de veinticinco años, recién casado pero no feliz, acudió a mí, me declaró su problema sucintamente: «Tengo un fetiche». Cuando veía la curva de un vientre, ya fuera en el cuerpo de un hombre, mujer o niño, se sentía excitado sexualmente. Este fetiche resultaba especialmente destructivo para Roger, ya que acababa de empezar su año de internado como médico. Como pasaba mucho tiempo en la sala de emergencia del hospital, y también haciendo exámenes físicos de rutina, la mayor parte del día y de la noche vivía excitado por la vista de un vientre. Esto interfería con su matrimonio, ya que Roger interpretaba esta reacción como una duda de su masculinidad. También interfería con su adiestramiento como médico. Me preguntó: «¿Cómo puede actuar un médico adecuadamente, si se siente en un estado constante de excitación física?».

Le enseñé el método de ALTO. Cada vez que experimentara esa excitación al ver un vientre, debía ordenarse firmemente: ALTO, y relajar deliberadamente los músculos. Al parecer, había algo raro en mis instrucciones porque en la sesión siguiente Roger no había hecho progresos. Resultó que utilizaba el ALTO en un momento inadecuado. Cada vez que se daba cuenta de que estaba mirando un vientre se decía: ALTO, y apartaba la vista. Esto originaba dos dificultades. Estaba adiestrándose en no mirar un vientre, algo imposible para un médico, y además no le daba la oportunidad de extinción a la sensación de excitación. La idea consistía en mirar el vientre y no sentir excitación, o en suprimir este sentimiento antes de que se viera motivado.

Le dije: «No utilice el ALTO cuando vea el vientre. Espere hasta experimentar la primera señal de excitación. La idea consiste en suprimir ésta, no la observación del vientre». En dos semanas, Roger había controlado su fetiche.

(2) *Sensibilización.* Ya esbocé este método, en el que el paciente asocia el acto que no desea con algo desagradable mediante la *imaginación,* en el Capítulo VII. Es una técnica importante para el control de la conducta de variación.

Cuando el travestí se viste de mujer, o el exhibicionista muestra en público sus partes privadas, tienen un estímulo sexual. Esta fuerte respuesta sexual mantiene y motiva su conducta de variación. No es posible erradicar estas sensaciones, pero sí vencerlas.

La idea de la sensibilización consiste en introducir en la situación unos sentimientos tan desagradables que transformen el acto de uno de placer a uno de castigo. Utilizando la imaginación en la sesión terapéutica entrenamos al paciente a asociar algo repugnante (como que las arañas le corran por todo el cuerpo) con el acto que no desea. Puede exigir cientos de repeticiones de esta asociación desagradable hasta que los sentimientos odiosos dejen sin efecto la reacción sexual agradable y supriman la conducta de variación. El paciente ha de tener paciencia, utilizar constantemente la técnica de la imaginación, y colaborar practicando la conducta sexual que desea.

(3) *Terapia de aversión.* Aunque la sensibilización cae dentro de la categoría de la terapia de aversión, la mayoría de la gente piensa acerca de la aversión como de algo que supone una forma de castigo físicamente administrado. Uno castiga la conducta «no deseada» una y otra vez hasta que dicha conducta y su castigo se unen de tal modo en la mente del sujeto que éste evita la conducta para siempre. Muy utilizado es hoy el método farádico, en el que el terapeuta administra una penosa descarga eléctrica a alguna parte del cuerpo del paciente, y la descarga se asocia con la conducta no deseada. Esta técnica puede utilizarse cuando el paciente realiza la conducta (por ejemplo, a un travestí se le pueden dar una serie de descargas cuando se viste ropas de mujer), o cuando el paciente fantasea sobre el acto, o en unión de fotografías, estímulo que ponen en marcha la conducta.

El condicionamiento aversivo (o por aversión) se ha

utilizado también para reorientar a los homosexuales que quieren ser heterosexuales. En esta forma de terapia, al homosexual se le sujeta a una silla a fin de administrarle una descarga, y se le muestran diapositivas de hombres desnudos alternando con otras de mujeres desnudas. Cuando aparece el desnudo masculino, se le da una descarga hasta que él aprieta un botón que hace surgir la diapositiva femenina y trae el alivio de la descarga. Si cambia la diapositiva con la rapidez suficiente, a veces incluso evita la descarga.

Aunque los investigadores hablan de buenos resultados en general, yo creo que la terapia de aversión es uno de los tratamientos técnicos en el área de la terapia de conducta a los que se ha dado mayor espectacularidad. No digo esto sólo por el aspecto de «hermano mayor» y el aspecto del control del pensamiento, sino porque, en realidad, sus aplicaciones son extremadamente limitadas.

— El castigo es una técnica bastante mala para cambiar de conducta. El premio funciona mucho mejor.

— La terapia aversiva tiende a suprimir la conducta, y ésta volverá a menos que se dé un nuevo curso de tratamiento, como una descarga extra.

— Recientemente, los teóricos han empezado a discutir si es el aspecto aversivo del tratamiento lo que produce el cambio de la homosexualidad a la heterosexualidad, o si esto surge de algún otro aspecto del método de tratamiento.

— La mayoría de los terapeutas se sienten incómodos al administrar esta técnica. No nos gusta la idea de causar daño físico a los pacientes.

El uso de la terapia de aversión se limita en realidad a condiciones en las que ha de haber un cambio rápido para evitar consecuencias realmente graves —por ejemplo, en el caso de exhibicionistas y pervertidores de menores— o en aquellos en los que la conducta de variación en sí no permite el desarrollo de una conducta alternada. Por ejemplo, un individuo puede dedicarse de tal modo a la masturbación con zapatos que no pueda permitirse el desarrollo de una forma alternada de satisfacción sexual que él preferiría poseer.

En la terapia de aversión, y en el tratamiento de las variaciones sexuales en general, yo no establezco la extinción de la conducta como meta del tratamiento. Yo trato de privarle de su carácter compulsivo, de modo que quede bajo el control del paciente y él tenga libertad para actuar como quiera. También he descubierto que, entre la interrupción de pensamiento, el AA y el desarrollo de formas alternadas de conducta, no necesito la terapia de aversión. En la Unidad de Terapia de Conducta que establecí en la Clínica Psiquiátrica Payne Whitney, del Hospital de Nueva York, nuestra política consiste en no utilizar el tratamiento de aversión.

EL TRANSEXUAL

Cualquier cambio en una conducta efectúa cambios espectaculares en otros aspectos de la persona. Si un travestí evita la utilización compulsiva de ropas de mujer, experimentará otros muchos cambios positivos. Al erradicar este impulso, se reducirá su ansiedad, lo cual le permitirá actuar con mayor libertad al expresar sus sentimientos y aumentará su autoestimación. Si un homosexual sale de su aislamiento y revela su estilo de vida, tal vez se sienta aliviado de un peso tremendo, con lo que desarrollará una vida social mucho mejor y actuará con mayor éxito en su trabajo y en sus relaciones íntimas.

A veces, con objeto de lograr el cambio deseado, es necesario tomar varias conductas y tratarlas de una en una. Estos cambios sucesivos de conducta pueden aportar un cambio completo en la vida de una persona.

Un transexual es distinto de un homosexual. Un homosexual sabe que es un hombre, y que su elección sexual es otro hombre. Una lesbiana sabe que es una mujer, y que su elección sexual es otra mujer. En mayor o menor grado, algunos homosexuales pueden identificarse con miembros del sexo opuesto. Sin embargo, los transexuales (y se calcula que hay diez mil de éstos en Estados Unidos) llevan esta identificación al extremo. Nacidos con la anatomía de un sexo, sufren una identificación total con el otro. El transexual masculino cree que es una mujer atrapada en el cuerpo de un hombre.* La transexual se cree un hombre atrapado en el cuerpo de una mujer.

Hasta hace poco, la cirugía sexual ha sido la única solución posible para estas pobres personas desesperadas. Los transexuales han respondido tan mal a los métodos tradicionales de tratamiento, que los teóricos empezaron a especular que esta condición venía causada por algo existente en la estructura del cerebro.

Sin embargo, utilizando métodos de terapia de conducta, se han logrado varios casos de cambio de identidad en un transexual. Éste es el historial de un caso tratado por un equipo dirigido por el doctor David H. Barlow, en el Departamento de Psiquiatría del Centro Médico de la Universidad de Mississippi.

* El lector interesado en este tema puede leer *El enigma,* de Jan Morris, Ediciones Grijalbo, Barcelona, 1976. *(N. de la R.)*

CASO

El paciente, de diecisiete años, era el tercer hijo varón y el último de cinco hijos. Desde que él podía recordar, había pensado en sí mismo como una niña (la niña que su madre había deseado). A los cinco años empezó a vestirse de chica. También se desarrolló en él un interés por la cocina, el punto de media y el bordado. Su hermano mayor se burlaba de él porque no le gustaban las actividades «masculinas», como la caza. El paciente recordaba que se había sentido muy atraído por un amigo en el primer grado. En sus fantasías sexuales, que se desarrollaron cuando tenía doce años, se imaginaba a sí mismo como una mujer que tenía relación sexual con un hombre. En la escuela superior, sus compañeros de clase se burlaban de él por su conducta tan afeminada. Había intentado suicidarse. Cuando inició el tratamiento, asistía a una escuela de secretariado donde era el único chico de la clase. Quería cambiar de sexo.

Debido a su juventud, la cirugía sexual era imposible. Accedió a tomar parte en un programa de tratamiento destinado a cambiar su identidad, con la premisa de que tal vez se sintiera por lo menos más cómodo de momento; después podría recurrir a la cirugía. El programa se desarrolló de este modo:

Primer paso: Los terapeutas utilizaron la transformación de imágenes y la descarga eléctrica a fin de tratar de aumentar el impulso heterosexual del paciente y disminuir sus respuestas a las fantasías transexuales y a los estímulos masculinos. No consiguieron el menor resultado con ninguno de los dos métodos.

Segundo paso: Decidieron cambiar su conducta afeminada —en lo referente al modo de sentarse, de levantarse, de caminar —por otra más masculina. Por ejemplo, con modelos y con video-tape aprendió a sentarse como un hombre, a cruzar las piernas apoyando el tobillo en la rodilla de la pierna contraria, y no como hace una mujer, que normalmente se sienta con las piernas cruzadas muy juntas y una rodilla sobre la otra. Esto sí funcionó y el paciente informó que, con aquella nueva forma de actuar, la gente ya no le miraba ni se burlaba de él.

Tercer paso: El paciente aprendió a actuar en situaciones sociales. Con los terapeutas representó diversas escenas: por ejemplo, hablar con los compañeros en los descansos entre clases, hablar de fútbol o de mujeres en una reunión masculina, pedir a una chica que fuera con él al cine y salir realmente con ella. Los terapeutas representaban la conducta correcta hasta que el paciente la aprendía bien.

Cuarto paso: Reeducaron su voz aguda y con inflexiones femeninas. Poco después de completar esta fase, el paciente parecía un muchacho y actuaba como tal, pero todavía se sentía una mujer y fantaseaba al respecto, sexual y socialmente. Aún deseaba cambiar de sexo.

Quinto paso: En su fantasía más intensa y frecuente, el paciente imaginaba que tenía cuerpo de mujer y que llegaba al acto sexual con un hombre. Los terapeutas iniciaron el intento de desarrollar la fantasía contraria, en la que el paciente tenía relación sexual con una mujer. En este procedimiento el paciente eligió cuatro fotografías de una modelo del *Playboy* que le resultaban menos repulsivas, y los terapeutas le pidieron que fantaseara sobre la relación sexual con la mujer de la foto. Si podía retener la fantasía durante un período especificado de tiempo, se le mostraba otra fotografía que previamente eligiera como agradable (en en este caso, fotos de comida y animales). Esto indicaba la realización con éxito de una prueba, y los terapeutas alababan calurosamente al paciente. Al fin le pidieron que fantaseara el establecer relaciones sexuales con sus amigas. Al final de esta fase, el paciente llegó a actuar y a sentirse como un hombre, y a pensar como tal. Sin embargo, a pesar de las fantasías sexuales con mujeres, éstas le estimulaban muy poco sexualmente. En otras palabras: ahora podía describírsele como homosexual.

Sexto paso: A continuación, los terapeutas intentaron desarrollar el estímulo heterosexual utilizando los métodos de diapositivas, descarga eléctrica y sensibilización. Aumentó el estímulo femenino.

Al final de un año, el paciente informó que se sentía cómodo y relajado en la mayoría de las situaciones sociales, y que le gustaría salir y tener relación sexual con mujeres. Cinco meses más tarde informó de orgasmo y eyaculación por primera vez en su vida, mientras imaginaba el acto sexual con una chica. Nueve meses después del término del tratamiento, no tenía confusión de identidad, actuaba bien en la universidad y había empezado a salir con chicas. Al cabo de un año ya tenía novia. La cirugía sexual estaba muy lejos de su mente.

El tratamiento de la conducta de una variación no siempre alcanza un éxito tan definitivo. A veces, una situación real puede echar por tierra toda la labor del terapeuta.

Por ejemplo, yo traté a Sal de Falcone, de treinta y ocho años, casado y padre de tres hijos, por una gran variedad de problemas: aventuras galantes, falta de sinceridad, temor a los símbolos de autoridad y voyeurismo. Sal trabajó intensamente y realizó tantos progresos que decidió tener una conversación totalmente franca con su esposa sobre lo que había sucedido en el tratamiento y sus esperanzas para el futuro. Lo hizo y, a través de esta conversación, se enteró —con gran dolor por su parte— de que también ella había tenido relaciones extramaritales durante años, pero mucho más extravagantes que las suyas; que por su promiscuidad era la comidilla de todo el vecindario, y que todos se reían de él. Sal era el único que no lo sabía.

Al día siguiente, después de la conversación, Sal me llamó. «Doctor —dijo tristemente—, ya no le necesito a usted. Necesito a un sacerdote.»

12

La aserción en el trabajo

¿Se despierta usted los lunes por la mañana con esa impresión de «No puedo soportar más la oficina»?

¿Vive en terror constante de perder el empleo?

¿Realiza el trabajo que debería ser hecho por los subordinados?

Aunque su actuación y resultados son magníficos, ¿se le deja continuamente de lado en las promociones y aumentos de sueldo?

¿Teme usted el éxito?

Sea cual sea su situación económica —estrato ínfimo, medio o superior—, si contesta sí a cualquiera de estas preguntas, usted se muestra inseguro en un área importante de su vida: el empleo. La falta de aserción no sólo afecta al cheque de paga que lleva a su casa, sino al modo en que se ve a sí mismo.

De todos los tests que revelan su poder de asersión, su modo de enfrentarse con el amor y el trabajo son los más reveladores.

Para ser asertivo en cualquiera de las dos áreas, usted ha de poseer una orientación activa y fijarse metas que aumenten su autoestimación. Pero, en la relación íntima del amor, su propósito debe ser la franqueza, la comunicación y el compartir todo su ser emocional. Los sentimientos vienen primero. En el trabajo, el énfasis asertivo es exactamente a la inversa. La actuación viene primero; los sentimientos después. El propósito consiste en la consecución y el logro. Debido a esto, las relaciones con los demás en el trabajo tienden a ser más bien superficiales que íntimas. En los sentimientos que expresa, se da mayor énfasis a la adecuación que a la franqueza.

En la persecución de las metas en el trabajo, usted es un individuo relacionado con los demás pero separado de ellos. El trabajo en sí se convierte en extensión de usted mismo, y expresa algo de usted... su estilo, su velocidad, su modo de enfrentarse a los problemas propios de trabajo. Cuanto más asertivo sea en relación con el trabajo, y más dispuesto se halle a demostrar «Éste soy yo», más satisfacciones obtendrá. Cuando la estructura del empleo o su propio bloqueo psicológico se lo impidan, surgirán la insatisfacción, el resentimiento y la alienación.

La aserción en el trabajo involucra cinco artes básicas:

(1) *Una orientación activa.* Usted debe meditar bien sus metas de trabajo, los pasos que ha de dar para conseguirlas y cómo utilizar su talento al máximo al llevarlo a cabo.

(2) *Capacidad para hacer el trabajo.* Las interferencias, los obstáculos, surgen a veces en la situación laboral porque usted no ha dominado las artes necesarias para ese empleo en particular. Además, tal vez tenga problemas con el dominio propio. Quizá posea malos hábitos de trabajo, y carezca de disciplina y de capacidad de concentración.

(3) *Control de sus ansiedades y temores.* Las reacciones emocionales inadecuadas interfieren la realización del trabajo. Las tensiones generales pueden producir fatiga, irritabilidad y juicios erróneos. El temor a una situación de trabajo específica puede llevar a evitar las mismas tareas necesarias para que se realice el trabajo... e impedirle conseguir sus metas en el empleo.

(4) *Buenas relaciones interpersonales en el empleo.* Lillian Roberts, célebre consejero de personal, me dijo una vez: «La mayoría de los despidos obedecen a que algunos no saben llevarse bien con los demás». Usted ha de ser capaz de relacionarse con sus iguales, subordinados y superiores, presentar demandas y pedir favores, decir no cuando es necesario y rechazar los desaires.

(5) *El arte de negociar el sistema.* Éste requiere un conocimiento de la sociedad laboral y las artes específicas que le permitirán trabajar dentro, a través de o contra la misma, con el fin de conseguir sus metas particulares.

LOS TIPOS CARENTES DE ASERCIÓN EN EL TRABAJO... DEL ENCASILLADO AL EXPLOTADO

Dentro del marco de la oficina, y mesa por mesa, existen muchas personalidades distintas: seres vivaces o tranquilos, eficientes o ineficientes, perezosos o muy trabajadores. Un grupo aparece ligado por esa cualidad común de la falta de aserción. Yo divido a los carentes de aserción en el trabajo en seis categorías básicas.

(1) *El encasillado.* Usted es bueno en su trabajo, es apreciado y respetado por todos, pero no llega a ninguna parte. Jamás le alcanzan las promociones, tiene muy pocos

aumentos de sueldo; más trabajo, sí, pero no más responsabilidad. Se halla como encasillado. No le gusta la situación. Quiere avanzar, o al menos moverse en alguna dirección. Sigue esperando que alguien haga un movimiento por usted. De vez en cuando, expresa sus deseos, pero lo hace de modo tan tentativo que el mensaje no llega a su destino, o es fácilmente ignorado. Y permanece siempre en el mismo lugar porque es asertivo para la compañía, pero no para usted mismo. Jamás ha meditado en sus metas de trabajo, ni en cómo dar el paso siguiente.

(2) *El que pasa desapercibido.* Usted hace un trabajo excelente, pero nadie lo sabe. Otros se llevan todo el mérito de sus actos, y usted queda siempre como el perdedor, nunca el jefe. El problema es que usted tiene el potencial y la ambición necesarios para ser jefe pero, como fundamentalmente es tan inseguro, jamás ha sabido llamar la atención hacia sus propios logros. Su jefe y sus compañeros de trabajo se aprovechan de su cerebro. Usted se lo permite... y ello le molesta.

(3) *Su peor enemigo.* Usted sustituye la agresión por la aserción. Su trabajo es bueno. Pero usted es un foco de desorganización en la oficina. Crea disgustos y se muestra en desacuerdo con todo el mundo, de un modo desagradable y hostil. A los demás les molestan tanto sus modales que ni siquiera escuchan lo que usted dice... aunque sus ideas sean excelentes.

(4) *Siempre la dama de la novia.* Como no se moviliza con objeto de trabajar adecuadamente, no realiza todo su potencial. Tiene un problema de conducta: su dominio propio. Tal vez se demora, o llega tarde al trabajo, o se pasa el día soñando. Cuando al fin se lanza a ello, su labor es magnífica, pero los hábitos deficientes de trabajo le impiden la promoción. Los que advierten su talento se preguntan

por qué no ha triunfado más. Al principio, los superiores se sintieron desilusionados, luego dejaron de esperar una gran actuación, y con frecuencia les irritó el hecho de que su falta de disciplina les creara algunos problemas. Usted teme que le despidan... y sí se ve despedido con frecuencia.

(5) *El quejoso.* Su problema es la pasividad. Se queja constantemente de las exigencias del trabajo, el ambiente de la oficina, el modo en que los demás hablan o actúan con respecto a usted. Pero nunca piensa en lo que puede hacer al respecto. Cree que «*ellos* deberían hacer algo». Sin embargo, no discute la situación con nadie, ni hace sugerencias a las personas adecuadas. En cambio, se queja y gruñe en situaciones y lugares en los que sus murmullos no pueden llevar a un cambio.

(6) *El explotado.* Sonriendo con dulzura, usted dice que sí a toda petición. No sólo está sobrecargado de trabajo, sino que con frecuencia cede su tiempo libre y pocas veces recibe siquiera un «gracias» por sus esfuerzos. No ha aprendido a decir que no a las peticiones irrazonables, ni siquiera a declarar: «Mire, es imposible hacer hoy todo ese trabajo. ¿Cómo podríamos resolver el problema?» Resultado: estallidos de llanto o de cólera en la oficina, depresión o enojo en casa y, finalmente, un cambio de empleo por puro impulso.

La mayor parte de la gente comprende la importancia económica de su empleo. Saben que su modo de ganarse la vida determina dónde y cómo viven, los colegios a los que asisten sus hijos, las ropas que compran, los ingresos que les permitirán adquirir una propiedad en Florida para cuando se retiren.

Sin embargo, fallan en lo que se refiere a avanzar un poco más en este conocimiento. *No reflexionan sobre el papel del trabajo en su vida;* no evalúan lo que quieren dar al empleo y recibir del mismo. Como resultado no ganan lo que realmente quieren y se sienten insatisfechos con lo que consiguen.

Puesto que depende de factores tales como el temperamento, la edad, las aptitudes aprendidas con respecto al trabajo, las oportunidades disponibles y las metas de la vida en general, el empleo significa cosas distintas para personas distintas. La decisión del tipo de trabajo que usted quiere conseguir y mantener, y el modo en que quiere comportarse y actuar en el empleo, es algo que sólo depende de usted. El fallo en tomar esa decisión lleva con frecuencia a consecuencias desafortunadas tales como la frustración, el aburrimiento o la infelicidad. Como la vocación es un área tan importante en la vida, estas consecuencias afectan a todos los demás aspectos de la existencia.

Sean cuales sean las decisiones que usted tome sobre la importancia del trabajo en la vida, ya trabaje en una línea de montaje de coches en Detroit, o sea intermediario de una firma poco importante, o cobre un sueldo de seis cifras como dirigente de la industria, la aserción es vital en cualquier situación laboral. He aquí una guía de siete puntos para ayudarle a conseguirla.

EL APRENDIZAJE ASERTIVO Y SU EMPLEO

I: PIENSE EN SUS METAS DE TRABAJO

Cuando empecé a salir con la mujer que había de llegar a ser mi esposa, observé rápidamente que ella tenía gran responsabilidad en proyectos importantes en su empleo, y que gozaba de gran reputación profesional. Sin embargo, ganaba el salario de una secretaria de ejecutivo en una organización de tipo medio. Yo no comprendía la discrepancia entre la capacidad de Jean y su actuación y reconocimientos en términos de paga y categoría.

Al llegar a conocerla mejor, comprendí la razón. En su empleo, Jean era tremendamente asertiva. Según sus planes, ella tenía dos metas: (a) hacer lo que fuera mejor para la publicación en la que tenía un puesto de ejecutivo; y (b) hacer que el jefe la apreciara. Pero con respecto a sí misma carecía de aserción y jamás pensaba en sus propias necesidades, ni se preguntaba: «¿Hasta dónde quiero llegar en la vida?... ¿Qué espero de este empleo?». Resultado: la habían encasillado y mantenido en el mismo puesto años y años, sin darle jamás la paga o ascensos que ella creía merecer. Cuando al fin empezó a pensar en términos de dinero y prestigio para ella, lo hizo fuera del empleo. Comenzó a escribir libros y artículos con gran despliegue personal de tiempo y energías, continuando a la vez con su labor tan exigente en la revista *Seventeen*. Las metas se habían convertido para ella en un hábito. No podía renunciar a su encasillamiento.

El caso de Jean es bastante típico. A mucha gente le falta aserción porque no se ha formulado sus metas. Y existen gran número de metas de trabajo, y de combinaciones de las mismas.

METAS REALISTAS

(1) *El empleo es simplemente un lugar donde usted se gana la vida.* Usted aguanta ese horario de nueve a cinco para poder cobrar el cheque de su sueldo y pagar las facturas. Trabaja horas extra por una paga extra, pero quiere

tener derecho a decidir si va a hacer horas extra en una ocasión específica. Si disfruta del trabajo, magnífico. Si no, puede vivir con él. Usted se respeta a sí mismo sólo por el hecho de que trabaja, no por la clase de trabajo que realiza. Sus satisfacciones se derivan de otras áreas. Su meta consiste en hacer lo que ha de hacer en el empleo, y que éste interfiera lo menos posible con las actividades exteriores, que son las que realmente le importan. Con esto puede hallarse en dos situaciones muy problemáticas:

a. Cuando no obtiene sus satisfacciones en otra parte. Pete Sterns se sentía totalmente desinteresado de su trabajo rutinario en una agencia del gobierno, pero le gustaba la seguridad y la pensión que cobraría el día de mañana. Sin embargo, llegó a notar que el trabajo le resultaba mortalmente aburrido, y que ese aburrimiento se iba extendiendo al resto de su vida. «Me siento muy deprimido —me dijo en la sesión inicial—. Tengo cuarenta y tres años y no disfruto de la vida.»

Pete creía que la única solución consistía en dejar el empleo que le originaba la depresión, pero comprendía lo poco práctico de abandonar la antigüedad y derechos de pensión. Trabajando con él, intenté que comprendiera que la elección no consistía en irse o quedarse, sino en considerar el trabajo desde la perspectiva adecuada. Aquel «empleo gris» le daba dinero y seguridad para él, su esposa y sus tres hijos, le permitía pagar la hipoteca y sólo le ocupaba treinta y cinco horas a la semana. Lo que Pete había de hacer era invertir sus energías creativas en la búsqueda de actividades vocacionales para su tiempo de ocio. Esto sí pudo hacerlo.

b. Cuando la rutina del trabajo se apodera de su vida. Poetas, pintores, escritores, han tenido a veces que dedicar sus días a la tarea de ganar dinero con el fin de asegurarse la libertad para hacer lo que realmente deseaban. El compositor Charles Ives dedicó treinta y dos años al negocio de seguros. El problema surge cuando el empleo secundario asume demasiada importancia y ocupa demasiado tiempo. Por ejemplo, cuando John Brown acudió a mí en busca de terapia, había perdido de vista sus metas. Sus comienzos de carrera de concertista de piano habían sido buenos, pero necesitaba dinero para comer. Así que se hizo profesor de piano. Antes de darse cuenta, tenía un horario completo de clases, poco tiempo para practicar, e incluso hubo de cancelar un recital porque no estaba preparado. Sin darse cuenta, se había pasado de la meta que quería —la de concertista— a la que no quería: la de ser profesor de piano. Nuestra solución: dejamos un número razonable de horas para la enseñanza y las denominamos «el fondo de beca». En estas circunstancias pudo recuperar su meta original. De paso diré que, en la primera visita de John, él todavía no había pensado en esto con claridad. Sólo me dijo: «Estoy deprimido».

(2) *Usted quiere ganar todo el dinero posible.* Con este objetivo sacrificará el placer, el ocio y las relaciones. Aceptará presiones y preocupaciones, y hará todo lo que sea preciso para obtener unos ingresos considerables. Al contrario que en el punto primero, en el que el empleo es lo secundario, aquí es lo principal. Pero lo que importa no es la clase de trabajo, sino la oportunidad de ganar dinero. Muchas personas con esta meta tienden a olvidar este hecho y luego se sienten desconcertadas.

(3) *Usted desea obtener gloria, categoría, prestigio.* Acepta de buena gana toda clase de responsabilidades a fin

de conseguir ese título exaltado. Pero, recuerde: cuanto más alto suba, cuanto más se halle a la vista de todos, más zancadillas le pondrán y más tensión habrá de sufrir.

(4) *Usted quiere que el trabajo le resulte remunerador en términos de su propio interés y habilidad.* Hay personas que jamás consiguen esta meta porque empiezan en el lugar equivocado y no tienen arrestos para marcharse. A veces eso es inevitable. No se puede saber lo que entraña un empleo hasta trabajar en él. En ocasiones, basándose en opiniones estereotipadas o en una información errónea, se tiene una idea equivocada de lo que será el trabajo. El premio Nobel Albert Szent-Györgyi escribe en *The Crazy Ape* (El mono loco): «Cuando los jóvenes acuden a mí diciendo que quieren dedicarse a la investigación porque desean colaborar en la reducción del sufrimiento humano, yo les aconsejo que se dediquen en cambio a las obras de caridad. La investigación exige egoístas, seres fascinados por problemas "inútiles" y dispuestos a sacrificarlo todo incluso su vida, por una solución». No siempre es posible evitar el haber comenzado en un lugar que no le va, pero, si llega a comprenderlo, salga de allí antes de que sea demasiado tarde.

(5) *Usted desea su desarrollo personal y la impresión de avanzar en la vida desde el trabajo.* Con frecuencia, esta meta supone un desafío constante y un elevado nivel de ansiedad.

(6) *Usted quiere hacer su contribución a la sociedad, llevar a cabo un trabajo significativo.* Anhela convertir el mundo en un lugar mejor en el que vivir, ayudar a los subprivilegiados, cumplir con su obligación cívica al trabajar para el gobierno, o transformar la sociedad trabajando contra el gobierno. Para usted, la satisfacción del trabajo proviene del cumplimiento de un principio.

Éstas son únicamente unas cuantas metas posibles. Algunas resultan incompatibles. Por lo general, no se puede ganar mucho dinero y tener a la vez una seguridad total en el trabajo. Algunas pueden combinarse. Al decidir su meta principal, comprenderá su interés primordial en el trabajo.

Pero existen también metas neuróticas que no tienen relación con la realidad.

METAS NEURÓTICAS

(1) *La necesidad de sentirse indispensable.* Usted tiene que sentirse indispensable. Si se va, todo se vendrá abajo... teoría que raras veces se cumple. Con frecuencia se considera un hombre extremadamente leal a su jefe. Pero, ¿es usted leal consigo mismo? ¿O trabaja con exceso a fin de justificarse ante sus propios ojos por no ser asertivo ni feliz en otras áreas de su vida?

(2) *La necesidad de sentirse apreciado más que respetado.* Muchas personas inseguras se preocupan por si gustan o no a los demás. Temen que, si dicen que no ante una exigencia —por irrazonable que sea—, si defienden sus derechos, si tienen éxito en un proyecto difícil y hablan con firmeza, los demás no les apreciarán. Tal vez no. Pero, en la situación laboral, el respeto significa más que el aprecio. Aquel que es respetado consigue un trato mejor. La declaración: «Es un tipo agradable, pero ¿será capaz de enfrentarse con esta responsabilidad?», demuestra aprecio, pero mezclado con falta de respeto.

(3) *La necesidad de dominar las situaciones imposibles.* Algunas personas razonan que, si una situación laboral no resulta satisfactoria, debe ser culpa suya. Han de seguir en esa misma situación hasta dominarla, porque abandonar

sería fracasar. En su trabajo como decoradora de interiores, Mary Edwars trabajaba para una vieja a la que ella describía como «la perra más perra de todas; exigente, despreciativa, explotadora». Le habían ofrecido otro trabajo con una decoradora que «parecía agradable», pero vacilaba en aceptarlo diciendo: «La manera que mi jefe tiene de tratarme debe de ser culpa mía. Si acepto el nuevo empleo, lo que haré será huir del problema. Debo quedarme hasta conseguir que la señora Marks me respete. Además, ella sabe tanto que estoy aprendiendo mucho». En realidad, ambas, la jefe actual y la otra, tenían una reputación fabulosa.

Después de algunas sesiones conmigo, Mary aceptó el otro empleo y quedó sorprendida ante el cambio en su propia conducta. Desapareció su tensión y empezó a disfrutar con el trabajo. Admitió también: «Esta mujer sabe tanto como la señora Marks».

(4) *La necesidad de ser un niño modelo y ganar aprobación.* Usted está confuso entre la *orientación a la tarea,* en la que el énfasis se da a la buena realización del trabajo y la *orientación al ego,* en la que se utiliza el empleo para demostrar algo sobre la clase de persona que es. Con este último enfoque, usted se hace más vulnerable, más sensible a la tensión, y se aparta de las realidades objetivas del trabajo en sí.

(5) *La necesidad de que todos le compadezcan.* Sin comprenderlo, usted se ha fijado unas condiciones de trabajo tan imposibles que todo el mundo dice: «Pobre...». Con ello usted obtiene las motivaciones que desea —simpatía y preocupación de los demás—, pero no las motivaciones que mejor servirían a sus intereses profesionales.

Su criterio para elegir las metas de trabajo ha de ser el mismo que para otros actos asertivos. La que elija, ¿la llevará hasta donde desea verse situado en la vida? ¿Aumentará el respeto que ahora siente por usted mismo?

Sobre todo, enfréntese al hecho de que, tal como cambia su situación en la vida, también pueden cambiar sus metas.

II: ENFOCAR ACTIVAMENTE LA TAREA DE CONSEGUIR EL TRABAJO MÁS ADECUADO PARA USTED

Conocer la meta de trabajo no es suficiente. Usted desea conseguirla. Supongamos que, tras haber meditado bien su meta, decide buscar un empleo nuevo. Puede lanzarse a ello de dos modos:

Con un enfoque pasivo, lee la sección de anuncios del periódico, envía su curriculum al anuncio que más le apetece, y luego espera la respuesta. O se dedica a visitar agencias de empleo y a acudir a las entrevistas que ellas le preparan. Tal vez consiga así un trabajo maravilloso y bien pagado, pero el porcentaje de oportunidades está en su contra. Con un enfoque activo, esos anuncios y agencias de empleo sólo representan dos de las muchas técnicas posibles.

(1) *Planee su estrategia completa.* Aprenda el arte de buscar trabajo y de escribir su curriculum. Hay muchos libros magníficos sobre ese tema. A mí me gusta *How to Get a Better Job* (Cómo conseguir un empleo mejor), de Austin Marshall.

(2) *Reúna toda la información necesaria.* Utilice la biblioteca pública, o la de una asociación comercial, con objeto de averiguar en qué compañías puede haber puestos de trabajo. Hable con los amigos, y con los amigos de éstos cuyos conocimientos puedan resultarle útiles.

(3) *Descubra dónde están en realidad los empleos.* Aparte de leer los anuncios y de visitar las agencias de empleo, no pase por alto las asociaciones comerciales, las organizaciones profesionales y los centros de empleo dirigidos por su club de antiguos alumnos de la Universidad. Tal vez le sirvan de fuente de información.

(4) *Domine el arte de quedar bien en las entrevistas.* Si teme que han de resultarle difíciles ciertas preguntas, cómo: «¿En qué categoría se ve a sí mismo dentro de veinticinco años...?, ¿Cómo es que dejó el puesto anterior...?», o bien: «Lleva seis meses sin trabajo. ¿Cómo tiene tanta dificultad en encontrar un empleo?», practique las respuestas *antes* de acudir a la entrevista. Utilice una grabadora, escuche sus respuestas y trate de perfeccionarlas. Mejor aún: ensaye la situación con un amigo o con el cónyuge. La información que consiga le ayudará a mejorar sus respuestas.

(5) *Acérquese de modo directo y asertivo a los posibles jefes.* Descubra a la persona adecuada en el lugar en que le gustaría trabajar, e intente concertar una cita. Tanto mejor si puede arreglársela un amigo, pero no es imprescindible. Usted puede hacerlo solo. Esta técnica da mejores resultados a los que tienen más de cincuenta años. Por ejemplo, una mujer que trabaja en el departamento de relaciones públicas de unas líneas aéreas importantes, fue despedida durante un período de reducción de la compañía. A lo largo de ocho meses vivió entregada a la búsqueda febril de trabajo, mezclada con ataques de depresión. Luego se preguntó a sí misma: «En realidad ¿qué es lo que quiero hacer?». Su respuesta: «Quiero hacer relaciones públicas para una fábrica de automóviles». Algunos años antes, un verano en que se hallaba de vacaciones en México, había conocido a un ejecutivo de la General Motors, que le dio entonces

su tarjeta. En vez de escribirle, Grance voló a Detroit, le llamó a las 9 de la mañana y fue a verle a las 11. Él le dio una carta de presentación para el ejecutivo de su misma categoría en la oficina de Nueva York. Aún hubo que esperar unos meses, pero Grace trabaja ahora para la G. M. y tenía casi cincuenta años cuando consiguió el empleo.

Este enfoque activo tal vez le permita conseguir un empleo mejor.

Y lo que es más importante: esta técnica hará que usted se sienta más dueño de su vida. Y aumentará su autoestimación respeto.

III: ASEGÚRESE DE QUE TIENE LA CAPACIDAD NECESARIA PARA CONSERVAR SU EMPLEO ACTUAL

Cuando usted se inicia en un empleo, pocas veces sabe todo lo necesario. O tal vez sí domine la parte principal del trabajo, pero falla en otras áreas secundarias. La adquisición activa de todas las técnicas necesarias mejorará su moral y la calidad de su trabajo, lo cual anulará ese temor que siente cuando ha de hacer algo que usted sabe que es incapaz de realizar a la perfección, y la tensión que experimenta por las consecuencias posibles... ya sean la crítica del jefe o la pérdida de un cliente.

A veces, la falta de capacidad lleva a la *conducta de evitación.* Como no puede actuar con competencia, usted se demora y se siente avergonzado.

CASO

A Myron Walters, de treinta y cinco años, le gustaba su cargo de ayudante en el departamento de personal de una gran compañía. Generalmente, era consciente en su trabajo, pero siempre se retrasaba en la tarea de comprobar las cuentas de gastos de viaje de los empleados. Su superior estaba furioso. Cuando Miron me expuso el problema, vi enseguida que era un hombre muy inseguro de sus conocimientos de aritmética. En la escuela primaria y secundaria, las matemáticas habían sido su mayor problema. Le dije que se comprara un manual de aritmética de escuela primaria y que dedicara media hora diaria a practicar suma, resta, multiplicación y división. Ambos nos quedamos atónitos al comprobar que él nunca había memorizado la tabla de multiplicar. Una vez se sintió seguro con las cifras, dejó de evitar las comprobaciones de los gastos de viaje. Al resolver el problema en este aspecto tan trivial pero tan significativo, creció su autoestimación... y consiguió un aumento de sueldo.

(1) *Aprenda todo aquello que pueda ayudarle a conseguir un puesto superior, si ése es su propósito.* Aproveche las oportunidades que le ofrezca su mismo empleo, o la lectura, o la asistencia a clases. Esta adquisición de conocimientos —que debe comunicar a los demás— hará más probable el ascenso.

(2) *Enfoque de modo activo el ambiente de trabajo, a fin de hacerlo óptimo para usted.* No tema pedir una silla con respaldo recto, o una nueva máquina de escribir. Si la gente le interrumpe constantemente en el despacho, mantenga la puerta cerrada y coloque el aviso de «No entren». Un paciente se me quejó de que se distraía constantemente

en la oficina. El simple hecho de girar la mesa en un ángulo de 45 grados le evitó toda distracción visual y le hizo más inmune al ruido.

(3) *Utilice el dominio propio en los hábitos nocivos que interfieren con el trabajo*... como el retraso, la falta de puntualidad y de concentración. Ya esbocé las técnicas del dominio propio en los capítulos VII y VIII. Permítanme repetir:

a. Identifique el hábito que desea cambiar.

b. Prepare un programa específico con objeto de transformar esta conducta.

c. Establezca como meta algo que pueda cumplir razonablemente... y pronto. Propóngase una serie de éxitos.

d. Examine la situación para ver si esa conducta que no desea puede resultar de más difícil realización, y en cambio puede resultarle más fácil la que desea.

e. Establezca el hábito deseado. Las motivaciones positivas, en términos de alabanzas por parte de los amigos, o incluso premiándose usted mismo, suponen una gran ayuda.

f. Examínese. Lleve bien la cuenta. Si comprueba que ya realiza más la conducta deseada y menos la no deseada, se sentirá animado.

IV: APRENDA A CONTROLAR LA ANSIEDAD GENERAL EN EL TRABAJO

En las situaciones laborales, la tensión constante produce diversos efectos. Tal vez le cree dificultad para concentrarse en el trabajo, o le menoscabe el juicio hasta el punto de hacerle tomar decisiones incorrectas, o le convierta en un ser tan inestable e hipersensible que un detalle tonto le enoje en grado extraordinario. Es decir, que la tensión no sólo interfiere en los resultados, sino también en las relaciones con compañeros de trabajo, jefes y subordinados. La tensión consume energías y puede llevar a la fatiga extrema al término del día, al insomnio por la noche, a las enfermedades físicas como las que surgen de una reducción en la resistencia física; y además contribuye a los desórdenes psicosomáticos, como la tensión arterial elevada o una úlcera.

Para su víctima, la tensión todavía significa algo más. Como no puede controlarla, usted se siente impotente y se desprecia por esa impotencia. Con frecuencia evita las situaciones de tensión, tales como hablar en una reunión, o pedir tareas más responsables capaces de provocarle la tensión, con lo que limita su trabajo y reduce las oportunidades para su desarrollo y su avance. O bien comienza a presentar demandas irrazonables a los demás, y con ello aumenta una sensación de impotencia.

Algunas personas sí poseen la habilidad para relajarse, pero, debido a su pasividad, jamás piensan en hacerlo. Yo les digo: «Escuche, cuando vea que la tensión aumenta en usted, oblíguese a relajarse», bien: «Cada hora, dígase a sí mismo "Relájate" y hágalo». Pasando a una orientación activa, pueden vencer el problema de la tensión.

Pero no resulta fácil para muchos. En los años treinta, el doctor Edmund Jacobson, médico de Chicago, demostró que, lo mismo que usted puede aprender a conducir un coche o a jugar al tenis, puede adquirir la capacidad de disponer de una técnica de relajamiento que actúe en el breve tiempo que se necesita para encender un cigarrillo. Pero el método del doctor Jacobson, que él tuvo buen cuidado en declarar que no eran ejercicios, sino más bien el conocimiento y transformación de las tensiones, exigía por lo general de cincuenta a doscientas sesiones de entrenamiento, y una hora de práctica al día.

SOBRE LOS EJERCICIOS DE RELAJAMIENTO

En el AA utilizamos ejercicios mucho más cortos. Los Ejercicios de Relajamiento Total sólo exigen veinte minutos para su realización. Los Ejercicios de Relajamiento Medio llevan tan sólo siete minutos. Encontrará estos ejercicios en el Apéndice. Su propósito: conseguir que usted domine las tensiones en el trabajo, así como en todas las áreas de su vida.

EJERCICIOS DE LABORATORIO SOBRE EL RELAJAMIENTO

Antes de comenzar con los Ejercicios de Relajamiento Total, debe hacer y comprender ciertas cosas.

Primer paso: Calcule su nivel de tensión con una escala U.S.P. (acrónimo de Unidades Subjetivas de Perturbación)

0 ———————————————————— 100

El cero significa que usted se siente completamente relajado, sin ninguna tensión en absoluto. En el otro extremo, 100 significa la *tensión máxima,* la mayor angustia que imaginarse pueda. En este momento, no es posible que usted se halle en ninguno de los dos extremos. El mismo acto de sostener este libro le origina alguna tensión muscular, por lo que no puede estar a cero. Si estuviera a 100, sería incapaz de concentrarse lo suficiente para leer estas indicaciones.

Los ejercicios van dirigidos a conseguir que usted se halle más cerca de cero, o en el cero mismo, a su terminación.

Segundo paso: En el ejercicio, lo primero que le pido es que imagine una «escena agradable», como estar en la playa o caminando por el campo. Que sea neutral (neutral en el sentido de que no existan en ella elementos capaces de perturbarle).

Si tiene dificultad para imaginar esa escena agradable limítese a pensar en la palabra «Tranquilo». El propósito del ejercicio es condicionarle de modo que, cuando piense en su escena agradable, se relaje automáticamente. La escena es el estímulo que motiva la respuesta. Cuando esté totalmente entrenado, sólo el pensar en su escena o en la palabra «Tranquilo» le producirá cierto grado de relajamiento.

Tercer paso: Utilice el ejercicio para estudiar lo que sucede con su tensión cuando usted se relaja. Los Ejercicios de Relajamiento Total tienen tres partes. Primero se tensan grupos grandes de músculos. Al dejar que aumente la tensión, usted se da más cuenta de *dónde* la siente y cómo la siente. Luego mantiene la tensión por unos siete segundos antes de librarse de ella. Con esto experimenta alivio de la tensión. En la segunda parte, usted comprueba distintas partes de su cuerpo. Finalmente, imagina la escena agradable, o piensa en la palabra «Tranquilo» y relaja cada parte de su cuerpo sistemáticamente.

Cuarto paso: Al principio del auto-adiestramiento, haga el Ejercicio de Relajamiento Total una vez al día, o incluso más si siente necesidad de ello. Ahora bien: saltarse un día no producirá una catástrofe. Los ejercicios no son un ritual. Están destinados a servir como fuente de relajamiento, no como motivo para una tensión mayor. Continúe con los ejercicios hasta que se acerque a cero con una consistencia cada vez mayor. Entonces utilice los Ejercicios de Relajamiento Medio a días alternos. Cuando esto resulte efectivo, puede reducirlos a dos o tres veces a la semana, y una vez a la semana el de Relajamiento Total. Cuando al fin compruebe que ya domina sus tensiones, utilice los ejercicios sólo cuando los necesite.

Quinto paso: Cuando haga los ejercicios, ya sea de memoria o mediante una cinta, debe estar solo. Si hay alguien más en casa, cierre la puerta. Descuelgue el teléfono. Túmbese en un lecho cómodo, incluso en el suelo. Reduzca la iluminación, apague la televisión. Deje al perro en otra habitación. No se le debe interrumpir durante el período de tiempo necesario.

Si no puede relajarse con los ejercicios, haga gimnasia antes de emprenderlos. El ejercicio físico le facilitará el relajamiento y usted empezará a relacionar esa sensación con el mismo proceso del adiestramiento en el relajamiento. Al fin podrá dejar la gimnasia y empezar directamente con los ejercicios.

Si llega a quedarse dormido mientras los hace, usted se derrota a sí mismo. Porque el propósito de los ejercicios es que usted controle la situación. Aun cuando utilice los ejercicios para combatir el insomnio, trate de permanecer despierto hasta que los haya terminado.

Sexto paso: Lleve un control de relajamiento en su cuaderno del AA. Utilice la escala U.S.P. Cada vez que complete el ejercicio, escriba el nivel conseguido. Durante un cierto tiempo, sin duda irá rebajando ese nivel, y los resultados escritos le animarán.

Los dos primeros ejercicios del Apéndice son para el adiestramiento. En la situación real en la oficina, puede emplear uno mucho más breve.

EJERCICIO PRACTICO DE RELAJAMIENTO

Propósito: Permitirle aplicar el adiestramiento en el relajamiento al lugar de trabajo, así como a otras situaciones de su vida.

Primer paso: Inspire profundamente por la boca. Retenga el aliento.

Segundo paso: Dígase «Retenlo» cuatro veces, calculando de tal modo que retenga el aliento unos siete segundos. Practique con el segundero hasta lograr el ritmo correcto.

Tercer paso: Expela el aliento lentamente.

Cuarto paso: Al hacerlo, piense en su escena agradable y relaje deliberadamente los músculos.

Puede adiestrarse para llegar hacer este ejercicio en su mesa, o incluso en una sala de conferencias, de modo que nadie lo note. ¡Yo lo hice durante un *show* en la televisión!

Estos ejercicios de relajamiento resultan de gran ayuda en tres situaciones que afectan a su actuación en el trabajo:

Insomnio. Usted no puede actuar a la perfección en la oficina si se ha pasado la noche anterior dando vueltas, contando ovejas o poniéndose histérico porque no conseguía dormir. Varios experimentos demuestran que el adiestramiento en el relajamiento resulta efectivo con las víctimas del insomnio. El procedimiento es muy sencillo: disponerse para el sueño y realizar los Ejercicios de Relajamiento Total. A su terminación *siga imaginando* su escena agradable. No se permita una distracción, pero, si se distrae, vuelva a la escena agradable o a la palabra «Tranquilo». Si siente que la tensión aumenta en cualquier parte de su cuerpo, relájela deliberadamente. Al mantener el estado de relajamiento es de esperar que llegue el sueño.

Tensiones generales en el trabajo. La tensión general a lo largo de toda la jornada de trabajo perjudicará a su buen juicio y le llevará a la fatiga. Como resultado del adiestramiento en el relajamiento, usted ha de empezar a perder pasividad ante las tensiones continuas, y a experimentar la sensación de control. Cada hora en punto (o incluso cada media hora), relájese deliberadamente con el Ejercicio Práctico de Relajamiento, más breve. Este sólo exige unos pocos segundos, y puede hacerlo en su mesa, en un restaurante durante un almuerzo de negocios con un cliente, o mientras recorre el pasillo camino de una reunión con el jefe.

Los vuelos. El viaje en avión es un requisito de muchos empleos hoy en día. Sin embargo, he conocido a gran número de personas que rechazan el empleo que desean porque les exige numerosos vuelos. Otros consiguen subir al avión y se pasan todo el vuelo temblando. El relajamiento ayuda a conquistar este temor tan común.

Practique los ejercicios echado, hasta conseguir una buena dosis de relajamiento.

Adapte después los ejercicios para llevarlos a cabo sentado, y practique de nuevo hasta tener sensación de control.

Simule que está en el avión. Busque una silla que se

parezca al asiento del avión. Imagínese en pleno vuelo. Mientras hace el ejercicio, practique la tensión muscular mínima. Muchas personas se sienten cohibidas al realizar en público los gestos que requiere una parte de los ejercicios. Durante una semana antes del vuelo, practique el llevarlos a cabo con disimulo.

Ya en el avión, repase todo el Ejercicio de Relajamiento Total en cuanto se haya instalado en el asiento. Durante el vuelo, si empieza a notar que crece la tensión, hágalo de nuevo.

V: APRENDA A CONTROLAR LA ANSIEDAD ESPECÍFICA QUE HA LLEGADO A ASOCIAR CON UNA TAREA ESPECÍFICA DE SU TRABAJO

Aparte de las tensiones generales que experimenta en el empleo, quizá tema también ciertas situaciones claramente definidas. Tal vez sea usted una mecanógrafa experta y sin embargo se ponga nerviosa al escribir sobre alimentos. O bien cabe que sea usted capaz de vender lo que sea y a quién sea cara a cara, pero tema hacer esa llamada telefónica inicial para concertar una cita. El terapeuta de conducta llama a estos temores específicos «fobias», y la palabra no sólo se aplica al temor, sino a cualquier reacción turbadora inadecuada —como una tensión exagerada, o la depresión, la irritación o la rabia— producida por una situación específica. En el marco del trabajo, estos temores pueden llevarle a una mala actuación, a la pérdida del empleo e incluso, con frecuencia, le impiden ir a la oficina.

DESENSIBILIZACIÓN SISTEMÁTICA ANTE LAS FOBIAS

Para combatir las fobias, los terapeutas de conducta utilizan la técnica de la *desensibilización sistemática.* Sabemos que usted asocia cierto estímulo (ya sea el espacio cerrado de un ascensor, la contracción de los músculos del estómago, la crítica de un superior) con una reacción perturbadora. Ha aprendido a reaccionar de ese modo. Si puede experimentar el estímulo que provoca tal ansiedad cierto número de veces sin sentirse turbado, la respuesta condicionada de ansiedad será reemplazada por una reacción libre de fobias. El temor desaparecerá sin duda.

La desensibilización sistemática utiliza la reducción paulatina de los temores que producen la respuesta tensa. La teoría dice que el relajamiento inhibirá la respuesta porque *el estado de relajamiento es incompatible con la ansiedad.* Al fin, el estímulo perderá la capacidad de provocarle ansiedad. (Éste es el «principio de inhibición recíproca» del doctor Joseph Wolpe, del que hablé en el Capítulo I.) Los padres suelen hacer esto con sus hijos, aun sin comprenderlo. Cuando un niño de tres años le tiene miedo al mar, su madre lo lleva de la mano hasta el borde de las olas y lo levanta en el aire cuando la ola se acerca. Una vez el niño se siente cómodo, la madre le anima a que meta un pie en el agua, luego que se meta hasta los tobillos y, al fin, que se sumerja por completo. Así, poco a poco, el niño llega a conquistar el temor.

Obsérvese que la madre empieza con una situación en la que el niño experimenta muy poca ansiedad relativamente, y va avanzando por etapas hasta vencer el temor supremo (la inmersión completa). En cada etapa, ayuda al niño a dominar la ansiedad. A este enfoque, según observé anteriormente, se le denomina la «creación de una escala».

En la práctica de su trabajo, el terapeuta también crea una escala utilizando el método de la desensibilización sistemática. Junto con el paciente, imagina escenas de diversos grados de ansiedad dentro del área de la fobia. Por ejemplo, si el paciente es un profesional que teme hablar en público, la escala podría consistir en: hablar a cinco personas... a diez personas... a veinte... a treinta en un auditorio pequeño... a mil en un gran salón. Entonces, partiendo de la escena menos perturbadora, hace que el paciente *lo imagine*. Si en éste aumenta el temor al imaginarla, le da instrucciones rápidamente para que se relaje. Así se lo hace repetir una y otra vez, hasta que el paciente es capaz de imaginarla sin la menor impresión de turbación. Entonces procede ya al paso siguiente en la escala de ansiedad.

De este modo, el terapeuta adiestra al paciente para que asocie el relajamiento con una situación que antes le provocaba ansiedad o temor. Generalmente, esa impresión de disminución de temor perdurará cuando el paciente tropiece con dicha situación en la vida real.

Esto es un procedimiento bastante técnico y, si no se realiza correctamente, hay algún peligro de que la fobia empeore. *No puede utilizarlo por sí mismo. Puede adaptar* la técnica a sus situaciones de probemas de la vida real.

DESENSIBILIZACIÓN *IN VIVO*

En la desensibilización sistemática en el despacho del terapeuta, el paciente imagina los estímulos que originan la tensión. También es posible *desensibilizarse en situaciones de la vida real*. El principio sigue siendo el mismo: *usted quiere una respuesta que inhiba su ansiedad y que surja en presencia de los estímulos que evocan la ansiedad.* En palabras menos técnicas: *si realmente puede pasar por las situaciones que teme sintiéndose relajado,* al fin dejará de asustarse ante esas situaciones. A este método se le conoce con el nombre de *desensibilización sistemática «in vivo»* y puede resultar de gran ayuda en las situaciones laborales.

(1) *Formule una escala.* Primero averigüe el punto de partida. Tome esa situación que le provoca ansiedad y encuentre el punto en el que su ansiedad es mínima y no produce un aumento de más de diez puntos en su escala de U.S.P. A veces resulta difícil encontrar una serie de situaciones reales adecuadas para el proceso de auto-desensibilización. Generalmente, los pacientes lo consideran más sencillo con las «fobias de cosas», como el temor a la altura, los ascensores o trenes, todo lo cual influye sobremanera en el empleo que tienen o en el trabajo que puedan llevar a cabo. Tomemos, por ejemplo, el temor a las alturas. Determine el punto de partida para usted. Tal vez sea mirar desde una ventana de un quinto piso, de un primer piso, o incluso verse en el escalón más bajo de una escalera de mano. El primer paso debe ser una situación en la que apenas experimente una turbación ligera.

Luego averigüe todo aquello que incrementa su ansiedad. Quizá sienta miedo si la ventana está abierta y todavía más si se asoma y mira directamente hacia abajo. Utilizando estas pistas, formule una serie de situaciones que enfoquen el temor a las alturas siguiendo una escala.

Yo traté a una joven secretaria jurídica que tenía miedo de subir más allá del tercer piso de cualquier edificio. Como la mayoría de las oficinas jurídicas de Manhattan están situadas en los rascacielos, Katy se vio forzada a aceptar un empleo como vendedora en una boutique de la planta baja.

Cuando empezamos a trabajar juntos, dedicó tres semanas a la tarea de subir en ascensor al tercer piso y practicar el relajamiento. Al fin se sintió cómoda y pasó al cuarto. Siguió subiendo más y más... y ahora tiene un empleo con una firma legal en el piso treinta y dos.

(2) *Usted no tiene porque formular toda la escala antes de comenzar el proceso in vivo.* En el curso de su desensibilización, tal vez descubra que, realmente, en la vida real, usted responde a pistas diferentes de las que había supuesto. En este caso, tal vez tenga que repasar su escala. Intente formular tres o cuatro pasos por anticipado.

(3) *Adiéstrese en los tres métodos de relajamiento.* Porque usted ha de tener un control excelente del Ejercicio Práctico de Relajamiento.

(4) *Tome las situaciones de una en una y trabájelas.* Antes de dejar cada situación, repítala una y otra vez hasta que se sienta realmente cómodo con lo que antes fuera una situación provocadora de ansiedad. Cuando se sienta totalmente relajado, puede pasar a la siguiente.

CASO

Un paciente en busca de empleo experimentaba una ansiedad enorme durante las entrevistas. Su solución *in vivo*: acudir a entrevistas y solicitar empleos que no deseaba en absoluto o que sabía perfectamente que no podía conseguir. Durante éstas practicaba el relajamiento. Como sabía que no se jugaba ningún empleo, tenía un nivel relativamente bajo de ansiedad, y el relajamiento resultaba efectivo. Este procedimiento redujo marcadamente su ansiedad durante las entrevistas subsiguientes para lograr empleos que realmente deseaba.

CASO

Una abogado tenía graves problemas con los dictados. Escribía todas las cartas a mano antes de dárselas a su secretaria porque temía que, mientras dictaba, fuera a decir alguna estupidez por la que su secretaria pudiera despreciarle. En nuestras conversaciones averigüé que Kay experimentaba mucho menos temor con las cartas de rutina que con los memorándums internos, tan complicados. Entonces dividimos su temor al dictado en cinco categorías. De modo que, utilizando la desensibilización *in vivo,* Kay empezó por dictar cartas de la categoría rutinaria y siguió utilizando el Ejercicio Práctico de Relajamiento al hacerlo. Gradualmente, fue subiendo por la escala de jerarquía. Al llegar al nivel de los memorándums internos, descubrió que necesitaba tomar notas con todo cuidado antes de empezar a dictar, y también aprendió a decirle a la secretaria: «Esto no es más que un borrador. Será mejor que lo repase antes de que haga la copia final».

La vida en sí no siempre se muestra tan cooperadora en cuanto a ofrecer oportunidades para la desensibilización. Tal vez tenga usted que simular el problema mediante la representación de papeles. Para representar aquello que le perturba, necesitará la ayuda de un amigo. Recuerde, cada vez que él le dé pie y usted responda con una reacción, aunque sea ligeramente turbada, debe concentrarse en el relajamiento. Y él ha de repetir la presentación de cada pista hasta que usted no experimente tensión. Entonces avancen un paso en la escala de jerarquía.

Suponga que el problema consiste en pedir un aumento de sueldo. John Jones teme que, si lo hace, el jefe le despedirá. Él utiliza esta frase: «Señor Smith, me gustaría hablarle acerca de un aumento de sueldo. Creo que me lo merezco». Interpretando el papel del jefe, su amigo Brown puede responder según la siguiente escala jerárquica:

«Bien, lo pensaré.»

«No estoy yo tan seguro. Siga intentándolo, y ya hablaremos de esto dentro de unos tres meses.»

«No hay aumento para usted. En realidad, su trabajo ha empeorado mucho y he estado pensando en prescindir de usted.»

«¿Un aumento? ¡Está despedido!»

Estas respuestas no son más que simples ejemplos. Las frases auténticas deben hacerse a medida de su ansiedad particular. No tienen porque basarse en las probabilidades reales. En este caso, Jones sabe que existe poca posibilidad de que le despidan. Sin embargo, este temor irracional le impide pedir el aumento que merece. El uso de la frase «Está despedido» en la escala de jerarquía ayuda a eliminar el temor. Al interpretar la escena, hágala lo más real posible. *El amigo debe repetir cada una de las frases-estímulo hasta que usted no experimente turbación.*

(5) *Utilice la desensibilización para tratar el temor de los síntomas.* A veces, lo que usted teme en realidad son los mismos síntomas de la ansiedad. Usted sabe que ciertas situaciones, como la presentación de un informe al jefe, tienden a dejarle con una especie de temblor o de mareo, o con un nudo en el estómago, y que esos síntomas iniciarán además otra ansiedad secundaria. La idea consiste en aprender a abortar el ataque. Si es capaz de hacerlo, recuperará la confianza, disminuirá el temor y podrá hacer ese discurso, o dirigir esa reunión, o asistir a esa conferencia.

Cuando vea que el nerviosismo crece en usted durante una reunión, utilice el Ejercicio Práctico de Relajamiento. Sólo exige unos segundos para la realización, y únicamente parte de su atención. No tiene porque interferir con su actuación. Si reduce la ansiedad, aunque sea sólo ligeramente, ya rompe el esquema del pánico.

Al notar que empieza el nerviosismo, lleve a cabo diversos actos mentales y físicos en su intento por controlarlo. Mueva los brazos. Arregle los papeles. Mire por la ventana. Imagine que el presidente de la reunión se pasea desnudo por la habitación. Piense en aquel salmón que pescó el verano pasado. Observe si alguna de estas actividades influye en su ansiedad. Porque, al hacerlas, usted ha introducido la *orientación a la tarea para contrarrestar la ansiedad*. Aquí la tarea consiste en experimentar con su reacción de ansiedad.

VI: DOMINE EL ARTE DE LAS BUENAS RELACIONES PERSONALES EN EL TRABAJO

La clase de trabajo que usted hace, y su habilidad para realizarlo, representan sólo una parte de su imagen profesional. Una parte muy importante de su éxito o fracaso en el empleo, más su propia satisfacción, depende de las relaciones con los demás.

Se necesitan las mismas artes que exigen las situaciones sociales, como la capacidad para presentar demandas, pedir favores, decir que no, expresar sentimientos positivos y negativos de modo adecuado. Pero, en el empleo, los fines de la aserción son distintos. Usted desea unas relaciones agradables con los demás a fin de que el trabajo se lleve a cabo. No busca relaciones íntimas con nadie en una situación laboral. Tales relaciones acaso puedan desarrollarse, pero entonces se saldrán de los confines del área de trabajo. El propósito en el empleo es facilitar las metas de su trabajo. Las complicaciones surgen porque la mayoría de las situaciones laborales incluyen estructuras jerárquicas en forma de subordinados, iguales y superiores. Y existen distintos criterios para la conducta adecuada.

Muchas personas han captado mal el significado de la aserción en el empleo. No distinguen entre aserción y agresión. Porque la aserción no significa armar un escándalo en la oficina, ni darle un puñetazo en la nariz a un compañero; supone *la comunicación honesta y en el momento oportuno para conseguir unas metas mutuas de trabajo.*

UNA GUÍA PARA LA ASERCIÓN EN EL EMPLEO

(1) *Haga que a los demás les resulte fácil realizar lo que usted desea que hagan.* Por ejemplo, al pedir un aumento haga todo lo posible para simplificar la situación de modo que el jefe pueda decir «Sí».

a. Déle al jefe todas las razones por las que merece un aumento de sueldo. Que no tenga él que buscarlas. Por ejemplo: una vicepresidente de un banco sospechaba que su salario era menor que el que se pagaba a los vicepresidentes masculinos. Durante años soportó esta injusticia. Finalmente, desesperada, sumó todas sus partidas de activo, hizo acopio de valor y fue a ver a su jefe. Le dijo que ella estaba administrando unos 25 millones de dólares en créditos, mientras que sus cuatro colegas varones del banco manejaban tan sólo diez millones. «¡Santo cielo!», fue todo lo que dijo el jefe. Poco después ella conseguía un aumento importante.

b. Asegúrese de que conoce la política de la oficina acerca de los aumentos de sueldo (generalmente se revisan al preparar el presupuesto para el año siguiente). Si pide uno en el momento menos oportuno, tropezará con la barrera de las normas habituales en el proceso.

c. Haga un ensayo. Si no consigue hacer acopio de valor con objeto de pedir más paga, trate de interpretar la escena con un amigo íntimo o el cónyuge.

CASO

Wendy Hilton había aprendido el concepto del AA en uno de mis grupos. Su marido Bob, que era abogado, había empezado a trabajar en el departamento jurídico de una gran compañía hacía unos seis meses, y ahora se sentía: (1) mal pagado y (2) encargado de todo el trabajo rutinario, de modo que su labor se le había hecho aburrida y sin alicientes. Decidieron entre ellos que Bob debía hablar con el jefe y que el momento de enfrentarse con él sería cuando éste hiciera su pregunta diaria: «¿Cómo van las cosas?».

Wendy enseñó a Bob la técnica de la representación de escenas. Ella hacía el papel del jefe. Primero, prepararon a fondo la declaración inicial de Bob: «Me alegro de que me lo pregunte, porque llevo aquí seis meses y hay un par de puntos que me gustaría discutir con usted». Luego ensayaron el modo de contestar si el jefe respondía a su petición de aumento con un: «Sólo pensamos en aumentos cuando un empleado lleva ya un año con nosotros». Si eso ocurría, ambos decidieron que Bob debía pedir al jefe que evaluara su trabajo para que él pudiera mejorarlo... y estar seguro del aumento al término del año.

Lo que sucedió en la vida real apenas difirió de la escenificación. Bob aprovechó la oportunidad para declarar: «Tengo un par de cosas que me gustaría discutir con usted». No consiguió el aumento, pero el jefe admitió: «Sé que está mal pagado, y he estado luchando con las escalas superiores de la administración para conseguir aumentos de sueldo. Esta petición suya me facilita más municiones. Me alegro de que lo haya sacado a relucir». No se había dado cuenta del trabajo tan aburrido del que se encargaba Bob. Inmediatamente le asignó varias tareas de mayor responsabilidad, y dispuso que asistiera a una conferencia legal, especialmente interesante, aquella misma tarde.

(2) *Hable,* para alabar a los demás, para impedir que otros le desprecien, cuando tenga razón o esté equivocado, y para proteger su propia posición. Generalmente, estas situaciones suponen el uso de la conversación emocional, de saber decir no y de saber defenderse a sí mismo, y ocurren en cuatro circunstancias:

a. Como superior, usted debe dar información. Los empleados quieren saber lo que usted opina de su trabajo. Puede alabar o criticar constructivamente, pero déles siempre a conocer su opinión de modo positivo. No insista en lo que el empleado hace mal; dígale cómo puede hacerlo mejor.

CASO

Traté a un vicepresidente de una compañía de ingeniería, un hombre de cincuenta años, con graves problemas para mostrarse franco con la gente. Así que le instruí sobre el uso de la conversación emocional. Durante varias semanas, ensayamos el modo de responder en las reuniones semanales de grupo, cuando los subordinados lanzaran ideas nuevas. Entonces Tom puso en obra el ensayo terapéutico. Y me informó después: «Fue la reunión más estimulante a la que he asistido en la vida». Porque, en aquella sesión semanal, Tom había dado una reacción inmediata cargada de sentimiento: «Esto me gusta», «Esto no me gusta», cuando un subordinado le presentó una idea, lo cual había llevado a una conversación general muy animada. Tom admitió: «Ahora comprendo lo que ocurría antes. No reaccionaba cuando alguien me ofrecía una idea. Me limitaba a pasar al informe siguiente. Esta vez, como hablé inmediatamente y con sinceridad, todo el grupo se sintió involucrado». A partir de ahí, pasamos a trabajar en la conducta de Tom con sus iguales y superiores, y al hacerse más franco desapareció el temor a mostrar sus sentimientos.

b. Usted debe defenderse. Cuando trate con otras personas, éstas, ya sea deliberadamente o por inadvertencia, harán cosas que le afectarán a usted, a su trabajo o a la situación de su compañía. Al comunicarles sus sentimientos, impedirá que ellos le desprecien.

Por ejemplo, si alguien se lleva repetidamente el mérito por sus ideas, usted tiene derecho a decir: «No me gusta lo que has hecho. Sabes perfectamente que la idea que ofreciste esta mañana en la reunión era mía. Que no vuelva a suceder». Si usted ignora tal conducta, está animando al otro a que siga adelante con ello. La comunicación de sus sentimientos no significa que vaya a impedir el robo de sus ideas, pero tal vez el otro lo piense dos veces antes de hacerlo de nuevo. Y usted se sentirá en libertad para iniciar una acción preventiva más drástica. Por ejemplo, no le *contará* a esa persona en particular las ideas brillantes que se le ocurran... Se las *enviará* en forma de carta, con una copia para el jefe.

También ha de expresar su sentimiento a ese buscalíos que hay en toda oficina. Le dirá: «Me molesta que me quites el periódico... Me enoja terriblemente que te pongas a almorzar en mi mesa y me la dejes llena de migas... Has estado cotilleando acerca de mí, y eso no me gusta». Exprese lo que opina con tacto, pero asegúrese de comunicarlo. Luego coharte la actividad del buscalíos... (él, o ella, saben ya que usted *sabe*). Si nunca dice nada, el otro continuará robándole el diario, comiendo en su mesa y contando chismes acerca de usted.

c. Como subordinado, puede decir no a un superior. Sí, comprendo que tenga razones para temer el verse obligado a decir *no* al jefe que tiene poder sobre sus vacaciones, ascensos y subidas de sueldo. Algunas personas en situación de poder no quieren oír jamás la palabra «no», pero la mayoría de los jefes son humanos y responderán si usted presenta la negativa del modo adecuado. Su respuesta negativa debe incluir la razón específica. En una situación social, si un amigo dice: «Hagamos esto y lo otro», resulta adecuado el responder: «No, no me apetece». En la situación laboral, su respuesta negativa debe estar más relacionada con los aspectos reales del asunto involucrado que con lo que usted siente.

Supongamos, por ejemplo, que un supervisor le dice: «Me gustaría que se quedara un rato más esa noche y terminara el trabajo». Usted podría probar tres tipos de respuesta negativa, según su situación individual:

«No, lo siento, pero no puedo. Tengo ya un compromiso, y desde hace bastante tiempo, para esta noche.»

«No. Cuando acepté este empleo ya le dije que estaba dispuesto a renunciar a la hora del almuerzo, pero que era preciso que tomara el tren de las 5,57.»

«No, no me parece una buena idea. Mañana a las 9 tengo esa reunión tan importante y he estar en buena forma. No será así si llego a casa a medianoche.»

Al decir que no, no siempre ganará su caso, pero el

asunto quedará abierto a la discusión y la negociación. Tanto si gana, como si pierde o si empata, al defender sus derechos hará que aumente su autoestimación. Esto también se aplica a los jefes. Si usted tiene problemas para decir que no a los que trabajan para usted, su inseguridad afectará tanto a su propio trabajo como a su respeto por sí mismo.

d. Como trabajador independiente, dueño de su propio negocio, debe defender el dinero que valen sus servicios. Con las mercancías, usted ya sabe lo que le cuestan, añade los gastos y el índice de beneficios fijado de antemano. Pero hay «servicios» que representan su propio tiempo y habilidad. Objetivamente, usted comprende cuál sería el pago razonable. Pero entonces entra la duda: «¿Valgo eso realmente?... ¿Y si pierdo al cliente?... ¿Y si el cliente dice que mis servicios no valen tanto?... ¿Será eso rebajar mi competencia profesional?». Dominados por estas ideas peyorativas acerca de sí mismos, muchos piden menos dinero y luego lo lamentan. Un diseñador me dijo: «Me siento demasiado tenso y vencido por la ansiedad. Pido menos, y acabo perdiendo económica y emocionalmente». He descubierto que éste en un problema bastante común entre los psicoterapeutas que empiezan su propia práctica, y a veces surge incuso entre los terapeutas ya bien establecidos.

Un problema como éste puede amenazar su vida profesional. Sin embargo, con frecuencia se le vence mediante una simple práctica. Primero, fije el precio. Si no está seguro de lo que debe pedir, consúltelo con alguien cuyo juicio respete. Luego, practíquelo diciendo en voz alta: «Mis honorarios por este trabajo serán de... dólares». Dígalo ante una grabadora, a su cónyuge, a un compañero de cuarto, a un amigo. Después dígalo en la situación profesional. Tal vez el cliente lo acepte. De lo contrario, quizá haya de tomar otra decisión: «¿Estoy dispuesto a trabajar por unos honorarios inferiores en este caso en particular?». Si toma esta decisión deliberada después de haber hablado, hay muchas probabilidades de que no lo lamente.

(3) *Defina qué conductas le suponen un problema en las relaciones interpersonales en el trabajo, y trabaje deliberadamente para modificarlas.* Intente reducir la ansiedad relacionada con ellas, o cambie realmente el esquema de conducta.

a. Cuando debe despedir a un empleado. A nadie le le gusta hacerlo, pero a veces es preciso. Si está preocupado porque un empleado inefectivo ha llegado al punto en que es necesario prescindir de él, desensibilícese. Determine los estímulos que le hacen sentirse tenso y ensaye su conducta con alguien. Los estímulos figuran por lo general en estas dos categorías:

— Usted se siente tenso por tener que decir: «Está despedido».

— O bien se siente tenso por la respuesta que pueda darle aquél a quien acaba de despedir.

Si se trata más bien de lo primero, establezca una escala en la que vaya utilizando las frases siguientes:

— Jones, por favor, intente hacer mejor el trabajo.

— Jones, las cosas van mal y tal vez tengamos que prescindir de usted.

— Usted no trabaja. Hemos de prescindir de usted.

— Su trabajo es terrible. Está despedido.

Tal vez no tenga intención de utilizar la última frase: «Está despedido», pero, al continuar la desensibilización hasta este punto, le será mucho más fácil el decir: «Habremos de prescindir de usted».

En cambio, si se siente tenso por la posible respuesta del empleado es porque teme por lo general una réplica furiosa o una respuesta lacrimosa. He aquí un ejemplo de una escala de cólera en la que usted ensaya respuestas a las siguientes declaraciones:

Un alicaído: «Muy bien, lamento mucho no haberle resultado útil».

Un enojado: «Usted es injusto conmigo».

Un furioso: «Usted me está utilizando para disimular su propia incapacidad».

Un estallido de cólera: «¡Maldito sea! ¡Váyase al diablo! ¡Es usted un bastardo inútil!».

Si lo que teme son las lágrimas, o que la persona a quien despide saque a relucir su pobreza, ensaye sus respuestas a lo siguiente:

— Lamento que no haya resultado bien mi trabajo.

— Es un mal momento para que me despida. Necesito el dinero, y la situación laboral está muy difícil.

— Usted no lo sabe, pero mi hijo está muy enfermo. Esto significa que no podré darle el tratamiento médico que necesita.

Un ataque histérico o un deprimido: «¡Ésta era mi última oportunidad! No sé qué voy a hacer. Supongo que no valgo para nada».

Relájese deliberadamente al ensayar cualquier situación que pueda surgir hasta que llegue a realizar cada paso sin experimentar ansiedad y pasar luego al siguiente. Entonces, póngalo en práctica en la vida real.

b. Cuando usted sabe lo que quiere hacer, pero no cómo hacerlo de un modo que, en su opinión, sea digno de respeto. Las mujeres, en especial, desean defender sus derechos, pero la sociedad les ha lavado el cerebro hasta hacerles pensar que, si presentan una demanda, piden aumentos de sueldo o luchan por los ascensos, son marimachos o devoradoras de hombres.

EJERCICIO DE LABORATORIO PARA MUJERES

Si es usted mujer y sabe lo que quiere, pero no cómo conseguirlo sin criticarse injustamente a sí misma, utilice alguna forma de la técnica de la «Imagen Idealizada» inventada por la doctora Dorothy J. Susskind, del Hunter College.

Imagine la mujer ideal que a usted le gustaría ser en el empleo. ¿Cómo es? ¿Cuáles son sus características?

¿Cómo actuaría esa Mujer Ideal en la situación que le preocupa a usted?? ¿Qué diría ella, qué haría, cómo enfocaría la cuestión?

Interprete la situación mentalmente un par de veces (a esto se le llama *interpretación secreta*). Siga haciéndolo hasta poder actuar de ese modo en la vida real. He conocido a personas que llevaron a cabo la interpretación secreta unas cien veces antes de poder llevarla a cabo en la realidad... pero lo hicieron.

Y luego, hágalo.

La técnica de la Imagen Idealizada deberá ayudarle a seleccionar las conductas que desea realizar, y la interpretación secreta le resultará de ayuda práctica para hacerlas en realidad.

c. Practique las situaciones problema de antemano. Esté preparado. No espere que un ángel del cielo venga a ayudarle en el momento oportuno. Utilice el ensayo de conducta. La competencia suele reducir la ansiedad.

Por ejemplo: Lorna Elman, asistenta social, experimentaba un gran temor ante la presentación de sus casos en la reunión semanal de su agencia. El temor principal: que le hicieran alguna pregunta sobre el cliente a la que fuera incapaz de contestar. Instruí a Lorna a fin de que, al preparar un caso para la presentación, hiciera también una lista de todas las posibles preguntas que pudieran surgir, y practicara las respuestas que ella podía dar. Hizo esta tarea y obtuvo un doble resultado: (1) como meditaba más a fondo en el caso, organizaba mejor los informes; (2) ahora la seguridad de que podría contestar a toda pregunta que le hiciera cualquier miembro del personal. Lo cual no significaba que supiera la respuesta correcta a cada pregunta; sólo que daría una respuesta profesional y adecuada. Reducida su ansiedad, Lorna empezó a disfrutar realmente con la presentación de sus casos.

d. No puede prepararse para todo por adelantado. Ha de ser capaz de pensar de modo creativo en un momento dado, y de comunicar sus pensamientos de modo que estos lleguen a los demás. Esta habilidad es especialmente importante en las reuniones y conferencias de negocios, pero también en grupos informales e incluso en situaciones de diálogo. Usted puede adiestrarse a sí mismo.

EJERCICIO DE LABORATORIO SOBRE EL PENSAMIENTO Y LA COMUNICACIÓN

Propósito: Ayudarle a desarrollar ideas creativas... y a comunicarlas.

Para su tesis doctoral en la Universidad de Columbia, el doctor Michael Brown, ex actor, discurrió un método de entrenar a la gente para la comunicación creativo, tan imprescindible en conferencias, negociaciones y presentaciones. Los ejercicios siguientes, adoptados de su sistema, están destinados a ayudarle a pensar bien y con rapidez, y a referir una historia de modo interesante. Yo los utilizo en los grupos del Aprendizaje Asertivo, pero usted puede realizarlos con ayuda de un amigo o de una grabadora y un espejo.

Primer paso: Tome un tema y hable de él durante un minuto del modo más interesante posible.

Segundo paso: Elija entre dos clases de temas: (1) algo que tenga que ver con su propia vida. Por ejemplo: en un minuto explique por qué sus productos de papelería son los mejores del mercado, o bien refiera cómo, después de dieciocho fracasos, resolvió la escasez de papel para su compañía. El objeto de este ejercicio: explicar algo real de modo interesante. (2) Hable de modo creativo acerca de un tema completamene absurdo. Por ejemplo: por qué cree usted que un cocodrilo salvaje y devorador de hombres sería el animalito doméstico perfecto, o por qué cree que el *show* de Johnny Carson es el «programa más educativo de la televisión», o de dónde recibieron su nombre las hormas de los zapatos. En la terapia, el valor de este ejercicio proviene del hecho de presentar inesperadamente el tema al paciente y enseñarle a pensar rápida y creativamente, como habrá de hacerlo en tantas situaciones de negocios.

Tercer paso: Después de haber hecho su presentación de un minuto, evalúe tanto el contenido como la expresión. ¿Podría haber hecho la charla utilizando más la imaginación?... ¿Habló en voz alta, firme y sin pausas?... ¿Se mantuvo en pie con toda confianza?

Al hacer este ejercicio, he hallado ciertas dificultades comunes. Si no personaliza usted la historia con el pronombre «yo», resulta aburrida. Si la hace demasiado abstracta y general, y no específica, no retiene la atención. No se meta al principio en tantos detalles que le cueste luego abordar el tema.

Cuarto paso: Después de auto-evaluarse, repita la historia intentando ser todavía más creativo. Conozco a un grupo de ejecutivos de negocios que utilizan estos ejercicios a modo de calentamiento antes de las reuniones importantes.

(4) *Reconozca que los demás también tienen sentimientos.* No todas las reacciones de los compañeros de trabajo se centran en torno a usted. Ellos son independientes y poseen sus propios pensamientos, sentimientos y problemas. Tal vez un colega actúe con usted con cierta irritabilidad pero no por algo que usted haya hecho, sino porque tiene jaqueca, se ha peleado con su esposa o está preocupado por *su* empleo. Sólo porque en ese momento usted está enfrascado en el trabajo, no significa que él lo esté también.

Por ejemplo, una de las jefes de Jean la telefoneó una mañana, furiosa, y le ordenó que hiciera algo que ella consideró «nada profesional e irrazonable». Desesperada, y queriendo hablar con el director o presentar la dimisión, Jean me llamó para pedirme consejo. «Espera —le dije—. Tal vez esa mujer estuviera preocupada por algo.» Aquella tarde, su jefe se disculpó: «Cuando te llamé —le dijo a Jean—, acababa de saber que mi sobrina predilecta se está muriendo de cáncer. Olvida lo que te ordené que hicieras... y, por favor, perdóname».

VII: NEGOCIAR EL SISTEMA

Dominar las artes de la conducta es necesario, pero no suficiente. Hay que saber dónde y cuándo aplicarlas. Esto significa un conocimiento del sistema de los negocios en general, y de su propia situación laboral en particular. Usted ha de aprender a mantenerse por delante de los cambios dentro de su compañía, y decidir si suponen una amenaza o una oportunidad para usted. Si es ambicioso, debe trabajar en un área en que su trabajo resulte bien patente. Los científicos investigadores denominan a este método descubrimiento de un problema de Grado A. Por ejemplo, James D. Watson sabía que, si resolvía la estructura de la molécula D.N.A., ganaría el Premio Nobel. Si usted quiere ascender por la escala de la corporación, no puede permanecer siempre en su rinconcito invisible. Tiene que comprender la importancia de la vida social fuera de la compañía, y el quién, cuándo, qué y dónde de esta interacción social. Tiene que absorber la política interior, las actitudes y prejuicios que dominan en la compañía. Este conocimiento del sistema le permitirá tomar las decisiones que desea.

(1) *Piense siempre en la meta que se ha propuesto en su trabajo*. Sólo porque surja una oportunidad no significa que usted haya de aprovecharla. Porque a veces puede apartarle de su meta. O bien esa oportunidad tal vez le haga ver su situación presente de modo distinto.

CASO

Estaba yo tratando a Dick Harris, un médico negro, por sus dificultades de aserción en las relaciones íntimas.

En el curso del tratamiento le ofrecieron el cargo de presidente del departamento de pediatría de un prestigioso colegio médico. El doctor Harris no sabía si aceptar el puesto o no.

Le indiqué dos métodos a fin de ayudarle a tomar la decisión. Hice que imaginara cuál sería su vida profesional dentro de cinco años. Además hice que me describiera los deberes profesionales del presidente del departamento, y luego que se imaginara realizándolos. La discrepancia entre lo que él deseaba y lo que conseguiría se hizo obvia. Como presidente del departamento se vería involucrado en el trabajo administrativo, y no en la labor clínica e investigadora que desaba. Decidió que aquella oportunidad le apartaría de sus metas.

Sin embargo, cuando el doctor Harris volvió a mi despacho, la semana siguiente, me informó de que había aceptado el cargo. Dijo:

—No tomamos en consideración un punto importante. Ese colegio médico jamás ha tenido un presidente negro de departamento, y resulta vital establecer el precedente. Sólo por este principio estoy dispuesto a sacrificar mis propias metas personales.

En esto actuó por elección deliberada, y fue lo bastante asertivo como para reconsiderar sus metas.

(2) *Sepa enfrentarse con los prejuicios.* A veces podrá resolverlos con una conversación. A veces habrá de luchar. Esto se aplica en especial a las mujeres en los negocios, pues, a pesar de todo el movimiento de liberación, muchos hombres todavía juzgan difícil el tratar con respecto a una jefe, y otros siguen pensando que es de justicia que los hombres ganen más.

CASO

En su trabajo, Peggy Berke hubo de competir con un hombre por un puesto mejor. Ganó ella y el que antes fuera su igual y ahora su subordinado, comenzó a ponerle las cosas difíciles. Empezó a demorarse en su trabajo, con lo que pronto surgieron problemas en el propio trabajo de Peggy. Ésta sabía que debía enfrentarse con él, pero el temor la dominaba. «Ya es bastante que le venciera. ¿Por qué he de rematar ahora la castración y privarle de la virilidad que le queda?», me dijo. Ensayamos la situación. Peggy logró controlar su temor y al fin tuvo lugar el enfrentamiento. Empezó diciendo: «Tenemos un problema», expuso la situación, y luego le preguntó: «¿Qué podemos hacer?». Habló sintiéndose jefe y sabiendo que, si el trabajo de aquel hombre no mejoraba, tendría la suficiente confianza en sí misma para despedirle. Tras esa conversación mejoraron las relaciones entre ellos, así como el trabajo del subordinado. Peggy había dejado bien establecida su posición.

(3) *Sepa cuándo debe irse.* A veces, el sistema es demasiado inflexible o carece de la potencialidad necesaria para realizar sus metas. Una mujer, antes secretaria ejecutiva, enseñaba mecanografía en un colegio femenino. Encontraba el trabajo opresivo, pero le gustaba el hecho de no tener trabajos de secretaría. En sus sesiones de terapia con el doctor Iris Fodor, de Nueva York, meditó a fondo en todo aquello que prefería hacer. Su solución: un puesto en un sueldo mucho mejor en una escuela nocturna en la que hubiera profesores masculinos y femeninos.

A veces el sistema no funciona para usted porque sus metas, o la situación de trabajo, han cambiado. Dos veces en mi propia vida me he visto enfrentado a este problema.

La primera fue hace muchos años, cuando tenía un empleo de jornada completa en un hospital y una práctica particular reducida por la noche. La rutina del hospital era tan poco estimulante que empezó a afectar a mi propio trabajo. Un día, leyendo un informe psicológico de un paciente, muy mal escrito, vi mi propia firma al final de la página. «¿Cómo he podido hacer algo tan mal?», pensé, y comprendí que había de dejar aquel trabajo. Decidí dedicarme por completo a la práctica privada, la jornada completa, aunque estaba casado con mi primera esposa, tenía un hijo pequeño y había otro en camino. A los dos meses de salir del hospital, ya ganaba lo mismo que antes.

La segunda vez ocurrió recientemente, cuando tenía cincuenta años y trabajaba en la facultad de un colegio médico; ya estaba divorciado, casado de nuevo y con muchas obligaciones financieras. De pronto hubo una serie de cambios administrativos en el colegio. La mayoría de aquellos que yo respetaba se marcharon. No quedó nadie cuya presencia me resultara estimulante, y la burocracia interfería mi trabajo. Sabía que tenía que irme. Para ese momento me había labrado una excelente reputación profesional y, cuando busqué trabajos que me ocuparan parte del tiempo, encontré bastantes. La mayoría estaban bien pagados, pero me apartaban del móvil principal de mi desarrollo profesional. Entonces opté por el que me daría la oportunidad de desarrollarme profesionalmente, aunque supusiera una reducción importante en mis ingresos. Y obtuve un beneficio adicional. Debido a las oportunidades para mi desarrollo, aumentó mi reputación, y también la práctica.

Quiero recalcar que experimenté un gran temor y ansiedad al hacer estas dos elecciones en distintos momentos de mi vida. Ambas situaciones pudieron haber resultado mal. Yo tuve suerte. Me salieron bien.

¿Fue suerte? Para mí sí resultó. ¿Por qué no para usted? Yo conocía mi meta: la oportunidad del desarrollo profesional. Para aquel cuya meta hubiera sido la seguridad, habrían sido decisiones erróneas.

Al operar en el mundo de los negocios, hágase siempre estas dos preguntas asertivas:

¿Dónde quiere ir usted?

¿Qué ha de hacer para llegar allí?

13

El grupo

Ésta es la historia de un grupo de Aprendizaje Asertivo que se reunió el invierno pasado en mi sala de estar durante diez sesiones sucesivas y semanales de hora y media.

En este grupo de ocho miembros, cuyas edades oscilaban entre los veinticinco y los sesenta años, y entre los que había desde un plomero a un pediatra, cinco habían sufrido anteriormente terapia de tipo analítico. A uno de ellos le había resultado excelente, sólo moderadamente bien a otro, nada bien en dos casos y, en un miembro en particular —y según sus propias palabras— le habían hecho ir «de mal en peor».

Al final de las diez semanas del AA, cada participante había visto transformada su vida en cierto modo. Para algunos de ellos, los cambios fueron importantes.

El grupo estaba formado por:

Tess A., pediátra, una mujer delgada y nerviosa de poco más de cuarenta años. A pesar de haberse sometido con éxito al análisis, Tess comprendía que aún le quedaba un problema por conquistar: era incapaz de decir no... tanto a las madres de los niños que trataba, como a su secretaria o a su marido. Resultado: constantemente aceptaba nuevas cargas para la que no disponía de tiempo ni de ánimos.

Ross W., directora de una agencia de empleos, sesenta años. El problema para ella se limitaba a su situación laboral. «No tengo el menor enconveniente en hablar con las personas en particular, pero los grupos me aterran. Cuando he de pronunciar un discurso, me echo a temblar, y mi trabajo me exige con frecuencia el hablar en público.»

Dorothy M., actriz que, hacía veinte años, interpretaba papeles de semiprotagonista en una serie de espectáculos en Broadway, pero que había dejado el teatro al casarse y tener hijos. Ahora, a los cuarenta años, con los muchachos ya en el colegio, anhelaba volver a la escena. Pero en esas dos décadas había perdido toda su confianza. Decía: «Todo el mundo me habrá olvidado. He perdido la belleza y ahora me rechazarán. Ni siquiera estoy segura de saber actuar ya».

Jill J., secretaria ejecutiva de veinticinco años, casada, que se sentía insatisfecha por la falta de amigos y deseaba crearse un círculo social.

Willie R., plomero, de treinta y cinco años, que tomaba parte en el tratamiento porque su esposa, maestra de escuela, había insistido en ello. Como en todo, también en esto le dio gusto Willie. En el trabajo actuaba con mucha seguridad y era muy diestro en todo, pero en casa jamás tomaba la iniciativa. Su esposa deseaba que fuera un auténtico hombre de acción. Y Willie también, pero no sabía cómo hacerlo.

Lyle S., programador de computadoras, de poco más de treinta años, había acudido a mí en principio por sus dificultades sexuales y maritales. El problema era la agresividad. Era un hombre alto y delgado que parecía tranquilo, pero, cuando exponía su modo de pensar, siempre lo hacía en forma de sarcasmos, pullas y estallidos temperamntales. Incapaz de expresar la cólera del modo más adecuado, le resultaba también difícil comunicar sus sentimientos tiernos a su esposa, a la que realmente amaba mucho.

Ernie K., taxista, de treinta años (el que fuera «de mal en peor» con la terapia de tipo analítico). Como Lyle, también Ernie actuaba agresivamente con la gente. Le «enfurecía» el tráfico de Manhattan, había decidido que los policías eran «demonios que iban tras él» y constantemente se metía en peleas con los pasajeros. Además estaba siempre tenso. Esto se vio claro en la sesión inicial del grupo. Aunque estableció contacto visual con los demás, los miró con tal cólera que despertó el antagonismo de todos. Soltero, vivía en una habitación amueblada, y el contacto con los pasajeros representaba virtualmente su único trato social.

Frank B., contable de una firma importante; cuarenta años. Estaba convencido de que debía haber progresado mucho más en su trabajo. Su problema: era homosexual. Creía que si revelaba lo que era en la oficina, sus compañeros de trabajo le rechazarían con asco.

Aproveché la primera sesión para que los miembros del grupo se conocieran, para formular las metas individuales y para establecer una actitud de orientación a la tarea en el grupo. En las sesiones sucesivas utilicé gran variedad de técnicas del Aprendizaje Asertivo que iban desde el relajamiento a la interpretación de papeles.

Por ejemplo, en el caso de Ernie, establecí dos metas: (1) reducir la tensión. En el grupo le hice practicar la técnica de relajamiento y que la aplicara después a la vida real mientras conducía y hablaba con los pasajeros; (2) reformar su conducta de modo que pudiera hablar de modo correcto con los pasajeros, con voz normal y sin el menor rasgo de violencia. También le enseñé a enfrentarse con los desaires. En su caso utilizamos con frecuencia la interpretación de papeles en grupo, así como con Rose, Willie, Tess y Lyle. Con Jill y Dorothy utilicé las tareas de conducta. A Jill le puse como ejercicio que saludara a los vecinos en el ascensor y que se citara para salir con otros matrimonios. Aconsejé a Dorothy que debía renovar sus contactos con el teatro.

La interacción del grupo resultó de gran ayuda. Por ejemplo, Frank temía que los miembros del grupo descubrieran su homosexualidad y le rechazaran, y temía especialmente la reacción de Ernie. Así que tuve a atender a Frank por separado y practicar con él la representación de escenas para enseñarle a hablar al grupo. Yo interpretaba el papel de Ernie. En la tercera sesión, Frank habló al grupo acerca de su homosexualidad y ellos lo aceptaron como si lo hubieran sabido desde el primer momento. Pregunté a Ernie qué opinaba sobre ello y éste respondió simplemente: «Eso es asunto de Frank». Con ello, éste cobró la confianza necesaria para manifestarse con sinceridad en su trabajo, dar opiniones en las reuniones, tratar con los superiores y conversar con sus compañeros de oficina.

Lo siguiente es un resumen de lo que le sucedió a cada participante al final de las diez semanas.

Utilizando el magnetófono y los ejercicios con el grupo, más la práctica de la vida real con las madres de los niños y la secretaria, Tess había aprendido a decir que no. También había empezado a decir que no a su marido, que era muy exigente. Esto cristalizó la decisión que ella abrigaba de romper su matrimonio. Nos dijo: «No sé si es para bien o para mal, pero sí sé que debo hacerlo».

Rose había descubierto que el problema que tenía en su trato con la gente no se limitaba al trabajo. La franqueza y capacidad para comunicar sus pensamientos y sentimientos —recién adquiridos— habían afectado también a su matrimonio. Nos informó: «Mi marido me ha dicho que he cambiado más en diez semanas, que en veinticinco años de matrimonio». Para Rose, el punto crucial tuvo lugar hacia la mitad de las diez sesiones. En la cuarta pedí a cada miembro del grupo que viniera dispuesto a contar una historia de dos minutos sobre una experiencia emocional significativa que hubiera sufrido antes de los veinte años. El fin de este ejercicio consistía en incrementar la franqueza. Rose relató una historia conmovedora: durante su infancia un vecino, al que ella adoraba, murió en un accidente de caza. Aunque contó bien la historia, nos confesó que estaba nerviosísima, de modo que le pedí que preparara otra para la sesión siguiente. Cuando entró en la habitación parecía tan aterrada que le ordené controlarse y relajarse. Y pudo hacerlo. Más tarde me dijo: «Ése fue el punto de partida. A partir de ese instante, ya fui capaz de dominar mi ansiedad».

Jill había empezado a relacionarse con un gran grupo de gente, y establecido un sólido principio para un buen círculo social. Una de sus nuevas amigas era Rose.

Dorothy se sentía feliz. Para la décima sesión había reanudado las relaciones con los antiguos conocidos en el mundo teatral, y ya pensaban en ella para la siguiente producción en Broadway. En la sesión inicial nos había dado toda una lista de razones por las que nadie pensaría en ella para ningún papel, por lo que «ni siquiera debía solicitarlo». Al describir en la última sesión una prueba que le habían hecho, declaró con firmeza: «Ese papel es para mí».

Lyle parecía estar en buen camino. Gracias a una intensiva interpretación de escenas de cólera con el grupo, había aprendido a expresar sus sentimientos de enojo con franqueza pero sin histerismos. Ahora hablaba asertivamente, más que agresivamente. También había aprendido a manifestar ternura. En una sesión nos pasó una cinta grabada por su esposa en la que ésta refería los cambios experimentados en sus relaciones con ella.

Willie sólo fue un éxito parcial. Logró asumir mayores responsabilidades en la toma de decisiones maritales. Por ejemplo: ya había planeado las próximas vacaciones que tomaría el matrimonio. También emprendió más tareas por su cuenta, como ir con los amigos a los partidos de hockey. Pero aún le quedaba un largo camino por recorrer, de modo que siguió con el AA.

Frank había hablado de su homosexualidad a un compañero de trabajo, al que conocía desde hacía cinco años. El colega había respondido, lo mismo que los miembros del grupo, diciendo: «Todo el mundo lo sabe y a nadie le importa». Al término del tratamiento, Frank no había conseguido hacer progresos en su trabajo, pero, seis meses más tarde, obtuvo una posición mucho mejor en otra firma.

Ernie se sentía mucho más tranquilo, había dejado de pelear con los pasajeros y casi había duplicado las propinas. Pero el tratamiento no estaba terminado. Debido a sus malos modales, jamás había disfrutado de vida social, de modo que le integré en otro grupo del AA con la meta del círculo social.

Al concluir este libro me gustaría exponer las dos preguntas que me han hecho con más frecuencia... una práctica y otra personal.

P. *¿Cómo se encuentra a un terapeuta de conducta capaz de realizar el AA?*

R. Yo recomiendo dos métodos.

(1) Si desea recibir toda una lista de terapeutas de conducta escriba solicitándola a la Behavior Therapy and Research Society, c/o. Eastern Pennsylvania Psychiatric Institute, 3300 Henry Avenue, Filadelfia, Pennsylvania 19129.*

(2) Escriba a la Association For the Advancement of Behavior Therapy, 475 Park Avenue South, New York, New York 10016, pidiendo una lista de miembros en su demarcación. Ésta es una organización de interés, no de competencia, y no le recomendará terapeutas de conducta. Sin embargo, sus miembros son profesioales interesados en la terapia de conducta y deben conocer a algún terapeuta en su sector.

P. *¿Cree usted que el hecho de realizar tanto Aprendizaje Asertivo le ha hecho más asertivo?*

R. Sí. Constantemente descubro que también yo hago todo aquello que enseño a mis pacientes. En las situaciones sociales y de trabajo, me animo a hablar con sinceridad. Al establecer las metas de los pacientes, valoro de nuevo las mías propias. Por eso he cambiado de afiliación profesional, de esposa y de estilo de vida.

A mí me sirvió. Y puede servirle a usted.

* Téngase en cuenta que los autores están hablando de su propia experiencia clínica, centrada en Estados Unidos. *(N. de la R.)*

APÉNDICE

Ejercicio de relajamiento total

Lo que sigue es el texto de una cinta magnetofónica grabada durante una sesión de relajamiento y entregada a los pacientes para que se la lleven a casa. Los lectores que desean grabarla para su propio uso deben hacer que la lea en voz alta una persona cuya voz sea capaz de asumir un matiz tranquilizador. Los pasajes referentes a la tensión de los músculos han de ser leídos más aprisa, y los que exigen el relajamiento con una cadencia suave, lenta, casi muiscal, que implique cierta dosis de hipnotismo.*

Échese. Ahora tiene los ojos cerrados. Los brazos tendidos a las lados, los dedos abiertos. Póngase cómodo, a su gusto. Si algún pensamiento turbador pretende entrar en su mente, dígase a sí mismo ALTO. Rechácelo y concéntrese en lo que estamos haciendo...

En primer lugar, debe tensar los músculos de la parte inferior de su cuerpo. Meta los pies hacia dentro, con los

* De la obra *Ayuda sin psicoanálisis,* de Herbert Fensterheim, Stein. & Day, Nueva York, 1971.

dedos curvados, los talones ligeramente separados. Curve los dedos intensamente, ahora estire mucho los pies separándolos de usted tanto como le sea posible; esto tensa los músculos de las pantorrillas... Al mismo tiempo, tense los muslos, tense los músculos de las nalgas y los músculos en torno al ano, no tanto que le duelan pero sí lo bastante para sentir la tensión. Estúdiela... estudie la tensión... Tenso, tenso, tenso... *(Pausa de cinco segundos.)*

Ahora relájese... Advierta cómo desaparece la tensión... Concéntrese en el relajamiento de los músculos de los dedos de los pies... Relaje los músculos de las piernas... Relaje los músculos de los muslos... Relaje las nalgas, los músculos en torno al ano... Ahora concéntrese en cada parte de su cuerpo, a medida que yo vaya nombrándolas... Dedos relajados... Piernas relajadas... muslos relajados... músculos de las nalgas... relajados... Ha desaparecido toda la tensión... *(Pausa de diez segundos.)*

Ahora tense los músculos del abdomen. Que los músculos del abdomen estén tan tensos como si alguien fuera a lanzarle un balón de fútbol al estómago... Muy tensos... Estudie la tensión... Advierta dónde está... Reténgala durante diez segundos... Reténgala... Tenso... tenso... tenso...

Y ahora, relájese... Relaje los músculos del abdomen... Suéltelos... Trate de relajar los músculos interiores del abdomen... Los músculos del vientre... Suéltelos... Está cada vez más relajado... *(Pausa de diez segundos.)*

Y ahora, los músculos de la espalda... Arquee la espalda... Arquee la espalda hasta que note como aumenta la tensión... Intente localizar la tensión... Hay dos columnas de músculos a lo largo de la columna vertebral... Puede sentir la tensión ahí... Debe sentirla dondequiera que esté... Su espalda está tensa... tensa... tensa.

Y ahora, relájese... Relaje los músculos de la espalda... Suéltelos... Que desaparezca toda la tensión... Ahora nota la espalda pesada y muerta... Que siga así... Más y más y más relajada... *(Pausa de diez segundos.)*

Y ahora, los músculos del pecho... Inspire profundamente y retenga el aliento... Siga reteniéndolo... Cinco segundos... Advierta que, al retener el aliento, la tensión empieza a crecer... Observe la tensión en los músculos del pecho... Estudie dónde está... Diez segundos... siga reteniendo el aliento... Reconozca la impresión de tensión... Quince segundos... Ahora, lentamente, lo más lentamente que pueda, expela el aliento... Lentamente... Ahora respire cómoda y fácilmente, como en un sueño profundo... *(Pausa.)* Siga relajando los músculos del pecho... Suéltelos... Que desaparezca la tensión... *(Pausa de diez segundos.)*

Ahora concéntrese en cada parte a medida que yo vaya mencionándolas... Abdomen relajado... Espalda relajada... Pecho relajado... Ha desaparecido toda la tensión *(Pausa.)*

Y ahora, los músculos de los dedos, brazos y hombros... Cierre fuertemente ambos puños... Conserve los codos rectos y rígidos... Tan rectos y rígidos como palos... Alce los brazos desde los hombros en un ángulo de cuarenta y cinco grados... El ángulo de los brazos está a medio camino entre la cama y la vertical... Ahora advierta la tensión... Estudie la tensión... Estudie la tensión en los dedos... antebrazos... brazos y hombros... Retenga la tensión durante diez segundos... Reténgala... Reténgala... Tenso... tenso... tenso...

Y ahora, relájese... Dedos abiertos... brazos caídos a los lados... Relájese... Relaje los músculos de los dedos... Suéltelos... Relaje los músculos de los brazos... Suéltelos... y ahora los músculos de los hombros... Suéltelos... *(Pau-*

sa.) Dedos relajados... brazos relajados... hombros relajados... Que los brazos estén como muertos, pesados... Siga soltándolos... *(Pausa de diez segundos.)*

Y ahora, los músculos entre los omoplatos y los músculos del cuello... Eche los hombros hacia atrás hasta que los omoplatos casi se toquen... Al mismo tiempo, arquee el cuello hasta que la barbilla apunte al techo... Éstas son áreas muy sensibles a la tensión nerviosa... Ahí es donde la mayoría de la gente advierte la tensión... Advierta la tensión... No tanta que haga daño... Estudie la tensión... Que aumente un poco más...

Ahora relájese... Relaje los músculos entre los omoplatos... Que desaparezca la tensión. Déjela ir... Y relaje los músculos del cuello... Suéltelos... Los músculos del cuello ya no le sostienen la cabeza... Ésta cae como muerta sobre la almohada... Que desaparezca toda la tensión... Advierta cómo desaparece... *(Pausa de diez segundos.)*

Y ahora, los músculos de la parte superior del rostro... Haga una mueca con la parte superior del rostro... Cierre los ojos apretadamente... Arrugue la nariz... Frunza el ceño... Observe dónde siente la tensión... Estúdiela... Advierta cómo siente la tensión en la frente, entre las cejas, en las mejillas, bajo los ojos...

Ahora relájese... que desaparezca la tensión... Concéntrese tan sólo en relajar los músculos de la frente... Suéltelos... Relaje los párpados... Al relajarlos, observará que empieza a notarlos pesados... Eso le hace sentirse soñoliento, pero ahora no va a dormir... Ha de permanecer alerta... Relaje los músculos del puente de la nariz... Suéltelos... Relaje los músculos de sus mejillas... Recuerde dónde los nota tensos... Suéltelos... *(Pausa de diez segundos.)*

Y ahora, los músculos de las mandíbulas y la lengua... Apriete fuertemente dientes y muelas, apriételos hasta que las mandíbulas estén tensas... Advierta la tensión en las sienes, en las orejas... Estudie la tensión dondequiera que la sienta... Empuje con la lengua contra la parte posterior de los dientes delanteros... Las mandíbulas están tensas... La lengua está tensa... Estudie la tensión... Llegue a conocerla... Capte esa impresión de tensión... Reténgala, reténgala...

Ahora, relájese. Relaje los músculos de las mandíbulas... Suéltelos... Relaje la lengua... Los dientes deben estar ligeramente separados... La mandíbula cuelga ahora... más y más relajada. *(Pausa de diez segundos.)*

Ahora, los músculos de la parte inferior del rostro... Tense los músculos en torno a la boca y la barbilla... el mejor modo de hacerlo es sonreír... Una sonrisa amplia, una mueca... Retire los labios para enseñar los dientes superiores e inferiores... Estire las comisuras de la boca, échelas hacia atrás y hacia abajo... Advierta la tensión en los labios, en torno a la boca, en la barbilla... Que aumente la tensión... reténgalo... siéntala... estúdiela... Tenso... tenso... tenso...

Ahora, relájese... Relaje los músculos en torno a la boca y la barbilla... Suéltelos... Que desaparezca toda la tensión... *(Pausa de diez segundos.)* Ahora intente relajar los músculos de la garganta... Relaje la parte blanda de la garganta, donde traga... Relaje los músculos de la caja de resonancia... Intente que toda tensión desaparezca de allí... *(Pausa de diez segundos.)* Hemos llegado al final de la primera parte del ejercicio... Mantenga los ojos cerrados; aún sigue relajándose.

Ahora, la segunda parte. Pregúntese a sí mismo: ¿Noto alguna tensión en las piernas, los muslos, las nalgas? Si la hay, líbrese de ella... trate de librarse de toda la tensión... Cada vez más relajado... *(Pausa de diez segundos.)* Ahora pregúntese: ¿Noto alguna tensión en el abdomen, espalda o pecho? Si la hay, líbrese de ella... Respire tranquila y cómodamente, tal como lo hace durante un sueño profundo... Ha desaparecido toda la tensión... *(Pausa de diez segundos.)* Y ahora pregúntese: ¿Noto alguna tensión en los dedos, los brazos o los hombros?... Si la hay, líbrese de ella... Que los brazos caigan muertos y pesados... *(Pausa de diez segundos.)* Ahora pregúntese: ¿Noto alguna tensión entre los omoplatos y el cuello? Si la hay, líbrese de ella... La cabeza cae muerta sobre la almohada... *(Pausa.)* Y ahora pregúntese: ¿Noto alguna tensión en el rostro, mandíbulas o garganta? Si la hay, líbrese de ella... Ha desaparecido toda la tensión... Siga librándose de ella. *(Pausa.)*

Y ahora, la tercera parte del ejercicio. Piense en su escena agradable en particular, de la que hablamos antes, o bien, si tiene problemas con eso, piense en la palabra TRANQUILO... Que la escena sea bien clara, no sólo la imagen, sino también los sentidos, olores y sensaciones... Si la mente se le va, oblíguela a volver a la escena agradable. Y, mientras la retiene mentalmente, concéntrese en relajar los músculos de los dedos de los pies... Suéltelos... *(Pausa.)* Relaje los músculos de los muslos... Suéltelos... *(Pausa.)* Relaje los músculos de las nalgas... Suéltelos... *(Pausa.)* Siga imaginando la escena agradable. Si le vienen pensamientos turbadores, dígase a sí mismo ALTO. Rechácelos... Concéntrese tan sólo en los músculos del abdomen... Suéltelos... Relájese... *(Pausa.)* Relaje los músculos de la espalda... *(Pausa.)* Relaje los músculos del pecho... Respire fácil y cómodamente... Siga imaginando la escena agradable... *(Pausa.)* Relaje los músculo de los dedos... Suéltelos... *(Pausa.)* Relaje los brazos... *(Pausa.)* Relaje los músculos de los hombros... Suéltelos... *(Pau-*

sa.) Relaje los músculos de los omoplatos... Suéltelos... *(Pausa.)* Relaje los músculos del cuello... Suéltelos... *(Pausa.)* Siga imaginando la escena agradable... Relaje los músculos de la frente... Suéltelos... *(Pausa.)* Relaje los párpados... *(Pausa.)* Relaje los músculos del puente de la nariz... Suéltelos... *(Pausa.)* Relaje los músculos de las mandíbulas... Relaje la lengua... Relaje los músculos en torno a la boca y la barbilla... Suéltelos... *(Pausa.)* Relaje los músculos de la garganta... Ha desaparecido toda la tensión... Ahora siente todo el cuerpo pesado y como muerto... Ahora siga imaginando la escena agradable... Tranquilo y relajado... *(Pausa de diez segundos.)* Si siente tensión en cualquier parte, déjela ir... *(Pausa de treinta segundos.)* Ahora voy a contar de tres a uno. Al llegar al uno, usted se sentará y abrirá los ojos. Estará alerta, completamente despierto y muy refrescado... Tres... dos... uno.

EJERCICIO DE RELAJAMIENTO MEDIO

Esto exige trece minutos menos que el Ejercicio de Relajamiento Total. En vez de tensar cada parte del cuerpo por separado, usted tensa todo el cuerpo de una vez, retiene la tensión unos siete segundos y luego se libera de golpe de ella. A continuación, inspira profundamente, retiene el aliento unos veinte segundos y luego lo expele lentamente. Esto permite que aumente el anhídrido carbónico en la sangre. Finalmente, imagina la escena agradable, o la palabra TRANQUILO, y relaja el cuerpo como en el Ejercicio de Relajamiento Total.

Échese. Póngase cómodo. Los brazos a los lados. Los dedos abiertos. Los ojos cerrados. Si durante estos ejercicios le acometen pensamientos turbadores, dígase ALTO, recháцelos y concéntrese en lo que está haciendo.

Primera parte del ejercicio: Tense todo el cuerpo de una vez. No tanto que duela, pero sí lo suficiente para que note cómo aumenta la tensión. Su tarea consiste en estudiar la tensión, llegar a saber dónde se siente tenso.

Curve los dedos de los pies hacia adentro, los talones un poco separados y estire los pies cuanto pueda. Eso tensa los músculos de las piernas... Tense los muslos... tense las nalgas... tense el abdomen. Alce los brazos desde los hombros, con los puños apretados y los codos rígidos. Cierre confortadamente los ojos... apriete los dientes... manteniendo el rostro tenso, arquee el cuello, la barbilla señalando al techo. Retenga la tensión. Reténgala *(unos siete segundos)*. Líbrese de golpe de ella. Los brazos de nuevo caídos a los lados, la barbilla abajo. Concéntrese para notar cómo se libera de la tensión *(unos diez segundos)*.

Ahora compruebe los músculos de piernas y muslos. ¿Aún hay tensión? Estudie cada punto por separado y libérese de ella. *(Pausa de unos cinco segundos.)* Relaje los músculos del abdomen y la espalda *(pausa de cinco segundos)*. Los músculos de dedos y brazos, han de notarse agradablemente pesados *(pausa de cinco segundos)*, los músculos del rostro y mandíbulas, relájelos *(cinco segundos)*.

Ahora inspire profundamente por la boca y retenga el aliento. Siga reteniéndolo. *(Pausa de quince a veinte segundos.)* Ahora expela el aliento lentamente *(pausa)* y al final respire con facilidad y cómodamente, tal como lo hace durante un sueño profundo.

Ahora siga imaginando su escena agradable.

BIBLIOGRAFÍA

Agras, W. Stewart. *Behavior Modification.* Boston: Little, Brown and Company, 1972.

Alberti, Robert E., y Emmons, Michael L. *Your Perfect Right,* San Luis Obispo, California: Impact, 1970.

Aldrich, Elizabeth Perkins. *As William James Said.* Nueva York: The Vanguard Press, 1942.

American Psychiatric Association. *Behavior Therapy in Psychiatry: Task Force Report 5.* Washington, D.C.: American Psychiatric Association, julio 1973.

Bach, George R., and Wyden, Peter. *The Intimate Enemy.* Nueva York: William Morrow & Company, 1968.

Bandura, Albert. «Modeling Approaches to the Modification of Phobic Disorders.» En *The Role of Learning in Psychotherapy,* A Ciba Foundation Symposium, editado por Ruth Porter. Boston: Little, Brown and Company, 1968.

Bandura, Albert. *Principles of Behavior Modification.* Nueva York: Holt, Rinehart and Winston, Inc., 1969.

Barlow, David H.; Reynolds, Joyce, y Agras, W. Stewart. «Gender Identity Change in a Transsexual.» *Archives General Psychiatry,* Vol. 28, abril 1973.

Beck, Aaron T. *Depression.* Filadelfia: University of Pennsylvania Press, 1967.

Bergin, Allen E., y Garfield, Sol L. *Handbook of Psychotherapy and Behavior Change.* Nueva York: John Wiley & Sons, Inc., 1971.

Bibring, Edward. «The Mechanism of Depression.» En *Affective Disorders,* editado por P. Greenacre. Nueva York: International University Press, 1953.

Block, Jeanne Humphrey. «Conceptions of Sex Role.» *American Psychologist,* Vol. 28, n.º 6, junio 1973.

Cautela, Joseph R., y Kastenbaum, R. «A Reinforcement Survey Schedule for Use in Therapy Training and Research.» *Psychological Reports* 20 (1967): 1115-1130.

Cautela, Joseph R., y Kastenbaum, R. «Covert Conditioning of Addictive Behaviors.» En *Behavior Modification with the Individual Patient,* editado por Upper, Dennis, y Goodenough, David S. Proceedings of the Third Annual Brockton Symposium on Behavior Therapy. Nutley, Nueva Jersey: Roche Laboratories. 1972.

Cautela, Joseph R., y Kastenbaum, R. «Covert Reinforcement.» *Behavior Therapy* 1 (1970): 33-50.

Chirico, Anna-Marie, y Stunkard, Albert J. «Physical Inactivity and Human Obesity.» *New England Journal of Medicine* 263 (1960): 935-940.

Edwards, Neil B. «Case Conference: Assertive Training in a Case of Homosexual Pedophilia.» *Journal of Behavior Therapy and Experimental Psychiatry,* Vol. 3, n.° 1, marzo 1972.

Eisler, Richard M.; Herson, Michel, y Miller, Peter M. «Effects of Modeling on Components of Assertive Behavior.» *Journal of Behavior Therapy and Experimental Psychiatry,* Vol. 4, n.° 1, marzo 1973. Nueva York: Pergamon Press.

Eisler, Richard M.; Miller, Peter M., y Herson, Michel. «Components of Assertive Behavior.» *Journal of Clinical Psychology,* Vol. 23, n.° 3 (1973), pp. 295-299.

Ellis, Albert, y Harper, Robert A. *A Guide to Rational Living.* North Hollywood, California: Wilshire Book Company, 1960.

Ellis, Albert. «Rational-Emotive Therapy.» *Direct Psychotherapy,* editado por Jurjevich, Ratibor-Ray M. Coral Gables, Florida: University of Miami Press, Vol. 1, 1973.

Eysenck, H. J., y Rachman, S. *The Causes and Cures of Neurosis.* San Diego, California: Robert R. Knapp, 1965.

Fensterheim, Herbert. «Assertive Methods and Marital Problems.» *Advances in Behavior Therapy,* editado por Rubin, Richard P.; Fensterheim, Herbert; Henderson, John; Ullmann, Leonard P. Nueva York: Academic Press, 1972.

Fensterheim, Herbert. «Behavior Therapy: Assertive Training in Groups.» *Progress in Group and Family Therapy,* editado por Sager, Clifford J., y Kaplan, Helen S. Nueva York: Brunner/Mazel, Inc., 1972.

Fensterheim, Herbert. *Help Without Psychoanalysis.* Nueva York: Stein and Day, 1971.

Fensterheim, Herbert. «The Behavior Therapy of Sexual Variants.» *The Journal of Sex and Marital Therapy,* noviembre 1974.

Fensterheim, Herbert. «The Initial Interview.» *Clinical Behavior Therapy,* editado por Lazarus, Arnold A. Nueva York: Brunner/Mazel, Inc., 1972.

Ferster, C. B. «A Functional Analysis of Depression.» *American Psychologist,* Vol. 28 (octubre 1973): 857-870.

Ford, Clellan S., y Beach, Frank A. *Patterns of Sexual Behavior.* Nueva York: Harper & Brothers and Paul B. Hoeber, Inc. Medical Books, 1951.

Franks, Cyril M., y Wilson, G. Terence, eds. *Annual Review of*

Behavior Therapy and Practice. Nueva York: Brunner/Mazel, Inc., 1973.

Freedman, Alfred M., y Kaplan, Harold L. *Comprehensive Textbook of Psychiatry.* Baltimore: The Williams and Wilkins Company, 1967.

Freud, Sigmund. *An Outline of Psychoanalysis.* Nueva York: W. W. Norton, 1949.

Freud, Sigmund. «Mourning and Melancholia.» *Standard Edition of the Complete Psychological Works of Sigmund Freud.* Londres: Hogarth Press, 1957.

Friedman, Philip H. «The Effects of Modeling and Role-Playing on Assertive Behavior.» *Advances in Behavior Therapy,* editado por Rubin, Richard D.; Fensterheim, Herbert; Lazarus, Arnold A.; Franks, Cyril M. Nueva York: Academic Press, 1971.

Gazda, George M. *Basic Approaches to Group Psychotherapy and Group Counseling.* Springfield, Illinois: Charles C. Thomas, 1968.

Gordon, Thomas. *P.E.T.: Parent Effectiveness Training.* Nueva York: Peter H. Wyden, Inc., 1970.

Gornick, Vivian. «Why Radcliffe Women Are Afraid of Success.» *The New York Times,* 14 enero, 1973.

Gutride, Martin E., y Goldstein, Arnold P. «The Use of Modeling and Role-Playing to Increase Social Interaction Among Asocial Psychiatric Patients.» *Journal of Consulting and Clinical Psychology,* Vol. 40, n.° 3, junio 1973.

Herson, Michel; Eisler, Richard M.; Miller, Peter M. «Development of Assertive Responses: Clinical, Measurement and Research Considerations.» *Behavior Research and Therapy* 11 (1973): 505-521.

Hilgard, Ernest R., y Bower, Gordon H. *Theories of Learning.* 3.ª ed. Nueva York: Appleton-Century-Crofts, 1966.

Horney, Karen. *Neurosis and Human Growth.* Nueva York: W. W. Norton & Company, Inc., 1950.

Jacobson, Edmund. *Self-Operations Control.* Filadelfia: J. P. Lippincott Company, 1964.

Jakubowski-Spector, Patricia. «Facilitating the Growth of Women Through Assertive Training.» *The Counseling Psychologist,* Volumen 4, n.° 1 (1973), pp. 75-86.

James, William. *The Principles of Psychology.* Nueva York: Henry Holt & Company, 1890. Reimpresión: Nueva York: Dover Publications, Inc., 1950.

James, William. *Psychology, Briefer Course.* Nueva York: Collier Books, 1962.

James, William. *Selected Papers on Philosophy.* Londres: J. M. Dent & Sons, 1917.

Kanfer, Frederick Y., y Karoly, Paul. «Self-Regulation and Its Clinical Applications: Some Additional Conceptualizations.» En *Conscience and Social Reality,* editado por Johnson, R. C.; Dobecki, P. R., y Mowrer, O. H. Nueva York: Holt, Rinehart and Winston, 1972.

Kanfer, Frederick H. y Phillips, Jeanne S. *Learning Foundations of Behavior Therapy.* Nueva York: John S. Wiley & Sons, 1970.

Kaplan, Helen S. *The New Sex Therapy.* Nueva York: Brunner/Mazel, Inc., 1974.

Knox, David. *Marriage Happiness. Champaign,* Illinois: Research Press, 1971.

Lake, Alice. «Get Thin/Stay Thin.» *McCall's,* enero 1973.

Lazarus, Arnold A. «Learning Theory and the Treatment of Depression.» *Behavior Research and Therapy* 6 (1968): 83-89.

Lazarus, Arnold A. *Behavior Therapy and Beyond.* Nueva York: McGraw-Hill Book Company, 1971.

Lazarus, Arnold A. *Clinical Behavior Therapy.* Nueva York: Brunner/Mazel, Inc., 1972.

Lazarus, Arnold A. «On Assertive Behavior: A Brief Note.» *Behavior Therapy,* Vol. 4, n.° 5 (octubre 1973), pp. 697-699.

Lehrman, Daniel S. «Behavioral Science, Engineering and Poetry.» En *The Biopsychology of Development,* editado por Tobach, Ethel; Aronson, Lester R., y Shaw, Evelyn. Nueva York: Academic Press, 1971.

Lyons, Richard D. «Psychiatrists, in a Shift, Declare Homosexuality, No Mental Illness.» *The New York Times,* 16 diciembre, 1973.

Maliver, Bruce L. *The Encounter Game.* Nueva York: Stein and Day, 1973.

Marlatt, G. A., y Kaplan, B. E. «Self-Initiated Attempts to Change Behavior: A Study of New Year's Resolutions.» *Psychological Reports* 30 (1972): 123-131.

Marshall, Austin. *How to Get a Better Job.* Nueva York: Appleton-Century, 1964.

Maslow, Abraham H. *New Knowledge in Human Values.* Nueva York: Harper and Brothers, 1959.

Maslow, Abraham H. *The Farther Reaches of Human Nature.* Nueva York: The Viking Press, 1971.

Masters, William H., y Johnson, Virginia E. *Human Sexual Inadequacy.* Boston: Little, Brown and Company, 1970.

Masters, William H., y Johnson, Virginia E. *Human Sexual Response.* Boston: Little, Brown and Company, 1966.

McFall, Richard M., and Lillesand, Diane V. Bridges. «Behavior Rehearsal with Modeling and Coaching in Assertion Training.» *Journal of Abnormal Psychology,* n.° 3, junio 1971.

McFall, Richard M., y Twentyman, Craig T. «Four Experiments on the Relative Contributions of Rehearsal Modeling and Coaching to Assertion Training.» *Journal of Abnormal Psychology,* Vol. 81, n.° 3, junio 1973.

Neuman, Donald. «Using Assertive Training.» En *Behavioral Counseling,* editado por Krumboltz, John D., y Thoresen, Carl E. Nueva York: Holt, Rinehart and Winston, Inc., 1969.

Patterson, Gerald R. *Applications of Social Learning to Family Life.* Champaign, Illinois: Research Press Company, 1971.

Patterson, Gerald R., y Gullion, Elizabeth M. *Living with Children.* Champaign, Illinois: Research Press Company, 1968.

Pavlov, I. P. *Conditioned Reflexes.* Nueva York: Dover Publications, Inc., 1960.

Penick, Sydner B.; Filion, Ross; Fox, Sonja, y Stuñkard, Albert J. «Behavior Modification in the Treatment of Obesity.» *Psychosomatic Medicine,* Vol. XXXIII, n.° 1, enero-febrero. Nueva York: Harper & Row, Publishers, Inc., 1971.

Razran, Gregory. *Mind in Evolution: An East-West Synthesis of Learned Behavior and Cognition.* Boston: Houghton Mifflin, 1971.

Reese, Ellen P. *The Analysis of Human Operant Behavior.* Dubuque, Iowa: William C. Brown Co., 1966.

Robbins, Jhan, y Fisher, Dave. *How to Make and Break Habits.* Nueva York: Peter H. Wyden, Inc., 1973.

Ross, Dorothy M.; Ross, Sheila A., y Evans, Thomas A. «The Modification of Extreme Social Withdrawal by Modeling with Guided Participation.» *Journal of Behavior Therapy and Experimental Psychiatry,* Vol. 2, n.° 4, diciembre 1971. Nueva York: Pergamon Press.

Rubin, Theodore Isaac. *The Thin Book by a Formerly Fat Psychiatrist.* Nueva York: Pinnacle Books, 1972.

Sager, Clifford J., y Kaplan, Helen S. *Progress in Group and Family Therapy.* Nueva York: Brunner/Mazel, Inc., 1972.

Salter, Andrew. *Conditioned Reflex Therapy.* Nueva York: Farrar, Straus & Giroux, Inc., 1949; Capricarn Books, 1961.

Sansweet, Stephen J. «Aversion Therapy: Punishing of People to Change Behavior Gains Use, Controversy.» *Wall Street Journal,* 3 enero 1974.

Serber, Michael. «Teaching the Non Verbal Components of Assertive Training.» *Journal of Behavior Therapy and Experimental Psychology,* Vol. 3, n.° 3, septiembre 1972. Nueva York: Pergamon Press.

Skinner, B. F. *Beyond Freedom and Dignity.* Nueva York: Alfred A. Knopf, 1971.

Skinner, B. F. *Science and Human Behavior.* Nueva York: Macmillan, 1953.

Stuart, Richard B., y Davis, Barbara. *Slim Chance in a Fat World.* Champaign, Illinois: Research Press Company, 1972.
Stuart, Richard B., y Stuart, Freida. *Marital Pre-Counseling Inventory.* Ed. revisada. Champaign, Illinois: Research Press Company, 1973.
Stuart, Richard B. «Operant-Interpersonal Treatment for Marital Discord.» *Journal of Consulting and Clinical Psychology,* Vol. 33, n.° 6, diciembre 1969.
Stunkard, Albert J. «Obesity.» En *Comprehensive Textbook of Psychiatry,* editado por Freedman, Alfred M., y Kaplan, Harold L. Baltimore, Maryland: The Williams and Wilkins Company, 1967.
Stunkard, Albert J. «New Therapies for the Eating Disorders.» *Archives of General Psychiatry,* Vol. 26, mayo 1972.
Stunkard, Albert J.; Levine, Harold, y Fox, Sonja. «The *Management of Obesity.*» *Archives of Internal Medicine,* Vol. 125, junio 1970.
Susskind, Dorothy J. «The Idealized Self-Image (ISI): A New Technique in Confidence Training.» *Behavior Therapy,* Vol. 1, n.° 4, noviembre 1970.
Szent-Györgyi, Albert. *The Crazy Ape.* Nueva York: Grosset & Dunlap, 1971.
Tuffill, S. G. *Sexual Stimulation: Games Lovers Play.* Nueva York: Grove Press, Inc., 1973.
Ubell, Earl. *How to Save Your Life.* Nueva York: Harcourt, Brace Jovanovich, Inc., 1973.
Ullmann, Leonard P., y Krasner, Leonard. *Case Studies in Behavior Modification.* Nueva York: Holt, Rinehart and Winston, Inc., 1966.
Ullmann, Leonard P., y Krasner, Leonard. *A Psychological Approach to Abnormal Behavior.* Englewood Cliffs, Nueva Jersey: Prentice-Hall, Inc., 1969.
Upper, Dennis, y Goodenough, David S. *Behavior Modification with the Individual Patient.* Proceedings of the Third Annual Brockton Symposium on Behavior Therapy. Nutley, Nueva Jersey: Roche Laboratories, 1972.
Voltaire. *Philosophical Dictionary.* Nueva York: Basic Books, 1962.
Wolpe, Joseph. *The Practice of Behavior Therapy.* Elmsford, Nueva York: Pergamon Press, Inc., 1969.
Wolpe, Joseph. *The Practice of Behavior Therapy.* 2.ª ed. Elmsford, Nueva York: Pergamon Press, Inc., 1973.
Wolpe, Joseph. «Supervision Transcript: V-Mainly About Assertive Training.» *Journal of Behavior Therapy and Experimntal Psychiatry,* Vol. 4, n.° 2 (1973), pp. 141-148.
Wolpe, Joseph, y Lazarus, Arnold A. *Behavior Therapy Techniques.* Long Island City, Nueva York: Pergamon Press, Inc., 1966.